Emilia Pardo Bazán

Los pazos de Ulloa

Barcelona 2024
Linkgua-ediciones.com

Créditos

Título original: Los pazos de Ulloa.

© 2024, Red ediciones S.L.

e-mail: info@linkgua.com

Diseño de cubierta: Michel Mallard.

ISBN rústica ilustrada: 978-84-9953-144-1.
ISBN tapa dura: 978-84-1126-476-1.
ISBN ebook: 978-84-9953-320-9.

Sumario

Brevísima presentación

La vida

Emilia Pardo Bazán (1851-1921). España.

Nació el 16 de septiembre en A Coruña. Hija de los condes de Pardo Bazán, título que heredó en 1890. En su adolescencia escribió algunos versos y los publicó en el *Almanaque de Soto Freire*.

En 1868 contrajo matrimonio con José Quiroga, vivió en Madrid y viajó por Francia, Italia, Suiza, Inglaterra y Austria; sus experiencias e impresiones quedaron reflejadas en libros como *Al pie de la torre Eiffel* (1889), *Por Francia y por Alemania* (1889) o *Por la Europa católica* (1905).

En 1876 Emilia editó su primer libro, *Estudio crítico de Feijoo*, y una colección de poemas, *Jaime*, con motivo del nacimiento de su primer hijo. *Pascual López*, su primera novela, se publicó en 1879 y en 1881 apareció *Viaje de novios*, la primera novela naturalista española. Entre 1831 y 1893 editó la revista *Nuevo Teatro Crítico* y en 1896 conoció a Émile Zola, Alphonse Daudet y los hermanos Goncourt. Además tuvo una importante actividad política como consejera de Instrucción Pública y activista feminista.

Desde 1916 hasta su muerte el 12 de mayo de 1921, fue profesora de Literaturas románicas en la Universidad de Madrid.

Tomo I

I

Por más que el jinete trataba de sofrenarlo agarrándose con todas sus fuerzas a la única rienda de cordel y susurrando palabritas calmantes y mansas, el peludo rocín seguía empeñándose en bajar la cuesta a un trote cochinero que descuadernaba los intestinos, cuando no a trancos desigualísimos de loco galope. Y era pendiente de veras aquel repecho del camino real de Santiago a Orense en términos que los viandantes, al pasarlo, sacudían la cabeza murmurando que tenía bastante más declive del no sé cuántos por ciento marcado por la ley, y que sin duda al llevar la carretera en semejante dirección, ya sabrían los ingenieros lo que se pescaban, y alguna quinta de personaje político, alguna influencia electoral de grueso calibre debía andar cerca.

Iba el jinete colorado, no como un pimiento, sino como una fresa, encendimiento propio de personas linfáticas. Por ser joven y de miembros delicados, y por no tener pelo de barba, pareciera un niño, a no desmentir la presunción sus trazas sacerdotales. Aunque cubierto de amarillo polvo que levantaba el trote del jaco, bien se advertía que el traje del mozo era de paño negro liso, cortado con la flojedad y poca gracia que distingue a las prendas de ropa de seglar vestidas por clérigos. Los guantes, despellejados ya por la tosca brida, eran asimismo negros y nuevecitos, igual que el hongo, que llevaba calado hasta las cejas, por temor a que los zarandeos de la trotada se lo hiciesen saltar al suelo, que sería el mayor compromiso del mundo. Bajo el cuello del desairado levitín asomaba un dedo de alzacuello, bordado de cuentas de abalorio. Demostraba el jinete escasa maestría hípica: inclinado sobre el arzón, con las piernas encogidas y a dos dedos de salir despedido por las orejas, leíase en su rostro tanto miedo al cuartago como si fuese algún corcel indómito rebosando fiereza y bríos.

Al acabarse el repecho, volvió el jaco a la sosegada andadura habitual, y pudo el jinete enderezarse sobre el aparejo redondo, cuya anchura inconmensurable le había descoyuntado los huesos todos de la región sacro-ilíaca. Respiró, quitóse el sombrero y recibió en la frente sudorosa el aire frío de la tarde. Caían ya oblicuamente los rayos del Sol en los zarzales y setos, y un peón caminero, en mangas de camisa, pues tenía su chaqueta colocada sobre un mojón de granito, daba lánguidos azadonazos en las hierbecillas nacidas al borde de la cuneta. Tiró el jinete del ramal para detener a su cabalgadura, y ésta, que se había dejado en la cuesta abajo las ganas de trotar, paró inmediatamente. El peón alzó la cabeza, y la placa dorada de su sombrero relució un instante.

—¿Tendrá usted la bondad de decirme si falta mucho para la casa del señor marqués de Ulloa?

—¿Para los Pazos de Ulloa? —contestó el peón repitiendo la pregunta.

—Eso es.

—Los Pazos de Ulloa están allí —murmuró extendiendo la mano para señalar a un punto en el horizonte—. Si la bestia anda bien, el camino que queda pronto se pasa... Ahora tiene que seguir hasta aquel pinar ¿ve? y luego le cumple torcer a mano izquierda, y luego le cumple bajar a mano derecha por un atajito, hasta el crucero... En el crucero ya no tiene pérdida, porque se ven los Pazos, una costrución muy grandísima...

—Pero... ¿como cuánto faltará? —preguntó con inquietud el clérigo.

Meneó el peón la tostada cabeza.

—Un bocadito, un bocadito...

Y sin más explicaciones, emprendió otra vez su desmayada faena, manejando el azadón lo mismo que si pesase cuatro arrobas.

Se resignó el viajero a continuar ignorando las leguas de que se compone un bocadito, y taloneó al rocín. El pinar no estaba muy distante, y por el centro de su sombría masa serpeaba una trocha angostísima, en la cual se colaron montura y jinete. El sendero, sepultado en las oscuras profundidades del pinar, era casi impracticable; pero el jaco, que no desmentía las aptitudes especiales de la raza caballar gallega para andar por mal piso, avanzaba con suma precaución, cabizbajo, tanteando con el casco, para sortear cautelosamente las zanjas producidas por la llanta de los carros, los pedruscos, los troncos de pino cortados y atravesados donde hacían menos falta. Adelantaban poco a poco, y ya salían de las estrecheces a senda más desahogada, abierta entre pinos nuevos y montes poblados de aliaga, sin haber tropezado con una sola heredad labradía, un plantío de coles que revelase la vida humana. De pronto los cascos del caballo cesaron de resonar y se hundieron en blanda alfombra: era una camada de estiércol vegetal, tendida, según costumbre del país, ante la casucha de un labrador. A la puerta una mujer daba de mamar a una criatura. El jinete se detuvo.

—Señora, ¿sabe si voy bien para la casa del marqués de Ulloa?

—Va bien, va...

—¿Y... falta mucho?

Enarcamiento de cejas, mirada entre apática y curiosa, respuesta ambigua en dialecto:

—La carrerita de un can...

¡Estamos frescos!, pensó el viajero, que si no acertaba a calcular lo que anda un can en una carrera, barruntaba que debe ser bastante para un caballo. En fin, en llegando al crucero vería los Pazos de Ulloa... Todo se le volvía buscar el atajo, a la derecha... Ni señales. La vereda, ensanchándose, se internaba por tierra montañosa, salpicada de manchones de robledal y algún que otro castaño todavía cargado de fruta: a derecha e izquierda, matorrales de brezo crecían desparramados y oscuros. Experimentaba el jinete indefinible malestar, disculpable en quien, nacido y criado en un pueblo tranquilo y soñoliento, se halla por vez primera frente a frente con la ruda y majestuosa soledad de la naturaleza, y recuerda historias de viajeros robados, de gentes asesinadas en sitios desiertos.

—¡Qué país de lobos! —dijo para sí, tétricamente impresionado.

Alegrósele el alma con la vista del atajo, que a su derecha se columbraba, estrecho y pendiente, entre un doble vallado de piedra, límite de dos montes. Bajaba fiándose en la maña del jaco para evitar tropezones, cuando divisó casi al alcance de su mano algo que le hizo estremecerse: una cruz de madera, pintada de negro con filetes blancos, medio caída ya sobre el murallón que la sustentaba. El clérigo sabía que estas cruces señalan el lugar donde un hombre pereció de muerte violenta; y, persignándose, rezó un padrenuestro, mientras el caballo, sin duda por olfatear el rastro de algún zorro, temblaba levemente empinando las orejas, y adoptaba un trotecillo medroso que en breve le condujo a una encrucijada. Entre el marco que le formaban las ramas de un castaño colosal, erguíase el crucero.

Tosco, de piedra común, tan mal labrado que a primera vista parecía monumento románico, por más que en realidad solo contaba un siglo de fecha, siendo obra de algún cantero con pujos de escultor, el crucero, en tal sitio y a tal hora, y bajo el dosel natural del magnífico árbol, era poético y hermoso. El jinete, tranquilizado y lleno de devoción, pronunció descubriéndose: «Adorámoste, Cristo, y bendecímoste, pues por tu Santísima Cruz redimiste al mundo», y de paso que rezaba, su mirada buscaba a lo lejos los Pazos de Ulloa, que debían ser aquel gran edificio cuadrilongo, con torres, allá en el fondo del valle. Poco duró la contemplación, y a punto estuvo el clérigo de besar la tierra, merced a la huida que pegó el rocín, con las orejas enhiestas, loco de terror. El caso no era para menos: a cortísima distancia habían retumbado dos tiros.

Quedóse el jinete frío de espanto, agarrado al arzón, sin atreverse ni a registrar la maleza para averiguar dónde estarían ocultos los agresores; mas su angustia fue corta, porque ya del ribazo situado a espaldas del crucero descendía un grupo de tres hombres, antecedido por otros tantos canes perdigueros, cuya presencia bastaba para demostrar que las escopetas de sus amos no amenazaban sino a las alimañas monteses.

El cazador que venía delante representaba veintiocho o treinta años: alto y bien barbado, tenía el pescuezo y rostro quemados del Sol, pero por venir despechugado y sombrero en mano, se advertía la blancura de la piel no expuesta a la intemperie, en la frente y en la tabla de pecho, cuyos diámetros indicaban complexión robusta, supuesto que confirmaba la isleta de vello rizoso que dividía ambas tetillas. Protegían sus piernas recias polainas de cuero, abrochadas con hebillaje hasta el muslo; sobre la ingle derecha flotaba la red de bramante de un repleto morral, y en el hombro izquierdo descansaba una escopeta moderna, de dos cañones. El segundo cazador parecía hombre de edad madura y condición baja, criado o colono: ni hebillas en las polainas, ni más morral que un saco de grosera estopa; el pelo cortado al rape, la escopeta de pistón, viejísima y atada con cuerdas; y en el rostro, afeitado y enjuto y de enérgicas facciones rectilíneas, una expresión de encubierta sagacidad, de astucia salvaje, más propia de un piel roja que de un europeo. Por lo que hace al tercer cazador, sorprendióse el jinete al notar que era un sacerdote. ¿En qué se le conocía? No ciertamente en la tonsura, borrada por una selva de pelo gris y cerdoso, ni tampoco en la rasuración, pues los duros cañones de su azulada barba contarían un mes de antigüedad; menos aún en el alzacuello, que no traía, ni en la ropa, que era semejante a la de sus compañeros de caza, con el aditamento de unas botas de montar, de charol de vaca muy descascaradas y cortadas por las arrugas. Y no obstante trascendía a clérigo, revelándose el sello formidable de la ordenación, que ni aun las llamas del infierno consiguen cancelar, en no sé qué expresión de la fisonomía, en el aire y posturas del cuerpo, en el mirar, en el andar, en todo. No cabía duda: era un sacerdote.

Aproximóse al grupo el jinete, y repitió la consabida pregunta:

—¿Pueden ustedes decirme si voy bien para casa del señor marqués de Ulloa?

El cazador alto se volvió hacia los demás, con familiaridad y dominio.

—¡Qué casualidad! —exclamó—. Aquí tenemos al forastero... Tú, Primitivo... Pues te cayó la lotería: mañana pensaba yo enviarte a Cebre a buscar al señor... Y usted, señor abad de Ulloa... ¡ya tiene usted aquí quien le ayude a arreglar la parroquia!

Como el jinete permanecía indeciso, el cazador añadió:

—¿Supongo que es usted el recomendado de mi tío, el señor de la Lage?

—Servidor y capellán... —respondió gozoso el eclesiástico, tratando de echar pie a tierra, ardua operación en que le auxilió el abad—. ¿Y usted... —exclamó, encarándose con su interlocutor— es el señor marqués?

—¿Cómo queda el tío? ¿Usted... a caballo desde Cebre, eh? —repuso éste evasivamente, mientras el capellán le miraba con interés rayano en viva curiosidad. No hay duda que así, varonilmente desaliñado, húmeda la piel de transpiración ligera, terciada la escopeta al hombro, era un cacho de buen mozo el marqués; y sin embargo, despedía su arrogante persona cierto tufillo bravío y montaraz, y lo duro de su mirada contrastaba con lo afable y llano de su acogida.

El capellán, muy respetuoso, se deshacía en explicaciones.

—Sí, señor; justamente... En Cebre he dejado la diligencia y me dieron esta caballería, que tiene unos arreos, que vaya todo por Dios... El señor de la Lage, tan bueno, y con el humor aquél de siempre... Hace reír a las piedras... Y guapote, para su edad... Estoy reparando que si fuese su señor papá de usted, no se le parecería más... Las señoritas, muy bien, muy contentas y muy saludables... Del señorito, que está en Segovia, buenas noticias. Y antes que se me olvide...

Buscó en el bolsillo interior de su levitón, y fue sacando un pañuelo muy planchado y doblado, un Semanario chico, y por último una cartera de tafilete negro, cerrada con elástico, de la cual extrajo una carta que entregó al marqués. Los perros de caza, despeados y anhelantes de fatiga, se habían sentado al pie del crucero; el abad picaba con la uña una tagarnina para liar un pitillo, cuyo papel sostenía adherido por una punta al borde de los labios; Primitivo, descansando la culata de la escopeta en el suelo, y en el cañón de la escopeta la barba, clavaba sus ojuelos negros en el recién venido, con pertinacia escrutadora. El Sol se ponía lentamente en medio de la tranquilidad otoñal del paisaje. De improviso el marqués soltó una carcajada. Era su risa, como suya, vigorosa y pujante, y, más que comunicativa, despótica.

—El tío —exclamó, doblando la carta— siempre tan guasón y tan célebre... Dice que aquí me manda un santo para que me predique y me convierta... No parece sino que tiene uno pecados: ¿eh, señor abad? ¿Qué dice usted a esto? ¿Verdad que ni uno?

—Ya se sabe, ya se sabe —masculló el abad en voz bronca...—. Aquí todos conservamos la inocencia bautismal.

Y al decirlo, miraba al recién llegado al través de sus erizadas y salvajinas cejas, como el veterano al inexperto recluta, sintiendo allá en su interior profundo desdén hacia el curita barbilindo, con cara de niña, donde solo era sacerdotal la severidad del rubio entrecejo y la compostura ascética de las facciones.

—¿Y usted se llama Julián Álvarez? —interrogó el marqués.

—Para servir a usted muchos años.

—¿Y no acertaba usted con los Pazos?

—Me costaba trabajo el acertar. Aquí los paisanos no le sacan a uno de dudas, ni le dicen categóricamente las distancias. De modo que...

—Pues ahora ya no se perderá usted. ¿Quiere montar otra vez?

—¡Señor! No faltaba más.

—Primitivo —ordenó el marqués—, coge del ramal a esa bestia.

Y echó a andar, dialogando con el capellán que le seguía. Primitivo, obediente, se quedó rezagado, y lo mismo el abad, que encendía su pitillo con un misto de cartón. El cazador se arrimó al cura.

—¿Y qué le parece el rapaz, diga? ¿Verdad que no mete respeto?

—Boh... Ahora se estila ordenar miquitrefes... Y luego mucho de alzacuellitos, guantecitos, perejiles con escarola... ¡Si yo fuera el arzobispo, ya les daría el demontre de los guantes!

II

Era noche cerrada, sin Luna, cuando desembocaron en el soto, tras del cual se eleva la ancha mole de los Pazos de Ulloa. No consentía la oscuridad distinguir más que sus imponentes proporciones, escondiéndose las líneas y detalles en la negrura del ambiente. Ninguna luz brillaba en el vasto edificio, y la gran puerta central parecía cerrada a piedra y lodo. Dirigióse el marqués a un postigo lateral, muy bajo, donde al punto apareció una mujer corpulenta, alumbrando con un candil. Después de cruzar corredores sombríos, penetraron todos en una especie de sótano con piso terrizo y bóveda de piedra, que, a juzgar por las hileras de cubas adosadas a sus paredes, debía ser bodega; y desde allí llegaron presto a la espaciosa cocina, alumbrada por la claridad del fuego que ardía en el hogar, consumiendo lo que se llama arcaicamente un mediano monte de leña y no es sino varios gruesos cepos de roble, avivados, de tiempo en tiempo, con rama menuda. Adornaban la elevada campana de la chimenea ristras de chorizos y morcillas, con algún jamón de añadidura, y a un lado y a otro sendos bancos brindaban asiento cómodo para calentarse oyendo hervir el negro pote, que, pendiente de los llares, ofrecía a los ósculos de la llama su insensible vientre de hierro.

A tiempo que la comitiva entraba en la cocina, hallábase acurrucada junto al pote una vieja, que solo pudo Julián Álvarez distinguir un instante —con greñas blancas y rudas como cerro que le caían sobre los ojos, y cara rojiza al reflejo del fuego—, pues no bien advirtió que venía gente, levantóse más aprisa de lo que permitían sus años, y murmurando en voz quejumbrosa y humilde: «Buenas nochiñas nos dé Dios», se desvaneció como una sombra, sin que nadie pudiese notar por dónde. El marqués se encaró con la moza.

—¿No tengo dicho que no quiero aquí pendones?

Y ella contestó apaciblemente, colgando el candil en la pilastra de la chimenea:

—No hacía mal..., me ayudaba a pelar castañas.

Tal vez iba el marqués a echar la casa abajo, si Primitivo, con mayor imperio y enojo que su amo mismo, no terciase en la cuestión, reprendiendo a la muchacha.

—¿Qué estás parolando ahí...? Mejor te fuera tener la comida lista. ¿A ver cómo nos la das corriendito? Menéate, despabílate.

En el esconce de la cocina, una mesa de roble denegrida por el uso mostraba extendido un mantel grosero, manchado de vino y grasa. Primitivo, después de soltar en un rincón la escopeta, vaciaba su morral, del cual salieron dos perdigones y una liebre muerta, con los ojos empañados y el pelaje maculado de sangraza. Apartó la muchacha el botín a un lado, y fue colocando platos de peltre, cubiertos de antigua y maciza plata, un mollete enorme en el centro de la mesa y un jarro de vino proporcionado al pan; luego se dio prisa a revolver y destapar tarteras, y tomó del vasar una sopera magna. De nuevo la increpó airadamente el marqués.

—¿Y los perros, vamos a ver? ¿Y los perros?

Como si también los perros comprendiesen su derecho a ser atendidos antes que nadie, acudieron desde el rincón más oscuro, y olvidando el cansancio, exhalaban famélicos bostezos, meneando la cola y levantando el partido hocico. Julián creyó al pronto que se había aumentado el número de canes, tres antes y cuatro ahora; pero al entrar el grupo canino en el círculo de viva luz que proyectaba el fuego, advirtió que lo que tomaba por otro perro no era sino un rapazuelo de tres a cuatro años, cuyo vestido, compuesto de chaquetón acastañado y calzones de blanca estopa, podía desde lejos equivocarse con la piel bicolor de los perdigueros, en quienes parecía vivir el chiquillo en la mejor inteligencia y más estrecha fraternidad. Primitivo y la moza disponían en cubetas de palo el festín de los animales, entresacado de lo mejor y más grueso del pote; y el marqués —que vigilaba la operación—, no dándose por satisfecho, escudriñó con una cuchara de hierro las profundidades del caldo, hasta sacar a luz tres gruesas tajadas de cerdo, que fue distribuyendo en las cubetas. Lanzaban los perros alaridos entrecortados, de interrogación y deseo, sin atreverse aún a tomar posesión de la pitanza; a una voz de Primitivo, sumieron de golpe el hocico en ella, oyéndose el batir de sus apresuradas mandíbulas y el chasqueo de su lengua glotona. El chiquillo gateaba por entre las patas de los perdigueros, que, convertidos en fieras por el primer impulso del hambre no saciada todavía, le miraban de reojo, regañando los dientes y exhalando ronquidos amenazadores: de pronto la criatura, incitada por el tasajo que sobrenadaba en la cubeta de la perra Chula, tendió la mano para cogerlo, y la perra, torciendo la cabeza, lanzó una feroz dentellada, que por fortuna solo alcanzó la manga del chico, obligándole a refugiarse más que de prisa, asustado y lloriqueando, entre las sayas de la moza, ya ocupada en servir caldo a los racionales. Julián, que empezaba a descalzarse los guantes, se compadeció del chiquillo, y, bajándose, le tomó en brazos, pudiendo ver que a pesar del mugre, la roña, el miedo y el llanto, era el más hermoso angelote del mundo.

—¡Pobre! —murmuró cariñosamente—. ¿Te ha mordido la perra? ¿Te hizo sangre? ¿Dónde te duele, me lo dices? Calla, que vamos a reñirle a la perra nosotros. ¡Pícara, malvada!

Reparó el capellán que estas palabras suyas produjeron singular efecto en el marqués. Se contrajo su fisonomía: sus cejas se fruncieron, y arrancándole a Julián el chiquillo, con brusco movimiento le sentó en sus rodillas, palpándole las manos, a ver si las tenía mordidas o lastimadas. Seguro ya de que solo el chaquetón había padecido, soltó la risa.

—¡Farsante! —gritó—. Ni siquiera te ha tocado la Chula. ¿Y tú, para qué vas a meterte con ella? Un día te come media nalga, y después lagrimitas. ¡A callarse y a reírse ahora mismo! ¿En qué se conocen los valientes?

Diciendo así, colmaba de vino su vaso, y se lo presentaba al niño que, cogiéndolo sin vacilar, lo apuró de un sorbo. El marqués aplaudió:

—¡Retebién! ¡Viva la gente templada!

—No, lo que es el rapaz... el rapaz sale de punta —murmuró el abad de Ulloa.

—¿Y no le hará daño tanto vino? —objetó Julián, que sería incapaz de bebérselo él.

—¡Daño! ¡Sí, buen daño nos dé Dios! —respondió el marqués, con no sé qué inflexiones de orgullo en el acento—. Déle usted otros tres, y ya verá... ¿Quiere usted que hagamos la prueba?

—Los chupa, los chupa —afirmó el abad.

—No señor; no señor... Es capaz de morirse el pequeño... He oído que el vino es un veneno para las criaturas... Lo que tendrá será hambre.

—Sabel, que coma el chiquillo —ordenó imperiosamente el marqués, dirigiéndose a la criada.

Ésta, silenciosa e inmóvil durante la anterior escena, sacó un repleto cuenco de caldo, y el niño fue a sentarse en el borde del lar, para engullirlo sosegadamente.

En la mesa, los comensales mascaban con buen ánimo. Al caldo, espeso y harinoso, siguió un cocido sólido, donde abundaba el puerco: los días de caza, el imprescindible puchero se tomaba de noche, pues al monte no había medio de llevarlo. Una fuente de chorizos y huevos fritos desencadenó la sed, ya alborotada con la sal del cerdo. El marqués dio al codo a Primitivo.

—Tráenos un par de botellitas... De el del año 59.

Y volviéndose hacia Julián, dijo muy obsequioso:

—Va usted a beber del mejor tostado que por aquí se produce... Es de la casa de Molende: se corre que tienen un secreto para que, sin perder el gusto de la pasa, empalague menos y se parezca al mejor jerez... Cuanto más va, más gana: no es como los de otras bodegas, que se vuelven azúcar.

—Es cosa de gusto —aseveró el abad, rebañando con una miga de pan lo que restaba de yema en su plato.

—Yo —declaró tímidamente Julián— poco entiendo de vinos... Casi no bebo sino agua.

Y al ver brillar bajo las cejas hirsutas del abad una mirada compasiva de puro desdeñosa, rectificó:

—Es decir... con el café, ciertos días señalados, no me disgusta el anisete.

—El vino alegra el corazón... El que no bebe, no es hombre —pronunció el abad sentenciosamente.

Primitivo volvía ya de su excursión, empuñando en cada mano una botella cubierta de polvo y telarañas. A falta de tirabuzón, se descorcharon con un cuchillo, y a un tiempo se llenaron los vasos chicos traídos ad hoc. Primitivo empinaba el codo con sumo desparpajo, bromeando con el abad y el señorito. Sabel, por su parte, a medida que el banquete se prolongaba y el licor calentaba las cabezas, servía con familiaridad mayor, apoyándose en la mesa para reír algún chiste, de los que hacían bajar los ojos a Julián, bisoño en materia de sobremesas de cazadores. Lo cierto es que Julián bajaba la vista, no tanto por lo que oía, como por no ver a Sabel, cuyo aspecto, desde el primer instante, le había desagradado de extraño modo, a pesar o quizás a causa de que Sabel era un buen pedazo de lozanísima carne. Sus ojos azules, húmedos y sumisos, su color animado, su pelo castaño que se rizaba en conchas paralelas y caía en dos trenzas hasta más abajo del talle, embellecían mucho a la muchacha y disimulaban sus defectos, lo pomuloso de su cara, lo tozudo y bajo de su frente, lo sensual de su respingada y abierta nariz. Por no mirar a Sabel, Julián se fijaba en el chiquillo, que envalentonado con aquella ojeada simpática, fue poco a poco deslizándose hasta llegar a introducirse entre las rodillas del capellán. Instalado allí, alzó su cara desvergonzada y risueña, y tirando a Julián del chaleco, murmuró en tono suplicante:

—¿Me lo da?

Todo el mundo se reía a carcajadas: el capellán no comprendía.

—¿Qué pide? —preguntó.

—¿Qué ha de pedir? —respondió el marqués festivamente—. ¡El vino, hombre! ¡El vaso de tostado!

—¡Mama! —exclamó el abad.

Antes de que Julián se resolviese a dar al niño su vaso casi lleno, el marqués había aupado al mocoso, que sería realmente una preciosidad a no estar tan sucio. Parecíase a Sabel, y aún se le aventajaba en la claridad y alegría de sus ojos celestes, en lo abundante del pelo ensortijado, y especialmente en el correcto diseño de las facciones. Sus manitas, morenas y hoyosas, se tendían hacia el vino color de topacio; el marqués se lo acercó a la boca, divirtiéndose un rato en quitárselo cuando ya el rapaz creía ser dueño de él. Por fin consiguió el niño atrapar el vaso, y en un decir Jesús trasegó el contenido, relamiéndose.

—¡Éste no se anda con requisitos! —exclamó el abad.

—¡Quiá! —confirmó el marqués—. ¡Si es un veterano! ¿A que te zampas otro vaso, Perucho?

Las pupilas del angelote rechispeaban; sus mejillas despedían lumbre, y dilataba la clásica naricilla con inocente concupiscencia de Baco niño. El abad, guiñando picarescamente el ojo izquierdo, escancióle otro vaso, que él tomó a dos manos y se embocó sin perder gota; enseguida soltó la risa; y, antes de acabar el redoble de su carcajada báquica, dejó caer la cabeza, muy descolorido, en el pecho del marqués.

—¿Lo ven ustedes? —gritó Julián angustiadísimo—. Es muy chiquito para beber así, y va a ponerse malo. Estas cosas no son para criaturas.

—¡Bah! —intervino Primitivo—. ¿Piensa que el rapaz no puede con lo que tiene dentro? ¡Con eso y con otro tanto! Y si no verá.

A su vez tomó en brazos al niño y, mojando en agua fresca los dedos, se los pasó por las sienes. Perucho abrió los párpados y miró alrededor con asombro, y su cara se sonroseó.

—¿Qué tal? —le preguntó Primitivo—. ¿Hay ánimos para otra pinguita de tostado?

Volvióse Perucho hacia la botella y luego, como instintivamente, dijo que no con la cabeza, sacudiendo la poblada zalea de sus rizos. No era Primitivo hombre de darse por vencido tan fácilmente: sepultó la mano en el bolsillo del pantalón y sacó una moneda de cobre.

—De ese modo... —refunfuñó el abad.

—No seas bárbaro, Primitivo —murmuró el marqués entre placentero y grave.

—¡Por Dios y por la Virgen! —imploró Julián—. ¡Van a matar a esa criatura! Hombre, no se empeñe en emborrachar al niño: es un pecado, un pecado tan grande como otro cualquiera. ¡No se pueden presenciar ciertas cosas!

Al protestar, Julián se había incorporado, encendido de indignación, echando a un lado su mansedumbre y timidez congénita. Primitivo, de pie también, mas sin soltar a Perucho, miró al capellán fría y socarronamente, con el desdén de los tenaces por los que se exaltan un momento. Y metiendo en la mano del niño la moneda de cobre y entre sus labios la botella destapada y terciada aún de vino, la inclinó, la mantuvo así hasta que todo el licor pasó al estómago de Perucho. Retirada la botella, los ojos del niño se cerraron, se aflojaron sus brazos, y no ya descolorido, sino con la palidez de la muerte en el rostro, hubiera caído redondo sobre la mesa, a no sostenerlo Primitivo. El marqués, un tanto serio, empezó a inundar de agua fría la frente y los pulsos del niño; Sabel se acercó, y ayudó también a la aspersión; todo inútil: lo que es por esta vez, Perucho la tenía.

—Como un pellejo —gruñó el abad.

—Como una cuba —murmuró el marqués—. A la cama con él enseguida. Que duerma y mañana estará más fresco que una lechuga. Esto no es nada.

Sabel se alejó cargada con el niño, cuyas piernas se balanceaban inertes, a cada movimiento de su madre. La cena se acabó menos bulliciosa de lo que empezara: Primitivo hablaba poco, y Julián había enmudecido por completo. Cuando terminó el convite y se pensó en dormir, reapareció Sabel armada de un velón de aceite, de tres mecheros, con el cual fue alumbrando por la ancha escalera de piedra que conducía al piso alto, y ascendía a la torre en rápido caracol. Era grande la habitación destinada a Julián, y la luz del velón apenas disipaba las tinieblas, de entre las cuales no se destacaba más que la blancura del lecho. A la puerta del cuarto se despidió el marqués, deseándole buenas noches y añadiendo con brusca cordialidad:

—Mañana tendrá usted su equipaje... Ya irán a Cebre por él... Ea, descansar, mientras yo echo de casa al abad de Ulloa... Está un poco... ¿eh? ¡Dificulto que no se caiga en el camino y no pase la noche al abrigo de un vallado!

Solo ya, sacó Julián de entre la camisa y el chaleco una estampa grabada, con marco de lentejuela, que representaba a la Virgen del Carmen, y la colocó de pie sobre la mesa donde Sabel acababa de depositar el velón. Arrodillóse, y rezó la media corona, contando por los dedos de la mano cada diez. Pero el molimiento del cuerpo le hacía apetecer las gruesas y frescas sábanas, y omitió la letanía, los actos de fe y algún padrenuestro. Desnudóse honestamente, colocando la ropa en una silla a medida que se la quitaba, y apagó el velón antes de echarse. Entonces empezaron a danzar en su fantasía los sucesos todos de la jornada: el caballejo que estuvo a punto de hacerle besar el suelo, la cruz negra que le causó escalofríos, pero sobre todo la cena, la bulla, el niño borracho. Juzgando a las gentes con quienes había trabado conocimiento en pocas horas, se le figuraba Sabel provocativa, Primitivo insolente, el abad de Ulloa sobrado bebedor y nimiamente amigo de la caza, los perros excesivamente atendidos, y en cuanto al marqués... En cuanto al marqués, Julián recordaba unas palabras del señor de la Lage:

—Encontrará usted a mi sobrino bastante adocenado... La aldea, cuando se cría uno en ella y no sale de allí jamás, envilece, empobrece y embrutece.

Y casi al punto mismo en que acudió a su memoria tan severo dictamen, arrepintióse el capellán, sintiendo cierta penosa inquietud que no podía vencer. ¿Quién le mandaba formar juicios temerarios? Él venía allí para decir misa y ayudar al marqués en la administración, no para fallar acerca de su conducta y su carácter... Con que... a dormir...

III

Despertó Julián cuando entraba de lleno en la habitación un Sol de otoño dorado y apacible. Mientras se vestía, examinaba la estancia con algún detenimiento. Era vastísima, sin cielo raso; alumbrábanla tres ventanas guarnecidas de anchos poyos y de vidrieras faltosas de vidrios cuanto abastecidas de remiendos de papel pegados con obleas. Los muebles no pecaban de suntuosos ni de abundantes, y en todos los rincones permanecían señales evidentes de los hábitos del último inquilino, hoy abad de Ulloa, y antes capellán del marqués: puntas de cigarros adheridas al piso, dos pares de botas inservibles en un rincón, sobre la mesa un paquete de pólvora y en un poyo varios objetos cinegéticos, jaulas para codornices, gayolas, collares de perros, una piel de conejo mal curtida y peor oliente. Amén de estas reliquias, entre las vigas pendían pálidas telarañas, y por todas partes descansaba tranquilamente el polvo, enseñoreado allí desde tiempo inmemorial.

Miraba Julián las huellas de la incuria de su antecesor, y sin querer acusarle, ni tratarle en sus adentros de cochino, el caso es que tanta porquería y rusticidad le infundía grandes deseos de primor y limpieza, una aspiración a la pulcritud en la vida como a la pureza en el alma. Julián pertenecía a la falange de los pacatos, que tienen la virtud espantadiza, con repulgos de monja y pudores de doncella intacta. No habiéndose descosido jamás de las faldas de su madre sino para asistir a cátedra en el Seminario, sabía de la vida lo que enseñan los libros piadosos. Los demás seminaristas le llamaban San Julián, añadiendo que solo le faltaba la palomita en la mano. Ignoraba cuándo pudo venirle la vocación; tal vez su madre, ama de llaves de los señores de la Lage, mujer que pasaba por beatona, le empujó suavemente, desde la más tierna edad, hacia la Iglesia, y él se dejó llevar de buen grado.

Lo cierto es que de niño jugaba a cantar misa, y de grande no paró hasta conseguirlo. La continencia le fue fácil, casi insensible, por lo mismo que la guardó incólume, pues sienten los moralistas que es más hacedero no pecar una vez que pecar una sola. A Julián le ayudaba en su triunfo, amén de la gracia de Dios que él solicitaba muy de veras, la endeblez de su temperamento linfático-nervioso, puramente femenino, sin ardores ni rebeldías, propenso a la ternura, dulce y benigno como las propias malvas, pero no exento, en ocasiones, de esas energías súbitas que también se observan en la mujer, el ser que posee menos fuerza en estado normal, y más cantidad de ella desarrolla en las crisis convulsivas. Julián, por su compostura y hábitos de pulcritud —aprendidos de su madre, que le sahumaba toda la ropa con espliego y le ponía entre cada par de calcetines una manzana camuesa— cogió fama de seminarista pollo, máxime cuando averiguaron que se lavaba mucho manos y cara. En efecto era así, y a no mediar ciertas ideas de devota pudicicia, él extendería las abluciones frecuentes al resto del cuerpo, que procuraba traer lo más aseado posible.

El primer día de su estancia en los Pazos bien necesitaba chapuzarse un poco, atendido el polvo de la carretera que traía adherido a la piel; pero sin duda el actual abad de Ulloa consideraba artículo de lujo los enseres de tocador, pues no vio Julián por allí más que una palangana de hojalata, a la cual servía de palanganero el poyo. Ni jarra, ni tohalla, ni jabón, ni cubo. Quedóse parado delante de la palangana, en mangas de camisa y sin saber qué hacer, hasta que, convencido de la imposibilidad de refrescarse con agua, quiso al menos tomar un baño de aire, y abrió la vidriera.

Lo que abarcaba la vista le dejó encantado. El valle ascendía en suave pendiente, extendiendo ante los Pazos toda la lozanía de su ladera más feraz. Viñas, castañares, campos de maíz granados o ya segados, y tupidas robledas, se escalonaban, subían trepando hasta un montecillo, cuya falda gris parecía, al Sol, de un blanco plomizo. Al pie mismo de la torre, el huerto de los Pazos se asemejaba a verde alfombra con cenefas amarillentas, en cuyo centro se engastaba la Luna de un gran espejo, que no era sino la superficie del estanque. El aire, oxigenado y regenerador, penetraba en los pulmones de Julián, que sintió disiparse inmediatamente parte del vago terror que le infundía la gran casa solariega y lo que de sus moradores había visto. Como para renovarlo, entreoyó detrás de sí rumor de pisadas cautelosas, y al volverse vio a Sabel, que le presentaba con una mano platillo y jícara, con la otra, en plato de peltre, un púlpito de agua fresca y una servilleta gorda muy doblada encima. Venía la moza arremangada hasta el codo, con el pelo alborotado, seco y volandero, del calor de la cama sin duda: y a la luz del día se notaba más la frescura de su tez, muy blanca y como infiltrada de sangre. Julián se apresuró a ponerse el levitín, murmurando:

—Otra vez haga el favor de dar dos golpes en la puerta antes de entrar... Conforme estoy a pie, pudo cuadrar que estuviese en la cama todavía... o vistiéndome.

Miróle Sabel de hito en hito, sin turbarse, y exclamó:

—Disimule, señor... Yo no sabía... El que no sabe, hace como el que no ve.

—Bien, bien... Yo quería decir misa antes de tomar el chocolate.

—Hoy no podrá, porque tiene la llave de la capilla el señor abad de Ulloa, y Dios sabe hasta qué horas dormirá, ni si habrá quién vaya allá por ella.

Julián contuvo un suspiro. ¡Dos días ya sin misar! Cabalmente desde que era presbítero se había redoblado su fervor religioso, y sentía el entusiasmo juvenil del nuevo misacantano, conmovido aún por la impresión de la augusta investidura; de suerte que celebraba el sacrificio esmerándose en perfilar la menor ceremonia, temblando cuando alzaba, anonadándose cuando consumía, siempre con recogimiento indecible. En fin, si no había remedio...

—Ponga el chocolate ahí —dijo a Sabel.

Mientras la moza ejecutaba esta orden, Julián alzaba los ojos al techo y los bajaba al piso, y tosía, tratando de buscar una fórmula, un modo discreto de explicarse.

—¿Hace mucho que no duerme en este cuarto el señor abad?

—Poco... Hará dos semanas que bajó a la parroquia.

—Ah... Por eso... Esto está algo... sucio, ¿no le parece? Sería bueno barrer... y pasar también la escoba por entre las vigas.

Sabel se encogió de hombros.

—El señor abad no me mandó nunca que le barriese el cuarto.

—Pues, francamente, la limpieza es una cosa que a todo el mundo gusta.

—Sí, señor, ya se sabe... No pase cuidado, que yo lo arreglaré muy arregladito.

Lo pronunció con tanta sumisión, que Julián a su vez quiso mostrarle un poco de caritativo interés.

—¿Y el niño? —preguntó—. ¿No le hizo mal lo de ayer?

—No, señor... Durmió como un santiño y ya anda corriendo por la huerta. ¿Ve? Allí está.

Mirando por la abierta ventana, y haciéndose una pantalla con la mano, Julián divisó a Perucho, que, sin sombrero, con la cabeza al Sol, arrojaba piedras al estanque.

—Lo que no sucede en un año sucede en un día, Sabel —advirtió gravemente el capellán—. ¡No debe consentir que le emborrachen al chiquillo: es un vicio muy feo, hasta en los grandes, cuanto más en un inocente así! ¿Para qué le aguanta a Primitivo que le dé tanta bebida? Es obligación de usted el impedirlo.

Sabel fijaba pesadamente en Julián sus azules pupilas, siendo imposible discernir en ellas el menor relámpago de inteligencia o de convencimiento. Al fin articuló con pausa:

—Yo qué quiere que le haga... No me voy a reponer contra mi señor padre.

Julián calló un momento atónito. ¡De modo que quien había embriagado a la criatura era su propio abuelo! No supo replicar nada oportuno, ni siquiera lanzar una exclamación de censura. Llevóse la taza a la boca para encubrir la turbación, y Sabel, creyendo terminado el coloquio, se retiraba despacio, cuando el capellán le dirigió una pregunta más.

—¿El señor marqués anda ya levantado?

—Sí, señor... Debe estar por la huerta o por los alpendres.

—Haga el favor de llevarme allí —dijo Julián levantándose y limpiándose apresuradamente los labios sin desdoblar la servilleta.

Antes de dar con el marqués, recorrieron el capellán y su guía casi toda la huerta. Aquella vasta extensión de terreno debía haber sido en otro tiempo cultivada con primor y engalanada con los adornos de la jardinería simétrica y geométrica cuya moda nos vino de Francia. De todo lo cual apenas quedaban vestigios: las armas de la casa, trazadas con mirto en el suelo, eran ahora intrincado matorral de bojes, donde ni la vista más lince distinguiría rastro de los lobos, pinos, torres almenadas, roeles y otros emblemas que campeaban en el preclaro blasón de los Ulloas; y, sin embargo, persistía en la confusa masa no sé qué aire de cosa plantada adrede y con arte. El borde de piedra del estanque estaba semiderruido, y las gruesas bolas de granito que lo guarnecían andaban rodando por la hierba, verdosas de musgo, esparcidas aquí y acullá como gigantescos proyectiles en algún desierto campo de batalla. Obstruido por el limo, el estanque parecía charca fangosa, acrecentando el aspecto de descuido y abandono de la huerta, donde los que ayer fueron cenadores y bancos rústicos se habían convertido en rincones poblados de maleza, y los tablares de hortaliza en sembrados de maíz, a cuya orilla, como tenaz reminiscencia del pasado, crecían libres, espinosos y altísimos, algunos rosales de variedad selecta, que iban a besar con sus ramas más altas la copa del ciruelo o peral que tenían enfrente. Por entre estos residuos de pasada grandeza andaba el último vástago de los Ulloas, con las manos en los bolsillos, silbando distraídamente como quien no sabe qué hacer del tiempo. La presencia de Julián le dio la solución del problema. Señorito y capellán emparejaron y alabando la hermosura del día, acabaron de visitar el huerto al pormenor, y aun alargaron el paseo hasta el soto y los robledales que limitaban, hacia la parte norte, la extensa posesión del marqués. Julián abría mucho los ojos, deseando que por ellos le entrase de sopetón toda la ciencia rústica, a fin de entender bien las explicaciones relativas a la calidad del terreno o el desarrollo del arbolado; pero, acostumbrado a la vida claustral del Seminario y de la metrópoli compostelana, la naturaleza le parecía difícil de comprender, y casi le infundía temor por la vital impetuosidad que sentía palpitar en ella, en el espesor de los matorrales, en el áspero vigor de los troncos, en la fertilidad de los frutales, en la picante pureza del aire libre. Exclamó con desconsuelo sincerísimo:

—Yo confieso la verdad, señorito... De estas cosas de aldea, no entiendo jota.

—Vamos a ver la casa —indicó el señor de Ulloa—. Es la más grande del país —añadió con orgullo.

Mudaron de rumbo, dirigiéndose al enorme caserón, donde penetraron por la puerta que daba al huerto, y habiendo recorrido el claustro formado por arcadas de sillería, cruzaron varios salones con destartalado mueblaje, sin vidrios en las vidrieras, cuyas descoloridas pinturas maltrataba la humedad, no siendo más clemente la polilla con el maderamen del piso. Pararon en una habitación relativamente chica, con ventana de reja, donde las negras vigas del techo semejaban remotísimas, y asombraban la vista grandes estanterías de castaño sin barnizar, que en vez de cristales tenían enrejado de alambre grueso. Decoraba tan tétrica pieza una mesa-escritorio, y sobre ella un tintero de cuerno, un viejísimo bade de suela, no sé cuántas plumas de ganso y una caja de obleas vacía.

Las estanterías entreabiertas dejaban asomar legajos y protocolos en abundancia; por el suelo, en las dos sillas de baqueta, encima de la mesa, en el alféizar mismo de la enrejada ventana, había más papeles, más legajos, amarillentos, vetustos, carcomidos, arrugados y rotos; tanta papelería exhalaba un olor a humedad, a rancio, que cosquilleaba en la garganta desagradablemente. El marqués de Ulloa, deteniéndose en el umbral y con cierta expresión solemne, pronunció:

—El archivo de la casa.

Desocupó enseguida las sillas de cuero, y explicó muy acalorado que aquello estaba revueltísimo —aclaración de todo punto innecesaria— y que semejante desorden se debía al descuido de un fray Venancio, administrador de su padre, y del actual abad de Ulloa, en cuyas manos pecadoras había venido el archivo a parar en lo que Julián veía...

—Pues así no puede seguir —exclamaba el capellán—. ¡Papeles de importancia tratados de este modo! Hasta es muy fácil que alguno se pierda.

—¡Naturalmente! Dios sabe los desperfectos que ya me habrán causado, y cómo andará todo, porque yo ni mirarlo quiero... Esto es lo que usted ve: ¡un desastre, una perdición!

¡Mire usted..., mire usted lo que tiene ahí a sus pies! ¡Debajo de una bota!

Julián levantó el pie muy asustado, y el marqués se bajó recogiendo del suelo un libro delgadísimo, encuadernado en badana verde, del cual pendía rodado sello de plomo. Tomólo Julián con respeto, y al abrirlo, sobre la primera hoja de vitela, se destacó una soberbia miniatura heráldica, de colores vivos y frescos a despecho de los años.

—¡Una ejecutoria de nobleza! —declaró el señorito gravemente.

Por medio de su pañuelo doblado, la limpiaba Julián del moho, tocándola con manos delicadas. Desde niño le había enseñado su madre a reverenciar la sangre ilustre, y aquel pergamino escrito con tinta roja, miniado, dorado, le parecía cosa muy veneranda, digna de compasión por haber sido pisoteada, hollada bajo la suela de sus botas. Como el señorito permanecía serio, de codos en la mesa, las manos Cruzadas bajo la barba, otras palabras del señor de la Lage acudieron a la memoria del capellán: «Todo eso de la casa de mi sobrino debe ser un desbarajuste... Haría usted una obra de caridad si lo arreglase un poco». La verdad es que él no entendía gran cosa de papelotes, pero con buena voluntad y cachaza...

—Señorito —murmuró—, ¿y por qué no nos dedicamos a ordenar esto como Dios manda? Entre usted y yo, mal sería que no acertásemos. Mire usted, primero apartamos lo moderno de lo antiguo; de lo que esté muy estropeado se podría hacer sacar copia; lo roto se pega con cuidadito con unas tiras de papel transparente...

El proyecto le pareció al señorito de perlas. Convinieron en ponerse al trabajo desde la mañana siguiente. Quiso la desgracia que al otro día Primitivo descubriese en un maizal próximo un bando entero de perdices entretenido en comerse la espiga madura. Y el marqués se terció la carabina y dejó para siempre jamás amén a su capellán bregar con los documentos.

IV

Y el capellán lidió con ellos a brazo partido, sin tregua, tres o cuatro horas todas las mañanas. Primero limpió, sacudió, planchó sirviéndose de la palma de la mano, pegó papelitos de cigarro a fin de juntar los pedazos rotos de alguna escritura. Parecíale estar desempolvando, encolando y poniendo en orden la misma casa de Ulloa, que iba a salir de sus manos hecha una plata. La tarea, en apariencia fácil, no dejaba de ser enfadosa para el aseado presbítero: le sofocaba una atmósfera de mohosa humedad; cuando alzaba un montón de papeles depositado desde tiempo inmemorial en el suelo, caía a veces la mitad de los documentos hecha añicos por el diente menudo e incansable del ratón; las polillas, que parecen polvo organizado y volante, agitaban sus alas y se le metían por entre la ropa; las correderas, perseguidas en sus más secretos asilos, salían ciegas de furor o de miedo, obligándole, no sin gran repugnancia, a despachurrarlas con los tacones, tapándose los oídos para no percibir el ¡chac! estremecedor que produce el cuerpo estrujado del insecto; las arañas, columpiando su hidrópica panza sobre sus descomunales zancos, solían ser más listas y refugiarse prontísimamente en los rincones oscuros, a donde las guía misterioso instinto estratégico. De tanto asqueroso bicho tal vez el que más repugnaba a Julián era una especie de lombriz o gusano de humedad, frío y negro, que se encontraba siempre inmóvil y hecho una rosca debajo de los papeles, y al tocarlo producía la sensación de un trozo de hielo blando y pegajoso.

Al cabo, a fuerza de paciencia y resolución, triunfó Julián en su batalla con aquellas alimañas impertinentes, y en los estantes, ya despejados, fueron alineándose los documentos, ocupando, por efecto milagroso del buen orden, la mitad menos que antes, y cabiendo donde no cupieron jamás.

Tres o cuatro ejecutorias, todas con su colgante de plomo, quedaron apartadas, envueltas en paños limpios. Todo estaba arreglado ya, excepto un tramo de la estantería donde Julián columbró los lomos oscuros, fileteados de oro, de algunos libros antiguos. Era la biblioteca de un Ulloa, un Ulloa de principios del siglo: Julián extendió la mano, cogió un tomo al azar, lo abrió, leyó la portada... «*La Henriada*, poema francés, puesto en verso español: su autor, el señor de Voltaire...». Volvió a su sitio el volumen, con los labios contraídos y los ojos bajos, como siempre que algo le hería o escandalizaba: no era en extremo intolerante, pero lo que es a Voltaire, de buena gana le haría lo que a las cucarachas; no obstante, limitóse a condenar la biblioteca, a no pasar ni un mal paño por el lomo de los libros: de suerte que polillas, gusanos y arañas, acosadas en todas partes, hallaron refugio a la sombra del risueño Arouet y su enemigo el sentimental Juan Jacobo, que también dormía allí sosegadamente desde los años de 1816.

No era tortas y pan pintado la limpieza material del archivo; sin embargo, la verdadera obra de romanos fue la clasificación. ¡Aquí te quiero! parecían decir los papelotes así que Julián intentaba distinguirlos. Un embrollo, una madeja sin cabo, un laberinto sin hilo conductor. No existía faro que pudiese guiar por el piélago insondable: ni libros becerros, ni estados, ni nada. Los únicos documentos que encontró fueron dos cuadernos mugrientos y apestando a tabaco, donde su antecesor, el abad de Ulloa, apuntaba los nombres de los pagadores y arrendatarios de la casa, y al margen, con un signo inteligible para él solo, o con palabras más enigmáticas aún, el balance de sus pagos. Los unos tenían una cruz, los otros un garabato, los de más allá una llamada, y los menos, las frases no paga, pagará, va pagando, ya pagó. ¿Qué significaban pues el garabato y la cruz? Misterio insondable. En una misma página se mezclaban gastos e ingresos: aquí aparecía Fulano como deudor insolvente, y dos renglones más abajo, como acreedor por jornales. Julián sacó del libro del abad una jaqueca tremebunda. Bendijo la memoria de fray Venancio, que, más radical, no dejara ni rastro de cuentas, ni el menor comprobante de su larga gestión.

Había puesto Julián manos a la obra con sumo celo, creyendo no le sería imposible orientarse en semejante caos de papeles. Se desojaba para entender la letra antigua y las enrevesadas rúbricas de las escrituras; quería al menos separar lo correspondiente a cada uno de los tres o cuatro principales partidos de renta con que contaba la casa; y se asombraba de que para cobrar tan poco dinero, tan mezquinas cantidades de centeno y trigo, se necesitase tanto fárrago de procedimientos, tanta documentación indigesta. Perdíase en un dédalo de foros y subforos, prorrateos, censos, pensiones, vinculaciones, cartas dotales, diezmos, tercios, pleitecillos menudos, de atrasos, y pleitazos gordos, de partijas. A cada paso se le confundía más en la cabeza toda aquella papelería trasconejada; si las obras de reparación, como poner carpetas de papel fuerte y blanco a las escrituras que se deshacían de puro viejas le eran ya fáciles, no así el conocimiento científico de los malditos papelotes, indescifrables para quien no tuviese lecciones y práctica. Ya desalentado se lo confesó al marqués.

—Señorito, yo no salgo del paso... Aquí convenía un abogado, una persona entendida.

—Sí, sí, hace mucho tiempo que lo pienso yo también... Es indispensable tomar mano en eso, porque la documentación debe andar perdida... ¿Cómo la ha encontrado usted? ¿Hecha una lástima? Apuesto a que sí.

Dijo esto el marqués con aquella entonación vehemente y sombría que adoptaba al tratar de sus propios asuntos, por insignificantes que fuesen; y mientras hablaba, entretenía las manos ciñendo su collar de cascabeles a la Chula, con la cual iba a salir a matar unas codornices.

—Sí, señor... —murmuró Julián—. No está nada bien, no... Pero la persona acostumbrada a estas cosas se desenreda de ellas en un soplo... Y tiene que venir pronto quien sea, porque los papeles no ganan así.

La verdad era que el archivo había producido en el alma de Julián la misma impresión que toda la casa: la de una ruina, ruina vasta y amenazadora, que representaba algo grande en lo pasado, pero en la actualidad se desmoronaba a toda prisa. Era esto en Julián aprensión no razonada, que se transformaría en convicción si conociese bien algunos antecedentes de familia del marqués.

Don Pedro Moscoso de Cabreira y Pardo de la Lage quedó huérfano de padre muy niño aún. A no ser por semejante desgracia, acaso hubiera tenido carrera: los Moscosos conservaban, desde el abuelo afrancesado, enciclopedista y francmasón que se permitía leer al señor de Voltaire, cierta tradición de cultura trasañeja, medio extinguida ya, pero suficiente todavía para empujar a un Moscoso a los bancos del aula. En los Pardos de la Lage era, al contrario, axiomático que más vale asno vivo que doctor muerto. Vivían entonces los Pardos en su casa solariega, no muy distante de la de Ulloa: al enviudar la madre de don Pedro, el mayorazgo de la Lage iba a casarse en Santiago con una señorita de distinción, trasladando sus reales al pueblo; y don Gabriel, el segundón, se vino a los Pazos de Ulloa, para acompañar a su hermana, según decía, y servirle de amparo; en realidad, afirmaban los maldicientes, para disfrutar a su talante las rentas del cuñado difunto. Lo cierto es que don Gabriel en poco tiempo asumió el mando de la casa: él descubrió y propuso para administrador a aquel bendito exclaustrado fray

Venancio, medio chocho desde la exclaustración, medio idiota de nacimiento ya, a cuya sombra pudo manejar a su gusto la hacienda del sobrino, desempeñando la tutela. Una de las habilidades de don Gabriel fue hacer partijas con su hermana cogiéndole mañosamente casi toda su legítima, despojo a que asintió la pobre señora, absolutamente inepta en materia de negocios, hábil solo para ahorrar el dinero que guardaba con sórdida avaricia, y que tuvo la imprudente niñería de ir poniendo en onzas de oro, de las más antiguas, de premio. Cortos eran los réditos del caudal de Moscoso que no se deslizaban de entre los dedos temblones de fray Venancio a las robustas palmas del tutor; pero si lograban pasar a las de doña Micaela, ya no salían de allí sino en forma de peluconas, camino de cierto escondrijo misterioso, acerca del cual iba poco a poco formándose una leyenda en el país. Mientras la madre atesoraba, don Gabriel educaba al sobrino a su imagen y semejanza, llevándolo consigo a ferias, cazatas, francachelas rústicas, y acaso distracciones menos inocentes, y enseñándole, como decían allí, a cazar la perdiz blanca; y el chico adoraba en aquel tío jovial, vigoroso y resuelto, diestro en los ejercicios corporales, groseramente chistoso, como todos los de la Lage, en las sobremesas: especie de señor feudal acatado en el país, que enseñaba prácticamente al heredero de los Ulloas el desprecio de la humanidad y el abuso de la fuerza. Un día que tío y sobrino se deportaban, según costumbre, a cuatro o seis leguas de distancia de los Pazos, habiéndose llevado consigo al criado y al mozo de cuadra, a las cuatro de la tarde y estando abiertas todas las puertas del caserón solariego, se presentó en él una gavilla de veinte hombres enmascarados o tiznados de carbón, que maniató y amordazó a la criada, hizo echarse boca abajo a fray Venancio, y apoderándose de doña Micaela, le intimó que enseñase el escondrijo de las onzas; y como la señora se negase, después de abofetearla, empezaron a mecharla con la punta de una navaja, mientras unos cuantos proponían que se calentase aceite para freírle los pies. Así que le acribillaron un brazo y un pecho, pidió compasión y descubrió, debajo de un arca enorme, el famoso escondrijo, trampa hábilmente disimulada por medio de una tabla igual a las demás del piso, pero que subía y bajaba a voluntad. Recogieron los ladrones las hermosas medallas, apoderáronse también de la plata labrada que hallaron a mano, y se retiraron de los Pazos a las seis, antes que anocheciese del todo. Algún labrador o jornalero les vio salir, pero ¿qué había de hacer? Eran veinte, bien armados con escopetas, pistolas y trabucos.

Fray Venancio, que solo había recibido tal cual puntapié o puñada despreciativa, no necesitó más pasaporte para irse al otro mundo, de puro miedo, en una semana; la señora se apresuró menos, pero, como suele decirse, no levantó cabeza, y de allí a pocos meses una apoplejía serosa le impidió seguir guardando onzas en un agujero mejor disimulado. Del robo se habló largo tiempo en el país, y corrieron rumores muy extraños: se afirmó que los criminales no eran bandidos de profesión, sino gentes conocidas y acomodadas, alguna de las cuales desempeñaba cargo público, y entre ellas se contaban personas relacionadas de antiguo con la familia de Ulloa, que por lo tanto estaban al corriente de las costumbres de la casa, de los días en que se quedaba sin hombres, y de la insaciable constancia de doña Micaela en recoger y conservar la más valiosa moneda de oro. Fuese lo que fuese, la justicia no descubrió a los autores del delito, y don Pedro quedó en breve sin otro pariente que su tío Gabriel. Éste buscó para el sitio de fray Venancio a un sacerdote brusco, gran cazador, incapaz de morirse de miedo ante los ladrones. Desde tiempo atrás les ayudaba en sus expediciones cinegéticas Primitivo, la mejor escopeta furtiva del país, la puntería más certera, y

46

el padre de la moza más guapa que se encontraba en diez leguas a la redonda. El fallecimiento de doña Micaela permitió que hija y padre se instalasen en los Pazos, ella a título de criada, él a título de... montero mayor, diríamos hace siglos; hoy no hay nombre adecuado para el empleo. Don Gabriel los tenía muy a raya a entrambos, olfateando en Primitivo un riesgo serio para su influencia; pero tres o cuatro años después de la muerte de su hermana, don Gabriel sufrió ataques de gota que pusieron en peligro su vida, y entonces se divulgó lo que ya se susurraba acerca de su casamiento secreto con la hija del carcelero de Cebre. El hidalgo se trasladó a vivir, mejor dicho a rabiar, en la villita; otorgó testamento legando a tres hijos que tenía sus bienes y caudal, sin dejar al sobrino don Pedro ni el reloj en memoria; y habiéndosele subido la gota al corazón, entregó su alma a Dios de malísima gana, con lo cual hallóse el último de los Moscosos dueño de sí por completo.

Gracias a todas estas vicisitudes, socaliñas y pellizcos, la casa de Ulloa, a pesar de poseer dos o tres decentes núcleos de renta, estaba enmarañada y desangrada; era lo que presumía Julián: una ruina. Dada la complicación de red, la subdivisión atomística que caracteriza a la propiedad gallega, un poco de descuido o mala administración basta para minar los cimientos de la más importante fortuna territorial. La necesidad de pagar ciertos censos atrasados y sus intereses había sido causa de que la casa se gravase con una hipoteca no muy cuantiosa; pero la hipoteca es como el cáncer: empieza atacando un punto del organismo y acaba por inficionarlo todo. Con motivo de los susodichos censos, el señorito buscó asiduamente las onzas del nuevo escondrijo de su madre; tiempo perdido: o la señora no había atesorado más desde el robo, o lo había ocultado tan bien, que no diera con ello el mismo diablo.

La vista de tal hipoteca contristó a Julián, pues el buen clérigo empezaba a sentir la adhesión especial de los capellanes por las casas nobles en que entran; pero más le llenó de confusión encontrar entre los papelotes la documentación relativa a un pleitecillo de partijas, sostenido por don Alberto Moscoso, padre de don Pedro, con... ¡el marqués de Ulloa!

Porque ya es hora de decir que el marqués de Ulloa auténtico y legal, el que consta en la Guía de forasteros, se paseaba tranquilamente en carretela por la Castellana, durante el invierno de 1866 a 1867, mientras Julián exterminaba correderas en el archivo de los Pazos. Bien ajeno estaría él de que el título de nobleza por cuya carta de sucesión había pagado religiosamente su impuesto de lanzas y medias anatas, lo disfrutaba gratis un pariente suyo, en un rincón de Galicia. Verdad que al legítimo marqués de Ulloa, que era Grande de España de primera clase, duque de algo, marqués tres veces y conde dos lo menos, nadie le conocía en Madrid sino por el ducado, por aquello de que baza mayor quita menor, aun cuando el título de Ulloa, radicado en el claro solar de Cabreira de Portugal, pudiese ganar en antigüedad y estimación a los más eminentes. Al pasar a una rama colateral la hacienda de los Pazos de Ulloa, fue el marquesado a donde correspondía por rigurosa agnación; pero los aldeanos, que no entienden de agnaciones, hechos a que los Pazos de Ulloa diesen nombre al título, siguieron llamando marqueses a los dueños de la gran huronera. Los señores de los Pazos no protestaban: eran marqueses por derecho consuetudinario; y cuando un labrador, en un camino hondo, se descubría respetuosamente ante don Pedro, murmurando: «Vaya usía muy dichoso, señor marqués», don Pedro sentía un cosquilleo grato en la epidermis de la vanidad, y contestaba con voz sonora: «Felices tardes».

V

Del famoso arreglo del archivo sacó Julián los pies fríos y la cabeza caliente: él bien quisiera despabilarse, aplicar prácticamente las nociones adquiridas acerca del estado de la casa, para empezar a ejercer con inteligencia sus funciones de administrador, mas no acertaba, no podía; su inexperiencia en cosas rurales y jurídicas se traslucía a cada paso. Trataba de estudiar el mecanismo interior de los Pazos: tomábase el trabajo de ir a los establos, a las cuadras, de enterarse de los cultivos, de visitar la granera, el horno, los hórreos, las eras, las bodegas, los alpendres, cada dependencia y cada rincón; de preguntar para qué servía esto y aquello y lo de más allá, y cuánto costaba y a cómo se vendía; labor inútil, pues olfateando por todas partes abusos y desórdenes, no conseguía nunca, por su carencia de malicia y de gramática parda, poner el dedo sobre ellos y remediarlos. El señorito no le acompañaba en semejantes excursiones: harto tenía que hacer con ferias, caza y visitas a gentes de Cebre o del señorío montañés, de suerte que el guía de Julián era Primitivo. Guía pesimista si los hay. Cada reforma que Julián quería plantear, la calificaba de imposible, encogiéndose de hombros; cada superfluidad que intentaba suprimir, la declaraba el cazador indispensable al buen servicio de la casa. Ante el celo de Julián surgían montones de dificultades menudas, impidiéndole realizar ninguna modificación útil. Y lo más alarmante era observar la encubierta, pero real omnipotencia de Primitivo. Mozos, colonos, jornaleros, y hasta el ganado en los establos, parecía estarle supeditado y propicio: el respeto adulador con que trataban al señorito, el saludo, mitad desdeñoso y mitad indiferente que dirigían al capellán, se convertían en sumisión absoluta hacia Primitivo, no manifestada por fórmulas exteriores, sino por el acatamiento instantáneo de su voluntad, indicada a veces con solo el mirar directo y frío de sus ojuelos sin pestañas. Y Julián se sentía humillado en presencia de un hombre que mandaba allí como indiscutible autócrata, desde su ambiguo puesto de criado con ribetes de mayordomo. Sentía pesar sobre su alma la ojeada escrutadora de Primitivo que avizoraba sus menores actos, y estudiaba su rostro, sin duda para averiguar el lado vulnerable de aquel presbítero, sobrio, desinteresado, que apartaba los ojos de las jornaleras garridas. Tal vez la filosofía de Primitivo era que no hay hombre sin vicio, y no había de ser Julián la excepción.

Corría entre tanto el invierno, y el capellán se habituaba a la vida campestre. El aire vivo y puro le abría el apetito: no sentía ya las efusiones de devoción que al principio, y sí una especie de caridad humana que le llevaba a interesarse en lo que veía a su alrededor, especialmente los niños y los irracionales, con quienes desahogaba su instintiva ternura. Aumentábase su compasión hacia Perucho, el rapaz embriagado por su propio abuelo; le dolía verle revolcarse constantemente en el lodo del patio, pasarse el día hundido en el estiércol de las cuadras, jugando con los becerros, mamando del pezón de las vacas leche caliente o durmiendo en el pesebre, entre la hierba destinada al pienso de la borrica; y determinó consagrar algunas horas de las largas noches de invierno a enseñar al chiquillo el abecedario, la doctrina y los números. Para realizarlo se acomodaba en la vasta mesa, no lejos del fuego del hogar, cebado por Sabel con gruesos troncos; y cogiendo al niño en sus rodillas, a la luz del triple mechero del velón, le iba guiando pacientemente el dedo sobre el silabario, repitiendo la monótona salmodia por donde empieza el saber: be-a bá, be-e bé, be-i bí... El chico se deshacía en bostezos enormes, en muecas risibles, en momos de llanto, en chillidos de estornino preso; se acorazaba, se defendía contra la ciencia de todas las maneras imaginables, pateando, gruñendo, escondiendo la cara, escurriéndose, al menor descuido del profesor, para ocultarse en cualquier rincón o volverse al tibio abrigo del establo.

En aquel tiempo frío, la cocina se convertía en tertulia, casi exclusivamente compuesta de mujeres. Descalzas y pisando de lado, como recelosas, iban entrando algunas, con la cabeza resguardada por una especie de mandilón de picote; muchas gemían de gusto al acercarse a la deleitable llama; otras, tomando de la cintura el huso y el copo de lino, hilaban después de haberse calentado las manos, o sacando del bolsillo castañas, las ponían a asar entre el rescoldo; y todas, empezando por cuchichear bajito, acababan por charlotear como urracas. Era Sabel la reina de aquella pequeña corte: sofocada por la llama, con los brazos arremangados, los ojos húmedos, recibía el incienso de las adulaciones, hundía el cucharón de hierro en el pote, llenaba cuencos de caldo, y al punto una mujer desaparecía del círculo, refugiábase en la esquina o en un banco, donde se la oía mascar ansiosamente, soplar el hirviente bodrio y lengüetear contra la cuchara. Noches había en que no se daba la moza punto de reposo en colmar tazas, ni las mujeres en entrar, comer y marcharse para dejar a otras el sitio: allí desfilaba sin duda, como en mesón barato, la parroquia entera. Al salir cogían aparte a Sabel, y si el capellán no estuviese tan distraído con su rebelde alumno, vería algún trozo de tocino, pan o lacón rápidamente escondido en un justillo, o algún chorizo cortado con prontitud de las ristras pendientes en la chimenea, que no menos velozmente pasaba a las faltriqueras. La última tertuliana que se quedaba, la que secreteaba más tiempo y más íntimamente con Sabel, era la vieja de las greñas de estopa, entrevista por Julián la noche de su llegada a los Pazos. Era imponente la fealdad de la bruja: tenía las cejas canas, y, de perfil, le sobresalían, como también las cerdas de un lunar; el fuego hacía resaltar la blancura del pelo, el color atezado del rostro, y el enorme bocio o papera que deformaba su garganta del modo más repulsivo. Mientras hablaba con la frescachona Sabel, la fantasía de un artista podía evocar los cuadros de tentaciones de San Antonio en que aparecen juntas una asquerosa hechicera y una mujer hermosa y sensual, con pezuña de cabra.

Sin explicarse el porqué, empezó a desagradar a Julián la tertulia y las familiaridades de Sabel, que se le arrimaba continuamente, a pretexto de buscar en el cajón de la mesa un cuchillo, una taza, cualquier objeto indispensable. Cuando la aldeana fijaba en él sus ojos azules, anegados en caliente humedad, el capellán experimentaba malestar violento, comparable solo al que le causaban los de Primitivo, que a menudo sorprendía clavados a hurtadillas en su rostro. Ignorando en qué fundar sus recelos, creía Julián que meditaban alguna asechanza. Era Primitivo, salvo tal cual momentáneo acceso de brusca y selvática alegría, hombre taciturno, a cuya faz de bronce asomaban rara vez los sentimientos; y con todo eso, Julián se juzgaba blanco de hostilidad encubierta por parte del cazador; en rigor, ni hostilidad podía llamarse; más bien tenía algo de observación y acecho, la espera tranquila de una res, a quien, sin odiarla, se desea cazar cuanto antes. Semejante actitud no podía definirse, ni expresarse apenas. Julián se refugió en su cuarto, adonde hizo subir, medio arrastro, al niño, para la lección acostumbrada. Así como así, el invierno había pasado, y el calor de la lareira no era apetecible ya.

En su habitación pudo el capellán notar mejor que en la cocina la escandalosa suciedad del angelote. Media pulgada de roña le cubría la piel; y en cuanto al cabello, dormían en él capas geológicas, estratificaciones en que entraba tierra, guijarros menudos, toda suerte de cuerpos extraños. Julián cogió a viva fuerza al niño, lo arrastró hacia la palangana, que ya tenía bien abastecida de jarras, toallas y jabón. Empezó a frotar. ¡María Santísima y qué primer agua la que salió de aquella empecatada carita! Lejía pura, de la más turbia y espesa. Para el pelo fue preciso emplear aceite, pomada, agua a chorros, un batidor de gruesas púas que desbrozase la virgen selva. Al paso que adelantaba la faena, iban saliendo a luz las bellísimas facciones, dignas del cincel antiguo, coloreadas con la pátina del Sol y del aire; y los bucles, libres de estorbos, se colocaban artísticamente como en una testa de Cupido, y descubrían su matiz castaño dorado, que acababa de entonar la figura. ¡Era pasmoso lo bonito que había hecho Dios a aquel muñeco!

Todos los días, que gritase o que se resignase el chiquillo, Julián lo lavaba así antes de la lección. Por aquel respeto que profesaba a la carne humana no se atrevía a bañarle el cuerpo, medida bien necesaria en verdad. Pero con los lavatorios y el carácter bondadoso de Julián, el diablillo iba tomándose demasiadas confianzas, y no dejaba cosa a vida en el cuarto. Su desaplicación, mayor a cada instante, desesperaba al pobre presbítero: la tinta le servía a Perucho para meter en ella la mano toda y plantarla después sobre el silabario; la pluma, para arrancarle las barbas y romperle el pico cazando moscas en los vidrios; el papel, para rasgarlo en tiritas o hacer con él cucuruchos; las arenillas, para volcarlas sobre la mesa y figurar con ellas montes y collados, donde se complacía en producir cataclismos hundiendo el dedo de golpe. Además, revolvía la cómoda de Julián, deshacía la cama brincando encima, y un día llegó al extremo de prender fuego a las botas de su profesor, llenándolas de fósforos encendidos.

Bien aguantaría Julián estas diabluras con la esperanza de sacar algo en limpio de semejante hereje; pero se complicaron con otra cosa bastante más desagradable: las idas y venidas frecuentes de Sabel por su habitación. Siempre encontraba la moza algún pretexto para subir: que se le había olvidado recoger el servicio del chocolate; que se le había esquecido mudar la toalla. Y se endiosaba, y tardaba un buen rato en bajar, entreteniéndose en arreglar cosas que no estaban revueltas, o poniéndose de pechos en la ventana, muy risueña y campechanota, alardeando de una confianza que Julián, cada día más reservado, no autorizaba en modo alguno.

Una mañana entró Sabel a la hora de costumbre con las jarras de agua para las abluciones del presbítero, que, al recibirlas, no pudo menos de reparar, en una rápida ojeada, cómo la moza venía en justillo y enaguas, con la camisa entreabierta, el pelo destrenzado y descalzos un pie y pierna blanquísimos, pues Sabel, que se calzaba siempre y no hacía más que la labor de cocina y ésa con mucha ayuda de criadas de campo y comadres, no tenía la piel curtida, ni deformados los miembros. Julián retrocedió, y la jarra tembló en su mano, vertiéndose un chorro de agua por el piso.

—Cúbrase usted, mujer —murmuró con voz sofocada por la vergüenza—. No me traiga nunca el agua cuando esté así... no es modo de presentarse a la gente.

—Me estaba peinando y pensé que me llamaba... —respondió ella sin alterarse, sin cruzar siquiera las palmas sobre el escote.

—Aunque la llamase no era regular venir en ese traje... Otra vez que se esté peinando que me suba el agua Cristobo o la chica del ganado... o cualquiera...

Y al pronunciar estas palabras, volvíase de espaldas para no ver más a Sabel, que se retiraba lentamente.

Desde aquel punto y hora, Julián se desvió de la muchacha como de un animal dañino e impúdico; no obstante, aún
le parecía poco caritativo atribuir a malos fines su desali-
ño indecoroso, prefiriendo achacarlo a ignorancia y rudeza.
Pero ella se había propuesto demostrar lo contrario. Poco
tiempo iba transcurrido desde la severa reprimenda, cuando una tarde, mientras Julián leía tranquilamente la Guía
de Pecadores, sintió entrar a Sabel y notó, sin levantar la
cabeza, que algo arreglaba en el cuarto. De pronto oyó un
golpe, como caída de persona contra algún mueble, y vio a
la moza recostada en la cama, despidiendo lastimeros ayes y
hondos suspiros. Se quejaba de una aflición, una cosa repentina, y Julián, turbado pero compadecido, acudió a empapar
una toalla para humedecerle las sienes, y a fin de ejecutarlo
se acercó a la acongojada enferma. Apenas se inclinó hacia
ella, pudo —a pesar de su poca experiencia y ninguna malicia— convencerse de que el supuesto ataque no era sino
bellaquería grandísima y sinvergüenza calificada. Una ola
de sangre encendió a Julián hasta el cogote: sintió la cólera
repentina, ciega, que rarísima vez fustigaba su linfa, y señalando a la puerta, exclamó:

—Se me va usted de aquí ahora mismo o la echo a empellones..., ¿entiende usted? No me vuelve usted a cruzar esa
puerta... Todo, todo lo que necesite, me lo traerá Cristobo...
¡Largo inmediatamente!

Retiróse la moza cabizbaja y mohína, como quien acaba
de sufrir pesado chasco. Julián, por su parte, quedó tem-
bloroso, agitado, descontento de sí mismo, cual suelen los
pacíficos cuando ceden a un arrebato de ira: hasta sentía dolor físico, en el epigastrio. A no dudarlo, se había excedido;
debió dirigir a aquella mujer una exhortación fervorosa, en
vez de palabras de menosprecio. Su obligación de sacerdote
era enseñar, corregir, perdonar, no pisotear a la gente como

a los bichos del archivo. Al cabo Sabel tenía un alma, redimida por la sangre de Cristo igual que otra cualquiera. Pero ¿quién reflexiona, quién se modera ante tal descaro? Hay un movimiento que llaman los escolásticos primo primis fatal e inevitable. Así se consolaba el capellán. De todos modos, era triste cosa tener que vivir con aquella mala hembra, no más púdica que las vacas. ¿Cómo podía haber mujeres así? Julián recordaba a su madre, tan modosa, siempre con los ojos bajos y la voz almibarada y suave, con su casabé abrochado hasta la nuez, sobre el cual, para mayor recato, caía liso, sin arrugas, un pañuelito de seda negra. ¡Qué mujeres! ¡Qué mujeres se encuentran por el mundo!

Desde el funesto lance tuvo Julián que barrerse el cuarto y subirse el agua, porque ni Cristobo ni las criadas hicieron caso de sus órdenes, y a Sabel no quería verle ni la sombra en la puerta. Lo que más extrañeza y susto le causó fue observar que Primitivo, después del suceso, no se recataba ya para mirarle con fijeza terrible, midiéndole con una ojeada que equivalía a una declaración de guerra. Julián no podía dudar que estorbaba en los Pazos: ¿por qué? A veces meditaba en ello interrumpiendo la lectura de Fray Luis de Granada y de los seis libros de San Juan Crisóstomo sobre el sacerdocio; pero al poco rato, descorazonado por tanta mezquina contrariedad, desesperando de ser útil jamás a la casa de Ulloa, se enfrascaba nuevamente en sus páginas místicas.

VI

De los párrocos de las inmediaciones, con ninguno había hecho Julián tan buenas migas como con don Eugenio, el de Naya. El abad de Ulloa, al cual veía con más frecuencia, no le era simpático, por su desmedida afición al jarro y a la escopeta; y al abad de Ulloa, en cambio, le exasperaba Julián, a quien solía apodar mariquita; porque para el abad de Ulloa, la última de las degradaciones en que podía caer un hombre era beber agua, lavarse con jabón de olor y cortarse las uñas: tratándose de un sacerdote, el abad ponía estos delitos en parangón con la simonía. «Afeminaciones, afeminaciones», gruñía entre dientes, convencidísimo de que la virtud en el sacerdote, para ser de ley, ha de presentarse bronca, montuna y cerril; aparte de que un clérigo no pierde, ipso facto, los fueros de hombre, y el hombre debe oler a bravío desde una legua. Con los demás curas de las parroquias cercanas tampoco frisaba mucho Julián; así es que, convidado a las funciones de iglesia, acostumbraba retirarse tan pronto como se acababan las ceremonias, sin aceptar jamás la comida que era su complemento indispensable. Pero cuando don Eugenio le invitó con alegre cordialidad a pasar en Naya el día del patrón, aceptó de buen grado, comprometiéndose a no faltarle.

Según lo convenido, subió a Naya la víspera, rehusando la montura que le ofrecía don Pedro. ¡Para legua y media escasa! ¡Y con una tarde hermosísima! Apoyándose en un palo, dando tiempo a que anocheciese, deteniéndose a cada rato para recrearse mirando el paisaje, no tardó mucho en llegar al cerro que domina el caserío de Naya, tan oportunamente que vino a caer en medio del baile que, al son de la gaita, bombo y tamboril, a la luz de los fachones de paja de centeno encendidos y agitados alegremente, preludiaba a los regocijos patronales. Poco tardaron los bailarines en bajar hacia la rectoral, cantando y atruxando como locos, y con ellos descendió Julián.

El cura esperaba en la portalada misma: recogidas las mangas de su chaqueta, levantaba en alto un jarro de vino, y la criada sostenía la bandeja con vasos. Detúvose el grupo; el gaitero, vestido de pana azul, en actitud de cansancio, dejando desinflarse la gaita, cuyo punteiro caía sobre los rojos flecos del roncón, se limpiaba la frente sudorosa con un pañuelo de seda, y los reflejos de la paja ardiendo y de las luces que alumbraban la casa del cura permitían distinguir su cara guapota, de correctas facciones, realzada por arrogantes patillas castañas. Cuando le sirvieron el vino, el rústico artista dijo cortésmente: «¡A la salud del señor abade y la compaña!» y, después de echárselo al coleto, aún murmuró con mucha política, pasándose el revés de la mano por la boca: «De hoy en veinte años, señor abade». Las libaciones consecutivas no fueron acompañadas de más fórmulas de atención.

Disfrutaba el párroco de Naya de una rectoral espaciosa, alborozada a la sazón con los preparativos de la fiesta y asistía impávido a los preliminares del saco y ruina de su despensa, bodega, leñera y huerto. Era don Eugenio joven y alegre como unas pascuas, y su condición, más que de padre de almas, de pilluelo revoltoso y ladino; pero bajo la corteza infantil se escondía singular don de gentes y conocimiento de la vida práctica. Sociable y tolerante, había logrado no tener un solo enemigo entre sus compañeros. Le conceptuaban un rapaz inofensivo.

Tras el pocillo de aromoso chocolate, dio a Julián la mejor cama y habitación que poseía, y le despertó cuando la gaita floreaba la alborada, rayando ésta apenas en los cielos. Fueron juntos los dos clérigos a revisar el decorado de los altares, compuestos ya para la misa solemne. Julián pasaba la revista con especial devoción, puesto que el patrón de Naya era el suyo mismo, el bienaventurado San Julián, que allí estaba en el altar mayor con su carita inocentona, su estática sonrisilla, su chupa y calzón corto, su paloma blanca en la diestra, y la siniestra delicadamente apoyada en la chorrera de la camisola. La imagen modesta, la iglesia desmantelada y sin más adorno que algún rizado cirio y humildes flores aldeanas puestas en toscos cacharros de loza, todo excitaba en Julián tierna piedad, la efusión que le hacía tanto provecho, ablandándole y desentumeciéndole el espíritu. Iban llegando ya los curas de las inmediaciones, y en el atrio, tapizado de hierba, se oía al gaitero templar prolijamente el instrumento, mientras en la iglesia el hinojo, esparcido por las losas y pisado por los que iban entrando, despedía olor campestre y fresquísimo. La procesión se organizaba; San Julián había descendido del altar mayor; la cruz y los estandartes oscilaban sobre el remolino de gentes amontonadas ya en la estrecha nave, y los mozos, vestidos de fiesta, con su pañuelo de seda en la cabeza en forma de burelete, se ofrecían a llevar las insignias sacras. Después de dar dos vueltas por el atrio y de detenerse breves instantes frente al crucero, el santo volvió a entrar en la iglesia, y fue pujado, con sus andas, a una mesilla al lado del altar mayor muy engalanada, y cubierta con antigua colcha de damasco carmesí. La misa empezó, regocijada y rústica, en armonía con los demás festejos. Más de una docena de curas la cantaban a voz en cuello, y el desvencijado incensario iba y venía, con retintín de cadenillas viejas, soltando un humo espeso y aromático, entre cuya envoltura algodonosa parecía suavizarse el desentono del introito, la aspereza de las broncas laringes eclesiásticas. El gaitero, prodigando todos sus recursos artísticos, acompañaba con el punteiro desmangado de la gaita y haciendo oficios de clarinete. Cuando tenía que sonar entera la orquesta, mangaba otra vez el punteiro en el fol; así podía acompañar la elevación de la hostia con una solemne marcha real, y el postcomunio con una muñeira de las más recientes y brincadoras, que, ya terminada la misa, repetía en el vestíbulo, donde tandas de mozos y mozas se desquitaban, bailando a su sabor, de la compostura guardada por espacio de una hora en la iglesia. Y el baile en el atrio lleno de luz, el templo sembrado de hojas de hinojos y espadaña que magullaron los pisotones, alumbrado, más que por los cirios, por el Sol que puerta y ventanas dejaban entrar a torrentes, los curas jadeantes, pero satisfechos y habladores, el santo tan currutaco y lindo, muy risueño en sus andas, con una pierna casi en el aire para empezar un minueto y la cándida palomita pronta a abrir las alas, todo era alegre, terrenal, nada inspiraba la augusta melancolía que suele imperar en las ceremonias religiosas. Julián se sentía tan muchacho y contento como el santo bendito, y salía ya a gozar el aire libre, acompañado de don Eugenio, cuando en el corro de los bailadores distinguió a Sabel, lujosamente vestida de domingo, girando con las demás mozas, al compás de la gaita. Esta vista le aguó un tanto la fiesta.

Era a semejante hora la rectoral de Naya un infierno culinario, si es que los hay. Allí se reunían una tía y dos primas de don Eugenio —a quienes por ser muchachas y frescas no quería el párroco tener consigo a diario en la rectoral—; el ama, viejecilla llorona, estorbosa e inútil, que andaba dando vueltas como un palomino atontado, y otra ama bien distinta, de rompe y rasga, la del cura de Cebre, que en sus mocedades había servido a un canónigo compostelano, y era célebre en el país por su destreza en batir mantequillas y asar capones. Esta fornida guisandera, un tanto bigotuda, alta de pecho y de ademán brioso, había vuelto la casa de arriba abajo en pocas horas, barriéndola desde la víspera a grandes y furibundos escobazos, retirando al desván los trastos viejos, empezando a poner en marcha el formidable ejército de guisos, echando a remojo los lacones y garbanzos, y revistando, con rápida ojeada de general en jefe, la hidrópica despensa, atestada de dádivas de feligreses; cabritos, pollos, anguilas, truchas, pichones, ollas de vino, manteca y miel, perdices, liebres y conejos, chorizos y morcillas. Conocido ya el estado de las provisiones, ordenó las maniobras del ejército: las viejas se dedicaron a desplumar aves, las mozas a fregar y dejar como el oro peroles, cazos y sartenes, y un par de mozancones de la aldea, uno de ellos idiota de oficio, a desollar reses y limpiar piezas de caza.

Si se encontrase allí algún maestro de la escuela pictórica flamenca, de los que han derramado la poesía del arte sobre la prosa de la vida doméstica y material, ¡con cuánto placer vería el espectáculo de la gran cocina, la hermosa actividad del fuego de leña que acariciaba la panza reluciente de los peroles, los gruesos brazos del ama confundidos con la carne no menos rolliza y sanguínea del asado que aderezaba, las rojas mejillas de las muchachas entretenidas en retozar con el idiota, como ninfas con un sátiro atado, arrojándole entre el cuero y la camisa puñados de arroz y cucuruchos de pimiento! Y momentos después, cuando el gaitero y los demás músicos vinieron a reclamar su parva o desayuno, el guiso de intestinos de castrón, hígado y bofes, llamado en el país mataburrillo, ¡cuán digna de su pincel encontraría la escena de rozagante apetito, de expansión del estómago, de carrillos hinchados y tragos de mosto despabilados al vuelo, que allí se representó entre bromas y risotadas!

¿Y qué valía todo ello en comparación del festín homérico preparado en la sala de la rectoral? Media docena de tablas tendidas sobre otros tantos cestos, ayudaban a ensanchar la mesa cuotidiana; por encima dos limpios manteles de lamanisco sostenían grandes jarros rebosando tinto añejo; y haciéndoles frente, en una esquina del aposento, esperaban turno ventrudas ollas henchidas del mismo líquido. La vajilla era mezclada, y entre el estaño y barro vidriado descollaba algún talavera legítimo, capaz de volver loco a un coleccionista, de los muchos que ahora se consagran a la arcana ciencia de los pucheros. Ante la mesa y sus apéndices, no sin mil cumplimientos y ceremonias, fueron tomando asiento los padres curas, porfiando bastante para ceder los asientos de preferencia, que al cabo tocaron al obeso Arcipreste de Loiro —la persona más respetable en años y dignidad de todo el clero circunvecino, que no había asistido a la ceremonia por no ahogarse con las apreturas del gentío en la misa—, y a Julián, en quien don Eugenio honraba a la ilustre casa de Ulloa.

Sentóse Julián avergonzado, y su confusión subió de punto durante la comida. Por ser nuevo en el país y haber rehusado siempre quedarse a comer en las fiestas, era blanco de todas las miradas. Y la mesa estaba imponente. La rodeaban unos quince curas y sobre ocho seglares, entre ellos el médico, notario y juez de Cebre, el señorito de Limioso, el sobrino del cura de Boán, y el famosísimo cacique conocido por el apodo de Barbacana, que apoyándose en el partido moderado a la sazón en el poder, imperaba en el distrito y llevaba casi anulada la influencia de su rival el cacique Trampeta, protegido por los unionistas y mal visto por el clero. En suma, allí se juntaba lo más granado de la comarca, faltando solo el marqués de Ulloa, que vendría de fijo a los postres. La monumental sopa de pan rehogada en grasa, con chorizo, garbanzos y huevos cocidos cortados en ruedas, circulaba ya en gigantescos tarterones, y se comía en silencio, jugando bien las quijadas. De vez en cuando se atrevía algún cura a soltar frases de encomio a la habilidad de la guisandera; y el anfitrión, observando con disimulo quiénes de los convidados andaban remisos en mascar, les instaba a que se animasen, afirmando que era preciso aprovecharse de la sopa y del cocido, pues apenas había otra cosa. Creyéndolo así Julián, y no pareciéndole cortés desairar a su huésped, cargó la mano en la sopa y el cocido. Grande fue su terror cuando empezó a desfilar interminable serie de platos, los veintiséis tradicionales en la comida del patrón de Naya, no la más abundante que se servía en el arciprestazgo, pues Loiro se le aventajaba mucho.

Para llegar al número prefijado, no había recurrido la guisandera a los artificios con que la cocina francesa disfraza los manjares bautizándolos con nombres nuevos o adornándolos con arambeles y engañifas. No, señor: en aquellas regiones vírgenes no se conocía, loado sea Dios, ninguna salsa o pebre de origen gabacho, y todo era neto, varonil y clásico como la olla. ¿Veintiséis platos? Pronto se hace la lista: pollos asados, fritos, en pepitoria, estofados, con guisantes, con cebollas, con patatas y con huevos; aplíquese el mismo sistema a la carne, al puerco, al pescado y al cabrito. Así, sin calentarse los cascos, presenta cualquiera veintiséis variados manjares.

¡Y cómo se burlaría la guisandera si por arte de magia apareciese allí un cocinero francés empeñado en redactar un menú, en reducirse a cuatro o seis principios, en alternar los fuertes con los ligeros y en conceder honroso puesto a la legumbre! ¡Legumbres a mí!, diría el ama del cura de Cebre, riéndose con toda su alma y todas sus caderas también. ¡Legumbres el día del patrón! Son buenas para los cerdos.

Ahíto y mareado, Julián no tenía fuerzas sino para rechazar con la mano las fuentes que no cesaban de circular pasándoselas los convidados unos a otros: a bien que ya le observaban menos, pues la conversación se calentaba. El médico de Cebre, atrabiliario, magro y disputador; el notario, coloradote y barbudo, osaban decir chistes, referir anécdotas; el sobrino del cura de Boán, estudiante de derecho, muy enamorado de condición, hablaba de mujeres, ponderaba la gracia de las señoritas de Molende y la lozanía de una panadera de Cebre, muy nombrada en el país; los curas al pronto no tomaron parte, y como Julián bajase la vista, algunos comensales, después de observarle de reojo, se hicieron los desentendidos. Mas duró poco la reserva; al ir vaciándose los jarros y desocupándose las fuentes, nadie quiso estar callado y empezaron las bromas a echar chispas.

Máximo Juncal, el médico, recién salido de las aulas compostelanas, soltó varias puntadas sobre política, y también malignas pullas referentes al grave escándalo que a la sazón traía muy preocupados a los revolucionarios de provincia: Sor Patrocinio, sus manejos, su influencia en Palacio. Alborotáronse dos o tres curas; y el cacique Barbacana, con suma gravedad, volviendo hacia Juncal su barba florida y luenga, díjole desdeñosamente una verdad como un templo: que «muchos hablaban de lo que no entendían», a lo cual el médico replicó, vertiendo bilis por ojos y labios, «que pronto iba a llegar el día de la gran barredura, que luego se armaría el tiberio del siglo, y que los neos irían a contarlo a casa de su padre Judas Iscariote».

Afortunadamente profirió estos tremendos vaticinios a tiempo que la mayor parte de los párrocos se hallaban enzarzados en la discusión teológica, indispensable complemento de todo convite patronal. Liados en ella, no prestó atención a lo que el médico decía ninguno de los que podían volvérselas al cuerpo: ni el bronco abad de Ulloa, ni el belicoso de Boán, ni el Arcipreste, que siendo más sordo que una tapia, resolvía las discusiones políticas a gritos, alzando el índice de la mano derecha como para invocar la cólera del cielo. En aquel punto y hora, mientras corrían las fuentes de arroz con leche, canela y azúcar, y se agotaban las copas de tostado, llegaba a su periodo álgido la disputa, y se entreoían argumentos, proposiciones, objeciones y silogismos.

—Nego majorem...

—Probo minorem.

—Eh... Boán, que con mucho disimulo me estás echando abajo la gracia...

—Compadre, cuidado... Si adelanta usted un poquito más nos vamos a encontrar con el libre albedrío perdido.

—Cebre, mira que vas por mal camino: ¡mira que te marchas con Pelagio!

—Yo a San Agustín me agarro, y no lo suelto.

—Esa proposición puede admitirse simpliciter, pero tomándola en otro sentido... no cuela.

—Citaré autoridades, todas las que se me pidan: ¿a que no me citas tú ni media docena? A ver.

—Es sentir común de la Iglesia desde los primeros concilios.

—Es punto opinable, ¡quoniam! A mí no me vengas a asustar tú con concilios ni concilias.

—¿Querrás saber más que Santo Tomás?

—¿Y tú querrás ponerte contra el doctor de la gracia?

—¡Nadie es capaz de rebatirme esto! Señores... la gracia...

—¡Que nos despeñamos de vez! ¡Eso es herejía formal; es pelagianismo puro!

—Qué entiendes tú, qué entiendes tú... Lo que tú censures, que me lo claven...

—Que diga el señor Arcipreste... Vamos a aventurar algo a que no me deja mal el señor Arcipreste.

El Arcipreste era respetado más por su edad que por su ciencia teológica; y se sosegó un tanto el formidable barullo cuando se incorporó difícilmente, con ambas manos puestas tras los oídos, vertiendo sangre por la cara, a fin de dirimir, si cabía lograrlo, la contienda. Pero un incidente distrajo los ánimos: el señorito de Ulloa entraba seguido de dos perros perdigueros, cuyos cascabeles acompañaban su aparición con jubiloso repique. Venía, según su promesa, a tomar una copa a los postres; y la tomó de pie, porque le aguardaba un bando de perdices allá en la montaña.

Hízosele muy cortés recibimiento, y los que no pudieron agasajarle a él agasajaron a la Chula y al Turco, que iban apoyando la cabeza en todas las rodillas, lamiendo aquí un plato y zampándose un bizcocho allá. El señorito de Limioso se levantó resuelto a acompañar al de Ulloa en la excursión cinegética, para lo cual tenía prevenido lo necesario, pues rara vez salía del Pazo de Limioso sin echarse la escopeta al hombro y el morral a la cintura.

Cuando partieron los dos hidalgos, ya se había calmado la efervescencia de la discusión sobre la gracia, y el médico, en voz baja, le recitaba al notario ciertos sonetos satírico-políticos que entonces corrían bajo el nombre de belenes. Celebrábalos el notario, particularmente cuando el médico recalcaba los versos esmaltados de alusiones verdes y picantes. La mesa, en desorden, manchada de salsas, ensangrentada de vino tinto, y el suelo lleno de huesos arrojados por los comensales menos pulcros, indicaban la terminación del festín; Julián hubiera dado algo bueno por poderse retirar; sentíase cansado, mortificado por la repugnancia que le inspiraban las cosas exclusivamente materiales; pero no se atrevía a interrumpir la sobremesa, y menos ahora que se entregaban al deleite de encender algún pitillo y murmurar de las personas más señaladas en el país. Se trataba del señorito de Ulloa, de su habilidad para tumbar perdices, y sin que Julián adivinase la causa, se pasó inmediatamente a hablar de Sabel, a quien todos habían visto por la mañana en el corro de baile; se encomió su palmito, y al mismo tiempo se dirigieron a Julián señas y guiños, como si la conversación se relacionase con él. El capellán bajaba la vista según costumbre, y fingía doblar la servilleta; mas de improviso, sintiendo uno de aquellos chispazos de cólera repentina y momentánea que no era dueño de refrenar, tosió, miró en derredor, y soltó unas cuantas asperezas y severidades que hicieron enmudecer a la asamblea. Don Eugenio, al ver aguada la sobremesa, optó por levantarse, proponiendo a Julián que saliesen a tomar el fresco en la huerta: algunos clérigos se alzaron también, anunciando que iban a echar completas; otros se escurrieron en compañía del médico, el notario, el juez y Barbacana, a menear los naipes hasta la noche.

Refugiáronse al huerto el cura de Naya y Julián, pasando por la cocina, donde la algazara de los criados, primas del cura, cocineras y músicos era formidable, y los jarros se evaporaban y la comilona amenazaba durar hasta el Sol puesto. El huerto, en cambio, permanecía en su tranquilo y poético sosiego primaveral, con una brisa fresquita que columpiaba las últimas flores de los perales y cerezos, y acariciaba el recio follaje de las higueras, a cuya sombra, en un ribazo de mullida grama, se tendieron ambos presbíteros, no sin que don Eugenio, sacando un pañuelo de algodón a cuadros, se tapase con él la cabeza, para resguardarla de las importunidades de alguna mosca precoz. A Julián todavía le duraba el sofoco, la llamarada de indignación; pero ya le pesaba, de su corta paciencia, y resolvía ser más sufrido en lo venidero. Aunque bien mirado...

—¿Quiere escotar un sueño? —preguntó el de Naya al verle tan cabizbajo y mustio.

—No; lo que yo quería, Eugenio, era pedirle que me dispensase el enfado que tomé allá en la mesa... Conozco que soy a veces así... un poco vivo... y luego hay conversaciones que me sacan de tino, sin poderlo remediar. Usted póngase en mi caso.

—Pongo, pongo... Pero a mí me están embromando también a cada rato con las primas..., y hay que aguantar, que no lo hacen con mala intención; es por reírse un poco.

—Hay bromas de bromas, y a mí me parecen delicadas para un sacerdote las que tocan a la honestidad y a la pureza. Si aguanta uno por respetos humanos esos dichos, acaso pensarán que ya tiene medio perdida la vergüenza para los hechos. Y ¿qué sé yo si alguno, no digo de los sacerdotes, no quiero hacerles tal ofensa, pero de los seglares, creerá que en efecto...?

El de Naya aprobó con la cabeza como quien reconoce la fuerza de una observación; pero, al mismo tiempo, la sonrisa con que lucía la desigual dentadura era suave e irónica protesta contra tanta rigidez.

—Hay que tomar el mundo según viene... —murmuró filosóficamente—. Ser bueno es lo que importa; porque ¿quién va a tapar las bocas de los demás? Cada uno habla lo que le parece, y gasta las guasas que quiere... En teniendo la conciencia tranquila...

—No, señor; no, señor; poco a poco —replicó acaloradamente Julián—. No solo estamos obligados a ser buenos, sino a parecerlo; y aún es peor en un sacerdote, si me apuran, el mal ejemplo y el escándalo, que el mismo pecado. Usted bien lo sabe, Eugenio; lo sabe mejor que yo, porque tiene cura de almas.

—También usted se apura ahí por una chanza, por una tontería, lo mismo que si ya todo el mundo le señalase con el dedo... Se necesita una vara de correa para vivir entre gentes. A este paso no le arriendo la ganancia, porque no va a sacar para disgustos.

Caviloso y cejijunto, había cogido Julián un palito que andaba por el suelo, y se entretenía en clavarlo en la hierba. Levantó la cabeza de pronto.

—Eugenio, ¿es mi amigo?

—Siempre, hombre, siempre —contestó afable y sinceramente el de Naya.

—Pues séame franco. Hábleme como si estuviésemos en el confesonario. ¿Se dice por ahí... eso?

—¿Lo qué?

—Lo de que yo... tengo algo que ver... con esa muchacha, ¿eh? Porque puede usted creerme, y se lo juraría si fuese lícito jurar: bien sabe Dios que la tal mujer hasta me es aborrecible, y que no le habré mirado a la cara media docena de veces desde que estoy en los Pazos.

—No, pues a la cara se le puede mirar, que la tiene como una rosa... Ea, sosiéguese: a mí se me figura que nadie piensa mal de usted con Sabel. El marqués no inventó la pólvora, es cierto que no, y la moza se distraerá con los de su clase cuanto quiera, dígalo el bailoteo en la gaita de hoy; pero no iba a tener la desvergüenza de pegársela en sus barbas, con el mismo capellán... Hombre, no hagamos tan estúpido al marqués.

Julián se volvió, más bien arrodillado que sentado en la grama, con los ojos abiertos de par en par.

—Pero... el señorito..., ¿qué tiene que ver el señorito...?

El cura de Naya saltó a su vez, sin que ninguna mosca le picase, y prorrumpió en juvenil carcajada. Julián, comprendiendo, preguntó nuevamente:

—Luego el chiquillo... el Perucho...

Tornó don Eugenio a reír hasta el extremo de tener que limpiarse los lagrimales con el pañuelo de cuadros.

—No se ofenda... —murmuraba entre risa y llanto—. No se ofenda porque me río así... Es que, de veras, no me puedo contener cuando me pega la risa; un día hasta me puse malo... Esto es como las cosqui... cosquillas... involuntario...

Aplacado el acceso de risa, añadió:

—Es que yo siempre lo tuve a usted por un bienaventurado, como nuestro patrón San Julián..., pero esto pasa de castaño oscuro... ¡Vivir en los Pazos y no saber lo que ocurre en ellos! ¡O es que quiere hacerse el bobo?

—A fe, no sospechaba nada, nada, nada. ¿Usted piensa que iba a quedarme allí ni dos días, caso de averiguarlo antes? ¿Autorizar con mi presencia un amancebamiento? ¿Pero... usted está seguro de lo que dice?

—Hombre... ¿tiene usted gana de cuentos? ¿Es usted ciego? ¿No lo ha notado? Pues repárelo.

—¡Qué sé yo! ¡Cuando uno no está en la malicia! Y el niño..., ¡infeliz criatura! El niño me da tanta compasión... Allí se cría como un morito... ¿Se comprende que haya padres tan sin entrañas?

—Bah... Esos hijos así, nacidos por detrás de la Iglesia... Luego, si uno oye a los de aquí y a los de allá... Cada cual dice lo que se le antoja... La moza es alegre como unas castañuelas; todo el mundo en las romerías le debe dos cuartos: uno la convida a rosquillas, el otro a resolio, éste la saca a bailar, aquél la empuja... Se cuentan mil enredos... ¿Usted se ha fijado en el gaitero que tocó hoy en la misa?

—¿Un buen mozo, con patillas?

—Cabal. Le llaman el Gallo de mote. Pues dicen si la acompaña o no por los caminos... ¡Historias!

Por detrás de la tapia del huerto se oyó entonces vocerío alegre y argentinas carcajadas.

—Son las primas... —dijo don Eugenio—. Van a la gaita, que está tocando en el crucero ahora. ¿Quiere usted venir un ratito? A ver si se le pasa el disgusto... Ahí en casa unos rezan y otros juegan... Yo no rezo nunca sobre la comida.

—Vamos allá —contestó Julián, que se había quedado ensimismado.

—Nos sentaremos al pie del crucero.

VII

Volvía Julián preocupado a la casa solariega, acusándose de excesiva simplicidad, por no haber reparado cosas de tanto bulto. Él era sencillo como la paloma; solo que en este pícaro mundo también se necesita ser cauto como la serpiente... Ya no podía continuar en los Pazos... ¿Cómo volvía a vivir a cuestas de su madre, sin más emolumentos que la misa? ¿Y cómo dejaba así de golpe al señorito don Pedro, que le trataba tan llanamente? ¿Y la casa de Ulloa, que necesitaba un restaurador celoso y adicto? Todo era verdad: pero, ¿y su deber de sacerdote católico?

Le acongojaban estos pensamientos al cruzar un maizal, en cuyo lindero manzanilla y cabrifollos despedían grato aroma. Era la noche templada y benigna, y Julián apreciaba por primera vez la dulce paz del campo, aquel sosiego que derrama en nuestro combatido espíritu la madre naturaleza. Miró al cielo, oscuro y alto.

—¡Dios sobre todo! —murmuró, suspirando al pensar que tendría que habitar un pueblo de calles angostas y encontrarse con gente a cada paso.

Siguió andando, guiado por el ladrido lejano de los perros. Ya divisaba próxima la vasta mole de los Pazos. El postigo debía estar abierto. Julián distaba de él unos cuantos pasos no más, cuando oyó dos o tres gritos que le helaron la sangre: clamores inarticulados como de alimaña herida, a los cuales se unía el desconsolado llanto de un niño.

Engolfóse el capellán en las tenebrosas profundidades de corredor y bodega, y llegó velozmente a la cocina. En el umbral se quedó paralizado de asombro ante lo que iluminaba la luz fuliginosa del candilón. Sabel, tendida en el suelo, aullaba desesperadamente; don Pedro, loco de furor, la brumaba a culatazos; en una esquina, Perucho, con los puños metidos en los ojos, sollozaba. Sin reparar lo que hacía, arrojóse Julián hacia el grupo, llamando al marqués con grandes voces:

—¡Señor don Pedro..., señor don Pedro!

Volvióse el señor de los Pazos, y se quedó inmóvil, con la escopeta empuñada por el cañón, jadeante, lívido de ira, los labios y las manos agitadas por temblor horrible; y en vez de disculpar su frenesí o de acudir a la víctima, balbució roncamente:

—¡Perra..., perra..., condenada..., a ver si nos das pronto de cenar, o te deshago! ¡A levantarse... o te levanto con la escopeta!

Sabel se incorporaba ayudada por el capellán, gimiendo y exhalando entrecortados ayes. Tenía aún el traje de fiesta con el cual la viera Julián danzar pocas horas antes junto al crucero y en el atrio; pero el mantelo de rico paño se encontraba manchado de tierra; el dengue de grana se le caía de los hombros, y uno de sus largos zarcillos de filigrana de plata, abollado por un culatazo, se le había clavado en la carne de la nuca, por donde escurrían algunas gotas de sangre. Cinco verdugones rojos en la mejilla de Sabel contaban bien a las claras cómo había sido derribada la intrépida bailadora.

—¡La cena he dicho! —repitió brutalmente don Pedro.

Sin contestar, pero no sin gemir, dirigióse la muchacha hacia el rincón donde hipaba el niño, y le tomó en brazos, apretándole mucho. El angelote seguía llorando a moco y baba. Don Pedro se acercó entonces, y mudando de tono, preguntó:

—¿Qué es eso? ¿Tiene algo Perucho?

Púsole la mano en la frente y la sintió húmeda. Levantó la palma: era sangre. Desviando entonces los brazos, apretando los puños, soltó una blasfemia, que hubiera horrorizado más a Julián si no supiese, desde aquella tarde misma, que acaso tenía ante sí a un padre que acababa de herir a su hijo. Y el padre resurgía, maldiciéndose a sí propio, apartando los rizos del chiquillo, mojando un pañuelo en agua, y atándolo con cuidado indecible sobre la descalabradura.

—A ver cómo lo cuidas... —gritó dirigiéndose a Sabel—. Y cómo haces la cena en un vuelo... ¡Yo te enseñaré, yo te enseñaré a pasarte las horas en las romerías sacudiéndote, perra!

Con los ojos fijos en el suelo, sin quejarse ya, Sabel permanecía parada, y su mano derecha tentaba suavemente su hombro izquierdo, en el cual debía tener alguna dolorosa contusión. En voz baja y lastimera, pero con suma energía, pronunció sin mirar al señorito:

—Busque quien le haga la cena..., y quien esté aquí... Yo me voy, me voy, me voy, me voy...

Y lo repetía obstinadamente, sin entonación, como el que afirma una cosa natural e inevitable.

—¿Qué dices, bribona?

—Que me voy, que me voy... A mi casita pobre... ¡Quién me trajo aquí! ¡Ay, mi madre de mi alma!

Rompió la moza a llorar amarguísimamente, y el marqués, requiriendo su escopeta, rechinaba los dientes de cólera, dispuesto ya a hacer alguna barrabasada notable, cuando un nuevo personaje entró en escena. Era Primitivo, salido de un rincón oscuro; diríase que estaba allí oculto hacía rato. Su aparición modificó instantáneamente la actitud de Sabel, que tembló, calló y contuvo sus lágrimas.

—¿No oyes lo que te dice el señorito? —preguntó sosegadamente el padre a la hija.

—Oi-go, siii-see-ñoor, oi-go —tartamudeó la moza, comiéndose los sollozos.

—Pues a hacer la cena enseguida. Voy a ver si volvieron ya las otras muchachas para que te ayuden. La Sabia está ahí fuera: te puede encender la lumbre.

Sabel no replicó más. Remangóse la camisa y bajó de la espetera una sartén. Como evocada por alguna de sus compañeras en hechicerías, entró en la cocina entonces, pisando de lado, la vieja de las greñas blancas, la Sabia, que traía el enorme mandil atestado de leña. El marqués tenía aún la escopeta en la mano: cogiósela respetuosamente Primitivo, y la llevó al sitio de costumbre. Julián, renunciando a consolar al niño, creyó llegada la ocasión de dar un golpe diplomático.

—Señor marqués..., ¿quiere que tomemos un poco el aire? Está la noche muy buena... Nos pasearemos por el huerto...

Y para sus adentros pensaba:

«En el huerto le digo que me voy también... No se ha hecho para mí esta vida, ni esta casa».

Salieron al huerto. Oíase el cuarrear de las ranas en el estanque, pero ni una hoja de los árboles se movía, tal estaba la noche de serena. El capellán cobró ánimos, pues la oscuridad alienta mucho a decir cosas difíciles.

—Señor marqués, yo siento tener que advertirle...

Volvióse el marqués bruscamente.

—Ya sé..., ¡chist!, no necesitamos gastar saliva. Me ha pescado usted en uno de esos momentos en que el hombre no es dueño de sí... Dicen que no se debe pegar nunca a las mujeres... Francamente, don Julián, según ellas sean... ¡Hay mujeres de mujeres, caramba..., y ciertas cosas acabarían con la paciencia del santo Job que resucitase! Lo que siento es el golpe que le tocó al chiquillo.

—Yo no me refería a eso... —murmuró Julián—. Pero si quiere que le hable con el corazón en la mano, como es mi deber, creo no está bien maltratar así a nadie... Y por la tardanza de la cena, no merece...

—¡La tardanza de la cena! —pronunció el señorito—. ¡La tardanza! A ningún cristiano le gusta pasarse el día en el monte comiendo frío y llegar a casa y no encontrar bocado caliente; ¡pero si esa mala hembra no tuviese otras mañas...! ¿No la ha visto usted? ¿No la ha visto usted todo el día, allá en Naya, bailoteando como una descosida, sin vergüenza? ¿No la ha encontrado usted a la vuelta, bien acompañada? ¡Ah!... ¿Usted cree que se vienen solitas las mozas de su calaña? ¡Ja, ja! Yo la he visto, con estos ojos, y le aseguro a usted que si tengo algún pesar, ¡es el de no haberle roto una pierna, para que no baile más por unos cuantos meses!

Guardó silencio el capellán, sin saber qué responder a la inesperada revelación de celos feroces. Al fin calculó que se le abría camino para soltar lo que tenía atravesado en la garganta.

—Señor marqués —murmuró—, dispénseme la libertad que me tomo... Una persona de su clase no se debe rebajar a importársele por lo que haga o no haga la criada... La gente es maliciosa, y pensará que usted trata con esa chica... Digo pensará Ya lo piensa todo el mundo... Y el caso es que yo..., vamos..., no puedo permanecer en una casa donde, según la voz pública, vive un cristiano en concubinato... Nos está prohibido severamente autorizar con nuestra presencia el escándalo y hacernos cómplices de él. Lo siento a par del alma, señor marqués; puede creerme que hace tiempo no tuve un disgusto igual.

El marqués se detuvo, con las manos sepultadas en los bolsillos.

—Leria, leria... —murmuró—. Es preciso hacerse cargo de lo que es la juventud y la robustez... No me predique un sermón, no me pida imposibles. ¡Qué demonio!, el que más y el que menos es hombre como todos.

—Yo soy un pecador —replicó Julián—, solamente que veo claro en este asunto, y por los favores que debo a usted, y el pan que le he comido, estoy obligado a decirle la verdad. Señor marqués, con franqueza, ¿no le pesa de vivir así encenagado? ¡Una cosa tan inferior a su categoría y a su nacimiento! ¡Una triste criada de cocina!

Siguieron andando, acercándose a la linde del bosque, donde concluía el huerto.

—¡Una bribona desorejada, que es lo peor! —exclamó el marqués después de un rato de silencio—. Oiga usted... —añadió arrimándose a un castaño—. A esa mujer, a Primitivo, a la condenada bruja de la Sabia con sus hijas y nietas, a toda esa gavilla que hace de mi casa merienda de negros, a la aldea entera que los encubre, era preciso cogerlos así (y agarraba una rama del castaño triturándola en menudos fragmentos) y deshacerlos. Me están saqueando, me comen vivo..., y cuando pienso en que esa tunanta me aborrece y se va de mejor gana con cualquier gañán de los que acuden descalzos a alquilarse para majar el centeno, ¡tengo mientes de aplastarle los sesos como a una culebra!

Julián oía estupefacto aquellas miserias de la vida pecadora, y se admiraba de lo bien que teje el diablo sus redes.

—Pero, señor... —balbució—. Si usted mismo lo conoce y lo comprende...

—¿Pues no lo he de comprender? ¿Soy estúpido acaso para no ver que esa desvergonzada huye de mí, y cada día tengo que cazarla como a una liebre? ¡Solo está contenta entre los demás labriegos, con la hechicera que le trae y lleva chismes y recados a los mozos! A mí me detesta. A la hora menos pensada me envenenará.

—Señor marqués, ¡yo me pasmo! —arguyó el capellán eficazmente—. ¡Que usted se apure por una cosa tan fácil de arreglar! ¿Tiene más que poner a semejante mujer en la calle?

Como ambos interlocutores se habían acostumbrado a la oscuridad, no solo vio Julián que el marqués meneaba la cabeza, sino que torcía el gesto.

—Bien se habla... —pronunció sordamente—. Decir es una cosa y hacer es otra... Las dificultades se tocan en la práctica. Si echo a ese enemigo, no encuentro quien me guise ni quien venga a servirme. Su padre... ¿Usted no lo creerá? Su padre tiene amenazadas a todas las mozas de que a la que entre aquí en marchándose su hija, le mete él una perdigonada en los lomos... Y saben que es hombre para hacerlo como lo dice. Un día cogí yo a Sabel por un brazo y la puse en la puerta de la casa: la misma noche se me despidieron las otras criadas, Primitivo se fingió enfermo, y estuve una semana comiendo en la rectoral y haciéndome la cama yo mismo... Y tuve que pedirle a Sabel, de favor, que volviese... Desengáñese usted, pueden más que nosotros. Esa comparsa que traen alrededor son paniaguados suyos, que les obedecen ciegamente. ¿Piensa usted que yo ahorro un ochavo aquí en este desierto? ¡Quiá! Vive a mi cuenta toda la parroquia. Ellos se beben mi cosecha de vino, mantienen sus gallinas con mis frutos, mis montes y sotos les suministran leña, mis hórreos les surten de pan; la renta se cobra tarde, mal y arrastro; yo sostengo siete u ocho vacas, y la leche que bebo cabe en el hueco de la mano; en mis establos hay un rebaño de bueyes y terneros que jamás se uncen para labrar mis tierras; se compran con mi dinero, eso sí, pero luego se dan a parcería y no se me rinden cuentas jamás...

—¿Por qué no pone otro mayordomo?

—¡Ay, ay, ay! ¡Como quien no dice nada! Una de dos: o sería hechura de Primitivo y entonces estábamos en lo mismo, o Primitivo le largaría un tiro en la barriga... Y si hemos de decir verdad, Primitivo no es mayordomo... Es peor que si lo fuese, porque manda en todos, incluso en mí; pero yo no le he dado jamás semejante mayordomía... Aquí el mayordomo fue siempre el capellán... Ese Primitivo no sabrá casi leer ni escribir; pero es más listo que una centella, y ya en vida del tío Gabriel se echaba mano de él para todo... Mire usted, lo cierto es que el día que él se cruza de brazos, se encuentra uno colgadito... No hablemos ya de la caza, que para eso no tiene igual; a mí me faltarían los pies y las manos si me faltase Primitivo... Pero en los demás asuntos es igual... Su antecesor de usted, el abad de Ulloa, no se valía sin él; y usted, que también ha venido en concepto de administrador, séame franco: ¿ha podido usted amañarse solo?

—La verdad es que no —declaró Julián humildemente—. Pero con el tiempo..., la práctica...

—¡Bah, bah! A usted no le obedecerá ni le hará caso jamás ningún paisano, porque es usted un infeliz; es usted demasiado bonachón. Ellos necesitan gente que conozca sus máculas y les dé ciento de ventaja en picardía.

Por depresiva que fuese para el amor propio del capellán la observación, hubo de reconocer su exactitud. No obstante, picado ya, se propuso agotar los recursos del ingenio para conseguir la victoria en lucha tan desigual. Y su caletre le sugirió la siguiente perogrullada:

—Pero, señor marqués..., ¿por qué no sale un poco al pueblo? ¿No sería ése el mejor modo de desenredarse? Me admiro de que un señorito como usted pueda aguantar todo el año aquí, sin moverse de estas montañas fieras... ¿No se aburre?

El marqués miraba al suelo, aun cuando en él no había cosa digna de verse. La idea del capellán no le cogía de sorpresa.

—¡Salir de aquí! —exclamó—. ¿Y a dónde demontre se va uno? Siquiera aquí, mal o bien, es uno el rey de la comarca... El tío Gabriel me lo decía mil veces: las personas decentes, en las poblaciones, no se distinguen de los zapateros... Un zapatero que se hace millonario metiendo y sacando la lesna, se sube encima de cualquier señor, de los que lo somos de padres a hijos... Yo estoy muy acostumbrado a pisar tierra mía y a andar entre árboles que corto si se me antoja.

—Pero al fin, señorito, ¡aquí le manda Primitivo!

—Bah... A Primitivo le puedo yo dar tres docenas de puntapiés, si se me hinchan las narices, sin que el juez me venga a empapelar... No lo hago; pero duermo tranquilo con la seguridad de que lo haría si quisiese. ¿Cree usted que Sabel irá a quejarse a la justicia de los culatazos de hoy?

Esta lógica de la barbarie confundía a Julián.

—Señor, yo no le digo que deje esto... Únicamente, que salga una temporadita, a ver cómo le prueba... Apartándose usted de aquí algún tiempo, no sería difícil que Sabel se casase con persona de su esfera, y que usted también encontrase una conveniencia arreglada a su calidad, una esposa legítima. Cualquiera tiene un desliz, la carne es flaca; por eso no es bueno para el hombre vivir solo, porque se encenaga, y como dijo quien lo entendía, es mejor casarse que abrasarse en concupiscencia, señor don Pedro. ¿Por qué no se casa, señorito? —exclamó, juntando las manos—. ¡Hay tantas señoritas buenas y honradas!

A no ser por la oscuridad, vería Julián chispear los ojos del marqués de Ulloa.

—¿Y cree usted, santo de Dios, que no se me había ocurrido a mí? ¿Piensa usted que no sueño todas las noches con un chiquillo que se me parezca, que no sea hijo de una bribona, que continúe el nombre de la casa..., que herede esto cuando yo me muera... y que se llame Pedro Moscoso, como yo?

Al decir esto golpeábase el marqués su fornido tronco, su pecho varonil, cual si de él quisiese hacer brotar fuerte y adulto ya el codiciado heredero. Julián, lleno de esperanza, iba a animarle en tan buenos propósitos; pero se estremeció de repente, pues creyó sentir a sus espaldas un rumor, un roce, el paso de un animal por entre la maleza.

—¿Qué es eso? —exclamó volviéndose—. Parece que anda por aquí el zorro.

El marqués le cogió del brazo.

—Primitivo... —articuló en voz baja y ahogada de ira—. Primitivo que nos atisbará hace un cuarto de hora, oyendo la conversación... Ya está usted fresco... Nos hemos lucido... ¡Me valga Dios y los santos de la corte celestial! También a mí se me acaba la cuerda. ¡Vale más ir a presidio que llevar esta vida!

VIII

Mientras se raía con la navaja de barba los contados pelos rubios que brotaban en sus carrillos, Julián maduraba un proyecto: afeitado y limpio que fuese, emprendería el camino de Cebre un pie tras otro, en el caballo de San Francisco; allí le pediría al cura una jícara de chocolate, y esperaría en la rectoral hasta las doce, hora en que pasa la diligencia de Orense a Santiago; malo sería que en interior o cupé no hubiese un asiento vacante. Tenía dispuesto su maletín: lo enviaría a buscar desde Cebre por un mozo. Y calculando así, miraba contristado el paisaje ameno, el huerto con su dormilón estanque, el umbrío manchón del soto, la verdura de los prados y maizales, la montaña, el limpio firmamento, y se le prendía el alma en el atractivo de aquella dulce soledad y silencio, tan de su gusto, que deseaba pasar allí la vida toda. ¡Cómo ha de ser! Dios nos lleva y trae según sus fines... No, no era Dios, sino el pecado, en figura de Sabel, quien lo arrojaba del paraíso... Le agitó semejante idea y se cortó dos veces la mejilla... Estuvo próximo a inferirse el tercer rasguño, porque le dieron una palmada en el hombro.

Se volvió... ¿Quién había de conocer a don Pedro, tan metamorfoseado como venía? Afeitado también, aunque sin detrimento de su barba, que brillaba suavizada por el aceite de olor, trascendiendo a jabón y a ropa limpia, vestido con traje de mezclilla, chaleco de piqué blanco, hongo azul, y al brazo un abrigo, parecía el señor de Ulloa otro hombre nuevo y diferente, con veinte grados más de educación y cultura que el anterior. De golpe lo comprendió todo Julián... y la sangre le dio gozoso vuelco.

—¡Señorito...!

—Ea, despachar, que corre prisa... Tiene usted que acompañarme a Santiago y necesitamos llegar a Cebre antes de mediodía.

—¿De veras viene usted? ¡Mismo parece cosa de milagro! Yo estuve hoy arreglando la maleta. ¡Bendito sea Dios! Pero si usted determina que me quede aquí entretanto...

—¡No faltaba otra cosa! Si salgo solo, se me agua la fiesta. Voy a dar una sorpresa al tío Manolo, y a conocer a las primas, que solo las he visto cuando eran unas mocosas... Si ahora me desanimo, no vuelvo a animarme en diez años. Ya he mandado a Primitivo que ensille la yegua y ponga el aparejo a la borrica.

En aquel punto asomó por la puerta un rostro que a Julián se le antojó siniestro, y acaso pensó otro tanto el marqués, pues preguntó impaciente:

—Vamos a ver, ¿qué ocurre?

—La yegua —respondió Primitivo sin alzar la voz— no sirve para el camino.

—¿Por qué razón? ¿Puede saberse?

—Está sin una ferradura siquiera —declaró serenamente el cazador.

—¡Mal rayo que te parta! —vociferó el marqués echando fuego por los ojos—. ¡Ahora me dices eso! ¿Pues no es cuenta tuya cuidar de que esté herrada? ¿O he de llevarla yo al herrador todos los días?

—Como no sabía que el señorito quisiese salir hoy...

—Señor —intervino Julián—, yo iré a pie. Al fin tenía determinado dar ese paseo. Lleve usted la burra.

—Tampoco hay burra —objetó el cazador sin pestañear ni alterar un solo músculo de su faz broncínea.

—¿Que... no... hay... bu... rraaaaa? —articuló, apretando los puños, don Pedro—. ¿Que no... la... hayyy? A ver, a ver... Repíteme eso, en mi cara.

El hombre de bronce no se inmutó al reiterar fríamente.

—No hay burra.

—¡Pues así Dios me salve! ¡La ha de haber y tres más, y si no por quien soy que os pongo a todos a cuatro patas y me lleváis a caballo hasta Cebre!

Nada replicó Primitivo, incrustado en el quicio de la puerta.

—Vamos claros, ¿cómo es que no hay burra?

—Ayer, al volver del pasto, el rapaz que la cuida le encontró dos puñaladas... Puede el señorito verla.

Disparó don Pedro una imprecación, y bajó de dos en dos las escaleras. Primitivo y Julián le seguían. En la cuadra, el pastor, adolescente de cara estúpida y escrofulosa, confirmó la versión del cazador. Allá en el fondo del establo columbraron al pobre animal, que temblaba, con las orejas gachas y el ojo amortiguado; la sangre de sus heridas, en negro reguero, se había coagulado desde el anca a los cascos. Julián experimentaba en el establo sombrío y lleno de telarañas impresión análoga a la que sentiría en el teatro de un crimen. Por lo que hace al marqués, quedóse suspenso un instante, y de súbito, agarrando al pastor por los cabellos, se los mesó y refregó con furia, exclamando:

—Para que otra vez dejes acuchillar a los animales..., toma..., toma..., toma...

Rompió el chico a llorar becerrilmente, lanzando angustiosas miradas al impasible Primitivo. Don Pedro se volvió hacia éste.

—Pilla ahora mismo mi saco y la maleta de don Julián... Volando... Nos vamos a pie hasta Cebre... Andando bien, tenemos tiempo de coger el coche.

Obedeció el cazador sin perder su helada calma. Bajó la maleta y el saco; pero en vez de cargar ambos objetos a hombros, entregó cada bulto a un mozo de campo, diciendo lacónicamente:

—Vas con el señorito.

Sorprendióse el marqués y miró a su montero con desconfianza. Jamás perdonaba Primitivo la ocasión de acompa-
ñarle, y extrañaba su retraimiento entonces. Por la imaginación de don Pedro cruzaron rápidas vislumbres de recelo; y
como si Primitivo lo adivinase, probó a disiparlo.

—Yo tengo ahí que atender al rareo del soto de Rendas.
Están los castaños tan apretados, que no se ve... Ya andan
allá los leñadores... Pero sin mí, no se desenvuelven...

Encogióse de hombros el señorito, calculando que acaso
Primitivo se proponía ocultar en el soto la vergüenza de su
derrota. No obstante, como creía conocerle, hacíasele duro
que abandonase la partida sin desquite. Estuvo a punto de
exclamar: «Acompáñame». Presintió resistencias, y pensó
para su sayo: «¡Qué demonio! Más vale dejarle. Aunque se
empeñe, no me ha de cortar el paso... Y si cree que puede
conmigo...».

Fijó sin embargo una mirada escrutadora en las escuetas
facciones del cazador, donde creía advertir, muy encubierta
y disimulada, cierta contracción diabólica.

—¿Qué estará rumiando este zorro? —cavilaba el señorito—. Sin alguna no escapamos. ¡No, pues como se desmande!
Me coge hoy en punto de caramelo.

Subió don Pedro a su habitación y volvió con la escopeta al hombro. Julián le miraba sorprendido de que tomase
el arma yendo de viaje. De pronto el capellán recordó algo
también y se dirigió a la cocina.

—¡Sabel! —gritó—. ¡Sabel! ¿Dónde está el niño, mujer?
Le quería dar un beso.

Sabel salió y volvió con el chiquillo agarrado a sus sayas.
Le había encontrado escondido en el pesebre de las vacas, su
rincón favorito, y el diablillo traía los rizos entretejidos con
hierba y flores silvestres. Estaba precioso. Hasta la venda de

la descalabradura le asemejaba al Amor. Julián le levantó en peso, besándole en ambos carrillos.

—Sabel, mujer, lávelo de vez en cuando siquiera... Por las mañanas...

—Vámonos, vámonos... —apremió el marqués desde la puerta, como si recelase entrar junto a la mujer y el niño—. Hace falta el tiempo... Se nos va a marchar el coche.

Si Sabel deseaba retener a aquel fugitivo Eneas, no dio de ello la más leve señal, pues se volvió con gran sosiego a sus potes y trébedes. Don Pedro, a pesar de la urgencia alegada para apurar a Julián, aguardó dos minutos en la puerta, quizás con la ilusión recóndita de ser detenido por la muchacha; pero al fin, encogiéndose de hombros, salió delante, y echó a andar por la senda abierta entre viñas que conducía al crucero. Era el paraje descubierto, aunque el terreno quebrado, y el señorito podía otear fácilmente a derecha e izquierda todo cuanto sucediese: ni una liebre brincaría por allí sin que sus ojos linces de cazador la avizorasen. Aunque departiendo con Julián acerca de la sorpresa que se le preparaba a la familia de la Lage, y de si amenazaba llover porque el cielo se había encapotado, no descuidaba el marqués observar algo que debía interesarle muchísimo. Un instante se paró, creyendo divisar la cabeza de un hombre allá lejos, detrás de los paredones que cerraban la viña. Pero a tal distancia no consiguió cerciorarse. Vigiló más atento.

Acercábanse al soto de Rendas, situado antes del crucero; desde allí el arbolado se espesaba, y se dificultaba la precaución. Orillaron el soto, llegaron al pie del santo símbolo y se internaron en el camino más agrio y estrecho, sin ver nada que justificase temores. En la espesura oyeron el golpe reiterado del hacha y el ¡ham! de los leñadores, que rareaban los castaños. Más adelante, silencio total. El cielo se cubría de nubes cirrosas, y la claridad del Sol apenas se abría paso, filtrándose velada y cárdena, presagiando tempestad. Julián recordó un detalle melancólico, la cruz a la cual iban a llegar en breve, que señalaba el teatro de un crimen, y preguntó:

—¿Señorito?

—¿Eh? —murmuró el marqués, hablando con los dientes apretados.

—Aquí cerca mataron un hombre, ¿verdad? Donde está la cruz de madera. ¿Por qué fue, señorito? ¿Alguna venganza?

—Una pendencia entre borrachos, al volver de la feria —respondió secamente don Pedro, que se hacía todo ojos para inspeccionar los matorrales.

La cruz negreaba ya sobre ellos, y Julián se puso a rezar el Padre nuestro acostumbrado, muy bajito. Iba delante, y el señorito le pisaba casi los talones. Los mozos portadores del equipaje se habían adelantado mucho, deseosos de llegar cuanto antes a Cebre y echar un traguete en la taberna. Para oír el susurro que produjeron las hojas y la maleza al desviarse y abrir paso a un cuerpo, necesitábanse realmente sentidos de cazador. El señorito lo percibió, aunque tenue, clarísimo, y vio el cañón de la escopeta apuntado tan diestramente que de fijo no se perdería el disparo: el cañón no amagaba a su pecho, sino a las espaldas de Julián. La sorpresa estuvo a punto de paralizar a don Pedro: fue un segundo, menos que un segundo tal vez, un espacio de tiempo inapreciable, lo que tardó en reponerse, y en echarse a la cara su arma, apuntando a su vez al enemigo emboscado. Si el tiro de éste salía, la bala se cruzaría casi con otra bala justiciera. La situación duró pocos instantes: estaban frente a frente dos adversarios dignos de medir sus fuerzas. El más inteligente cedió, encontrándose descubierto. Oyó el marqués el roce del follaje al bajarse el cañón que amenazaba a Julián, y Primitivo salió del soto, blandiendo su vieja escopeta certera, remendada con cordeles. Julián precipitó el *Gloria Patris* para decirle en tono cortés:

—Hola... ¿Se viene usted con nosotros por fin hasta Cebre?

—Sí, señor —contestó Primitivo, cuyo semblante recordaba más que nunca el de una estatua de fundición—. Dejo dispuesto en Rendas, y voy a ver si de aquí a Cebre sale algo que tumbar...

—Dame esa escopeta, Primitivo —ordenó don Pedro—. Estoy oyendo cantar la codorniz ahí, que no parece sino que me hace burla. Se me ha olvidado cargar mi carabina.

Diciendo y haciendo, cogió la escopeta, apuntó a cualquier parte, y disparó. Volaron hojas y pedazos de rama de un roble próximo, aunque ninguna codorniz cayó herida.

—¡Marró! —exclamó el señorito fingiendo gran contrariedad, mientras para sí discurría: «No era bala, eran postas... Le quería meter grajea de plomo en el cuerpo... ¡Claro, con bala era más escandaloso, más alarmante para la justicia. Es zorro fino!».

Y en voz alta:

—No vuelvas a cargar; hoy no se caza, que se nos viene la lluvia encima y tenemos que apretar el paso. Marcha delante, enséñanos el atajo hasta Cebre.

—¿No lo sabe el señorito?

—Sí tal, pero a veces me distraigo.

IX

Como ya dos veces había repicado la campanilla y los criados no llevaban trazas de abrir, las señoritas de la Lage, suponiendo que a horas tan tempranas no vendría nadie de cumplido, bajaron en persona y en grupo a abrir la puerta, sin peinar, con bata y chinelas, hechas unas fachas. Así es que se quedaron voladas al encontrarse con un arrogante mozo, que les decía campechanamente:

—¿A que nadie me conoce aquí?

Sintieron impulsos de echar a correr; pero la tercera, la menos linda de todas, frisando al parecer en los veinte años, murmuró:

—De fijo que es el primo Perucho Moscoso.

—¡Bravo! —exclamó don Pedro—. ¡Aquí está la más lista de la familia!

Y adelantándose con los brazos abiertos fue para abrazarla; pero ella, hurtando el cuerpo, le tendió una manecita fresca, recién lavada con agua y colonia. Enseguida se entró por la casa gritando:

—¡Papá!, ¡papá! ¡Está aquí el primo Perucho!

El piso retembló bajo unos pasos elefantinos... Apareció el señor de la Lage, llenando con su volumen la antesala, y don Pedro abrazó a su tío, que le llevó casi en volandas al salón. Julián, que por no malograr la sorpresa de la aparición del primo se había quedado oculto detrás de la puerta, salía riendo del escondite, muy embromado por las señoritas, que afirmaban que estaba gordísimo, y se escurría por el corredor, en busca de su madre.

Viéndoles juntos, se observaba extraordinario parecido entre el señor de la Lage y su sobrino carnal: la misma estatura prócer, las mismas proporciones amplias, la misma abundancia de hueso y fibra, la misma barba fuerte y copiosa; pero lo que en el sobrino era armonía de complexión titánica, fortalecida por el aire libre y los ejercicios corporales, en el tío era exuberancia y plétora; condenado a una vida sedentaria, se advertía que le sobraba sangre y carne, de la cual no sabía qué hacer; sin ser lo que se llama obeso, su humanidad se desbordaba por todos lados; cada pie suyo parecía una lancha, cada mano un mazo de carpintero. Se ahogaba con los trajes de paseo; no cabía en las habitaciones reducidas; resoplaba en las butacas del teatro, y en misa repartía codazos para disponer de más sitio. Magnífico ejemplar de una raza apta para la vida guerrera y montés de las épocas feudales, se consumía miserablemente en el vil ocio de los pueblos, donde el que nada produce, nada enseña, ni nada aprende, de nada sirve y nada hace. ¡Oh dolor! Aquel castizo Pardo de la Lage, naciendo en el siglo XV, hubiera dado en qué entender a los arqueólogos e historiadores del XIX.

Mostró admirarse de la buena presencia del sobrino y le habló llanotamente, para inspirarle confianza.

—¡Muchacho, muchacho! ¿A dónde vas con tanto doblar? Cuidado que estás más hombre que yo... Siempre te imitaste más a Gabriel y a mí que a tu madre que santa gloria haya... Lo que es con tu padre, ni esto... No saliste Moscoso, ni Cabreira, chico; saliste Pardo por los cuatro costados. Ya habrás visto a tus primas, ¿eh? Chiquillas, ¿qué le decís al primo?

—¿Qué me dicen? Me han recibido como a la persona de más cumplimiento... A ésta le quise dar un abrazo, y ella me alargó la mano muy fina.

—¡Qué borregas! ¡Marías Remilgos! A ver cómo abrazáis todas al primo, inmediatamente.

La primera que se adelantó a cumplir la orden fue la mayor. Al estrecharla, don Pedro no pudo dejar de notar las bizarras proporciones del bello bulto humano que oprimía. ¡Una real moza, la primita mayor!

—¿Tú eres Rita, si no me equivoco? —preguntó risueño—. Tengo muy mala memoria para nombres y puede que os confunda.

—Rita, para servirte... —respondió con igual amabilidad la prima—. Y ésta es Manolita, y ésta es Carmen, y aquélla es Nucha...

—Stt... Poquito a poco... Me lo iréis repitiendo conforme os abrace.

Dos primas vinieron a pagar el tributo, diciendo festivamente:

—Yo soy Manolita, para servir a usted.

—Yo, Carmen, para lo que usted guste mandar.

Allá entre los pliegues de una cortina de damasco se escondía la tercera, como si quisiese esquivar la ceremonia afectuosa; pero no le valió la treta, antes su retraimiento incitó al primo a exclamar:

—¿Doña Hucha, o como te llames?... Cuidadito conmigo..., se me debe un abrazo...

—Me llamo Marcelina, hombre... Pero éstas me llaman siempre Marcelinucha o Nucha...

Costábale trabajo resolverse, y permanecía refugiada en el rojo dosel de la cortina, cruzando las manos sobre el peinador de percal blanco, que rayaban con doble y largo trazo, como de tinta, sus sueltas trenzas. El padre la empujó bruscamente, y la chica vino a caer contra el primo, toda ruborizada, recibiendo un apretón en regla, amén de un frote de barbas que la obligó a ocultar el rostro en la pechera del marqués.

Hechas así las amistades, entablaron el señor de la Lage y su sobrino la imprescindible conversación referente al viaje, sus causas, incidentes y peripecias. No explicaba muy satisfactoriamente el sobrino su impensada venida: pch... ganas de espilirse... Cansa estar siempre solo... Gusta la variación... No insistió el tío, pensando para su chaleco: «Ya Julián me lo contará todo».

Y se frotaba las manos colosales, sonriendo a una idea que, si acariciaba tiempo hacía allá en su interior, jamás se le había presentado tan clara y halagüeña como entonces. ¡Qué mejor esposo podían desear sus hijas que el primo Ulloa! Entre los numerosos ejemplares del tipo del padre que desea colocar a sus niñas, ninguno más vehemente que don Manuel Pardo, en cuanto a la voluntad, pero ninguno más reservado en el modo y forma. Porque aquel hidalgo de cepa vieja sentía a la vez gana ardentísima de casar a las chiquillas y un orgullo de raza tan exaltado, bajo engañosas apariencias de llaneza, que no solo le vedaba descender a ningún ardid de los usuales en padres casamenteros, sino que le imponía suma rigidez y escrúpulo en la elección de sus relaciones y en la manera de educar a sus hijas, a quienes traía como encastilladas y aisladas, no llevándolas sino de pascuas a ramos a diversiones públicas. Las señoritas de la Lage, discurría don Manuel, deben casarse, y sería contrario al orden providencial que no apareciese tronco en que injertar dignamente los retoños de tan noble estirpe; pero antes se queden para vestir imágenes que unirse con cualquiera, con el teniente que está de guarnición, con el comerciante que medra midiendo paño, con el médico que toma el pulso; eso sería, ¡vive Dios!, profanación indigna; las señoritas de la Lage solo pueden dar su mano a quien se les iguale en calidad. Así pues, don Manuel, que se desdeñaría de tender redes a un ricachón plebeyo, se propuso inmediatamente hacer cuanto estuviese en su mano para que su sobrino pasase a yerno, como el Sandoval de la zarzuela.

¿Conformaban las primitas con las opiniones de su padre? Lo cierto es que, apenas el primo se sentó a platicar con don Manuel, cada niña se escurrió bonitamente, ya a arreglar su tocado, ya a prevenir alojamiento al forastero y platos selectos para la mesa. Se convino en que el primo se quedaba hospedado allí, y se envió por la maleta a la posada.

Fue la comida alegre en extremo. Rápidamente se había establecido entre don Pedro y las señoritas de la Lage el género de familiaridad inherente al parentesco en grado prohibido pero dispensable: familiaridad que se diferencia de la fraternal en que la sazona y condimenta un picante polvito de hostilidad, germen de graciosas y galantes escaramuzas. Cruzábase en la mesa vivo tiroteo de bromas, piropos, que entre los dos sexos suele preludiar a más serios combates.

—Primo, me extraña mucho que estando a mi lado no me sirvas el agua.

—Los aldeanos no entendemos de política: ve enseñándome un poco, que por tener maestras así...

—Glotón, ¿quién te da permiso para repetir?

—El plato está tan rico, que supongo que es obra tuya.

—¡Vaya unas ilusiones! Ha sido la cocinera. Yo no guiso para ti. Te fastidiaste.

—Prima, esta yemecita. Por mí.

—No me robes del plato, goloso. Que no te lo doy, ea. ¿No tienes ahí la fuente?

—¿A que te lo atrapo? Cuando más descuidada estés...

—¿A que no?

Y la prima se levantaba y echaba a correr con su plato en las manos, para evitar el hurto de un merengue o de media manzana, y el juego se celebraba con estrepitosas carcajadas, como si fuese el paso más gracioso del mundo. Las mantenedoras de este torneo eran Rita y Manolita, las dos mayores; en cuanto a Nucha y Carmen, se encerraban en los términos de una cordialidad mesurada, presenciando y riendo las bromas, pero sin tomar parte activa en ellas, con la diferencia de que en el rostro de Carmen, la más joven, se notaba una melancolía perenne, una preocupación dominante, y en el de Nucha se advertía tan solo gravedad natural, no exenta de placidez.

Hállabase don Pedro en sus glorias. Al resolverse a emprender el viaje, receló que las primas fuesen algunas señoritas muy cumplimenteras y espetadas, cosa que a él le pondría en un brete, por serle extrañas las fórmulas del trato ceremonioso con damas de calidad, clase de perdices blancas que nunca había cazado; mas aquel recibimiento franco le devolvió al punto su aplomo. Animado, y con la cálida sangre despierta, consideraba a las primitas una por una, calculando a cuál arrojaría el pañuelo. La menor no hay duda que era muy linda, blanca con cabos negros, alta y esbelta, pero la mal disimulada pasión de ánimo, las cárdenas ojeras, amenguaban su atractivo para don Pedro, que no estaba por romanticismos. En cuanto a la tercera, Nucha, asemejábase bastante a la menor, solo que en feo: sus ojos, de magnífico tamaño, negros también como moras, padecían leve estrabismo convergente, lo cual daba a su mirar una vaguedad y pudor especiales; no era alta, ni sus facciones se pasaban de correctas, a excepción de la boca, que era una miniatura. En suma, pocos encantos físicos, al menos para los que se pagan de la cantidad y morbidez en esta nuestra envoltura de barro. Manolita ofrecía otro tipo distinto, admirándose en ella lozanas carnes y suma gracia, unida a un defecto que para muchos es aumento singular de perfección en la mujer, y a otros, verbigracia a don Pedro, les inspira repulsión: un carácter masculino mezclado a los hechizos femeninos, un bozo que iba pasando a bigote, una prolongación del nacimiento del pelo sobre la oreja que, descendiendo a lo largo de la mandíbula, quería ser, más que suave patilla, atrevida barba. A la que no se podían poner tachas era a Rita, la hermana mayor. Lo que más cautivaba a su primo, en Rita, no era tanto la belleza del rostro como la cumplida proporción del tronco y miembros, la amplitud y redondez de la cadera, el desarrollo del seno, todo cuanto en las valientes y armónicas curvas de su briosa persona prometía la madre fecunda y la nodriza inexhausta. ¡Soberbio vaso en verdad para encerrar un Moscoso legítimo, magnífico patrón donde injertar el heredero, el continuador del nombre! El marqués presentía en tan arrogante hembra, no el placer de los sentidos, sino la numerosa y masculina prole que debía rendir; bien como el agricultor que ante un terreno fértil no se prenda de las florecillas que lo esmaltan, pero calcula aproximadamente la cosecha que podrá rendir al terminarse el estío.

Pasaron al salón después de la comida, para la cual las muchachas se habían emperejilado. Enseñaron a don Pedro infinidad de quisicosas: estereóscopos, álbumes de fotografías, que eran entonces objetos muy elegantes y nada comunes. Rita y Manolita obligaban al primo a fijarse en los retratos que las representaban apoyadas en una silla o en una columna, actitud clásica que por aquel tiempo imponían los fotógrafos; y Nucha, abriendo un álbum chiquito, se lo puso delante a don Pedro, preguntándole afanosamente:

—¿Le conoces?

Era un muchacho como de diecisiete años, rapado, con uniforme de alumno de la Academia de artillería, parecidísimo a Nucha y a Carmen cuanto puede parecerse un pelón a dos señoritas con buenas trenzas de pelo.

—Es mi niño —afirmó Nucha muy grave.

—¿Tu niño?

Riéronse las otras hermanas a carcajadas, y don Pedro exclamó cayendo en la cuenta:

—¡Bah!, ya sé. Es vuestro hermano, mi señor primo, el mayorazgo de la Lage, Gabrieliño.

—Pues claro: ¿quién había de ser? Pero esa Nucha le quiere tanto, que siempre le llama su niño.

Nucha, corroborando el aserto, se inclinó y besó el retrato, con tan apasionada ternura, que allá en Segovia el pobre alumno, víctima quizá de los rigores de la cruel novatada, debió sentir en la mejilla y el corazón una cosa dulce y caliente.

Cuando Carmen, la tristona, vio a sus hermanas entretenidas, se escabulló del salón, donde ya no apareció más. Agotado todo lo que en el salón había que enseñar al primo, le mostraron la casa desde el desván hasta la leñera: un caserón antiguo, espacioso y destartalado, como aún quedan muchos en la monumental Compostela, digno hermano urbano de los rurales Pazos de Ulloa. En su fachada severa desafinaba una galería de nuevo cuño, ideada por don Manuel Pardo de la Lage, que tenía el costoso vicio de hacer obras. Semejante solecismo arquitectónico era el quitapesares de las señoritas de Pardo; allí se las encontraba siempre, posadas como pájaros en rama favorita, allí hacían labor, allí tenían un breve jardín, contenido en macetas y cajones, allí colgaban jaulas de canarios y jilgueros; tal vez no parasen en esto los buenos oficios de la galería dichosa. Lo cierto es que en ella encontraron a Carmen, asomada y mirando a la calle, tan absorta que no sintió llegar a sus hermanas. Nucha le tiró del vestido; la muchacha se volvió, pudiendo notarse que tenía unas vislumbres de rosa en las mejillas, descoloridas de ordinario. Háblóle Nucha vivamente al oído, y Carmen se apartó del encristalado antepecho, siempre muda y preocupada. Rita no cesaba de explicar al primo mil particularidades.

—Desde aquí se ven las mejores calles... Ése es el Preguntoiro; por ahí pasa mucha gente... Aquella torre es la de la Catedral... ¿Y tú no has ido a la Catedral todavía? ¿Pero de veras no le has rezado un Credo al Santo Apóstol, judío? —exclamaba la chica vertiendo provocativa luz de sus pupilas radiantes—. Vaya, vaya... Tengo yo que llevarte allí, para que conozcas al Santo y lo abraces muy apretadito... ¿Tampoco has visto aún el Casino?, ¿la Alameda?, ¿la Universidad? ¡Señor! ¡Si no has visto nada!

—No, hija... Ya sabes que soy un pobre aldeano... y he llegado ayer al anochecer. No hice más que acostarme.

—¿Por qué no te viniste acá en derechura, descastado?

—¿A alborotaros la casa de noche? Aunque salgo de entre tojos, no soy tan mal criado como todo eso.

—Vamos, pues hoy tienes que ver alguna notabilidad... Y no faltar al paseo... Hay chicas muy guapas.

—De eso ya me he enterado, sin molestarme en ir a la Alameda —contestó el primo echando a Rita una miradaza que ella resistió con intrepidez notoria, y pagó sin esquivez alguna.

X

Y en efecto, le fueron enseñadas al marqués de Ulloa multitud de cosas que no le importaban mayormente. Nada le agradó, y experimentó mil decepciones, como suele acontecer a las gentes habituadas a vivir en el campo, que se forman del pueblo una idea exagerada. Pareciéronle, y con razón, estrechas, torcidas y mal empedradas las calles, fangoso el piso, húmedas las paredes, viejos y ennegrecidos los edificios, pequeño el circuito de la ciudad, postrado su comercio y solitarios casi siempre sus sitios públicos; y en cuanto a lo que en un pueblo antiguo puede enamorar a un espíritu culto, los grandes recuerdos, la eterna vida del arte conservada en monumentos y ruinas, de eso entendía don Pedro lo mismo que de griego o latín. ¡Piedras mohosas! Ya le bastaban las de los Pazos. Nótese cómo un hidalgo campesino de muy rancio criterio se hallaba al nivel de los demócratas más vandálicos y demoledores. A pesar de conocer a Orense y haber estado en Santiago cuando niño, discurría y fantaseaba a su modo lo que debe ser una ciudad moderna: calles anchas, mucha regularidad en las construcciones, todo nuevo y flamante, gran policía, ¿qué menos puede ofrecer la civilización a sus esclavos? Es cierto que Santiago poseía dos o tres edificios espaciosos, la Catedral, el Consistorio, San Martín... Pero en ellos existían cosas muy sin razón ponderadas, en concepto del marqués: por ejemplo, la Gloria de la Catedral. ¡Vaya unos santos más mal hechos y unas santas más flacuchas y sin forma humana!, ¡unas columnas más toscamente esculpidas! Sería de ver a alguno de estos sabios que escudriñan el sentido de un monumento religioso, consagrándose a la tarea de demostrar a don Pedro que el pórtico de la Gloria encierra alta poesía y profundo simbolismo. ¡Simbolismo! ¡Jerigonzas! El pórtico estaba muy mal labrado, y las figuras parecían pasadas por tamiz. Por fuerza las artes andaban atrasadísimas en aquellos tiempos de maricastaña. Total, que de los monumentos de Santiago se atenía el marqués a uno de fábrica muy reciente: su prima Rita.

La proximidad de la fiesta del Corpus animaba un tanto la soñolienta ciudad universitaria, y todas las tardes había lucido paseo bajo los árboles de la Alameda. Carmen y Nucha solían ir delante, y las seguían Rita y Manolita, acompañadas por su primo; el padre cubría la retaguardia conversando con algún señor mayor, de los muchos que existen en el pueblo compostelano, donde por ley de afinidad parece abundar más que en otras partes la gente provecta. A menudo se arrimaba a Manolita un señorito muy planchado y tieso, con cierto empaque ridículo y exageradas pretensiones de elegancia: llamábase don Víctor de la Formoseda y estudiaba derecho en la Universidad; don Manuel Pardo le veía gustoso acercarse a sus hijas, por ser el señorito de la Formoseda de muy limpio solar montañés, y no despreciable caudal. No era éste el único mosquito que zumbaba en torno de las señoritas de la Lage. A las primeras de cambio notó don Pedro que así por los tortuosos y lóbregos soportales de la Rúa del Villar, como por las frondosidades de la Alameda y la Herradura, les seguía y escoltaba un hombre joven, melenudo, enfundado en un gabán gris, de corte raro y antiguo. Aquel hombre parecía la sombra de las muchachas: no era posible volver la cabeza sin encontrársele: y don Pedro reparó también que al surgir detrás de un pilar o por entre los árboles el rondador perpetuo, la cara triste y ojerosa de Carmen se animaba, y brillaban sus abatidos ojos. En cambio don Manuel y Nucha daban señales de inquietud y desagrado.

Ya sobre la pista, don Pedro siguió acechando, a fuer de cazador experto. Nucha no debía tener ningún adorador entre la multitud de estudiantes y vagos que acudían al paseo, o si lo tenía, no le hacía caso, pues caminaba seria e indiferente. En público, Nucha parecía revestirse de gravedad ajena a sus años. Respecto a Manolita, no perdía ripio coqueteando con el señorito de la Formoseda. Rita, siempre animada y provocadora, lo era mucho con su primo, y no poco con los demás, pues don Pedro advirtió que a las miradas y requiebros de sus admiradores correspondía con ojeadas vivas y flecheras. Lo cual no dejó de dar en qué pensar al marqués de Ulloa, el cual, tal vez por contarse en el número de los hombres fácilmente atraídos por las mujeres vivarachas, tenía de ellas opinión detestable y para sus adentros la expresaba en términos muy crudos.

Dormían en habitaciones contiguas Julián y el marqués, pues Julián, desde su ordenación, había ascendido de categoría en la casa, y mientras la madre continuaba desempeñando las funciones de ama de llaves y dueña, el hijo comía con los señores, ocupaba un cuarto de importancia, y era tratado en suma, si no de igual a igual, pues siempre quedaban matices de protección, al menos con gran amabilidad y deferencia. De noche, antes de recogerse, el marqués se le entraba en el dormitorio a fumar un cigarro y charlar. La conversación ofrecía pocos lances, pues siempre versaba sobre el mismo proyecto. Decía don Pedro que le admiraban dos cosas: haberse resuelto a salir de los Pazos, y hallarse tan decidido a tomar estado, idea que antes le parecía irrealizable. Era don Pedro de los que juzgan muy importantes y dignas de comentarse sus propias acciones y mutaciones —achaque propio de egoístas— y han menester tener siempre cerca de sí algún inferior o subordinado a quien referirlas, para que les atribuya también valor extraordinario.

Agradaba la plática a Julián. Aquellas proyectadas bodas entre primo y prima le parecían tan naturales como juntarse la vid al olmo. Las familias no podían ser mejores ni más para en una; las clases iguales; las edades no muy desproporcionadas, y el resultado dichosísimo, porque así redimía el marqués su alma de las garras del demonio, personificado en impúdicas barraganas. Solamente no le contentaba que don Pedro se hubiese ido a fijar en la señorita Rita: mas no se atrevía ni a indicarlo, no fuese a malograrse la cristiana resolución del marqués.

—Rita es una gran moza... —decía éste explayándose—. Parece sana como una manzana, y los hijos que tenga heredarán su buena constitución. Serán más fuertes aún que Perucho, el de Sabel.

¡Inoportuna reminiscencia! Julián se apresuraba a replicar, sin meterse en honduras fisiológicas:

—La casta de los señores de Pardo es muy saludable, gracias a Dios...

Una noche cambiaron de sesgo las confidencias, entrando en terreno sumamente embarazoso para Julián, siempre temeroso de que cualquier desliz de su lengua desbaratase los proyectos del señorito, y le echase a él sobre la conciencia responsabilidad gravísima.

—¿Sabe usted —insinuó don Pedro— que mi prima Rita se me figura algo casquivana? Por el paseo va siempre entretenida en si la miran o no la miran, si le dicen o no le dicen... juraría que toma varas.

—¿Que toma varas? —repitió el capellán, quedándose en ayunas del sentido de la frase grosera.

—Sí, hombre..., que se deja querer, vamos... Y para casarse, no es cosa de broma que la mujer las gaste con el primero que llega.

—¿Quién lo duda, señorito? La prenda más esencial en la mujer es la honestidad y el recato. Pero no hay que fiarse de apariencias. La señorita Rita tiene el genio así, franco y alegre...

Creíase Julián salvado con estas evasivas, cuando, a las pocas noches, don Pedro le apretó para que cantase:

—Don Julián, aquí no valen misterios... Si he de casarme, quiero al menos saber con quién y cómo... Apenas se reirían si porque vengo de los Pazos me diesen de buenas a primeras gato por liebre. Con razón se diría que salí de un soto para meterme en otro. No sirve contestar que usted no sabe nada. Usted se ha criado en esta casa, y conoce a mis primas desde que nació. Rita... Rita es mayor que usted, ¿no es verdad?

—Sí, señor —respondió Julián, no teniendo por cargo de conciencia revelar la edad—. La señorita Rita cumplirá ahora veintisiete o veintiocho años... Después viene la señorita Manolita y la señorita Marcelina, que son seguidas..., veintitrés y veintidós... porque en medio murieron dos niños varones..., y luego la señorita Carmen, veinte... Cuando nació el señorito Gabriel, que andará en los diecisiete o poco más, ya no se pensaba que la señora volviese a tener sucesión, porque andaba delicada, y le probó tan mal el parto, que falleció a los pocos meses.

—Pues usted debe conocer perfectamente a Rita. Cante usted, ea.

—Señorito, a la verdad... Yo me crié en esta casa, es cierto; pero sin manualizarme con los señores, porque mi clase era otra muy distinta... Y mi madre, que era muy piadosa, no me permitió jamás juntarme con las señoritas para jugar ni nada... por razones de decoro... ¡Ya usted me comprende! Con el señorito Gabriel sí que tuve algún trato; lo que es con las señoritas... buenos días y buenas noches, cuando las encontraba en los pasillos. Luego ya fui al Seminario...

—¡Bah, bah! ¿Tiene usted gana de cuentos...? Harto estará usted de saber cosas de las chicas. Basta su madre de

usted para enterarle. ¿Acerté? Se ha puesto usted colorado...
¡Ajá! ¡Por ahí vamos bien! ¡A ver con qué cara me niega que
su madre le ha informado de algunas cosillas...!

Julián se tornó purpúreo. ¡Que si le habían contado! ¡Pues
no habían de contarle! Desde su llegada, la venerable dueña
que regía el llavero en casa de la Lage no había cogido a
solas a su hijo un minuto sin ceder a la comezón de tocar
ciertos asuntos, que únicamente con varones graves y reli-
giosos pueden conferirse... Misía Rosario no lo iba a charlar
con otras comadres envidiosas, eso no; por algo comía el
pan de don Manuel Pardo; pero con la gente grave y de buen
consejo, v. g., su confesor don Vicente el canónigo, y Julián,
aquel pedazo de sus entrañas elevado a la más alta dignidad
que cabe en la tierra, ¿quién le vedaba el gustazo de juzgar a
su modo la conducta del amo y las señoritas, de alardear de
discreción, censurando melosa y compasivamente algunos
de sus actos que ella «si fuese señora» no realizaría jamás,
y de oír que «personas de respeto» alababan mucho su cor-
dura, y conformaban del todo con su dictamen? Que si le
habían contado a Julián, ¡Dios bendito! Pero una cosa era
que se lo hubiesen contado, y otra que él lo pudiese repetir.
¿Cómo revelar la manía de la señorita Carmen, empeñada
en casarse contra viento y marea de su padre, con un es-
tudiantillo de medicina, un nadie, hijo de un herrador de
pueblo (¡oh baldón para la preclara estirpe de los Pardos!),
un loco de atar que la comprometía siguiéndola por todas
partes a modo de perrito faldero, y de quien además se aseguraba que era un materialista, metido en sociedades secre-
tas? ¿Cómo divulgar que la señorita Manolita hacía novenas
a San Antonio para que don Víctor de la Formoseda se de-
terminase a pedirla, llegando al extremo de escribir a don
Víctor cartas anónimas indisponiéndole con otras señoritas
cuya casa frecuentaba? Y sobre todo, ¿cómo indicar ni lo

más somero y mínimo de aquello de la señorita Rita, que maliciosamente interpretado tanto podía dañar a su honra? Antes le arrancasen la lengua.

—Señorito... —balbució—. Yo creo que las señoritas son muy buenas e incapaces de faltar en nada; pero si lo contrario supiese, me guardaría bien de propalarlo, toda vez que yo..., que mi agradecimiento a esta familia me pondría..., vamos... como si dijéramos... una mordaza...

Detúvose, comprendiendo que se empantanaba más.

—No traduzca mis palabras, señorito... Por Dios, no saque usted consecuencias de mi poca habilidad para explicarme.

—¿Según eso —preguntó el marqués mirando de hito en hito al capellán—, usted juzga que no hay absolutamente nada censurable? Clarito. ¿Las considera usted a todas unas señoritas intachables... perfectísimas... que me convienen para casarme? ¿Eh?

Meditó Julián antes de responder.

—Si usted se empeña en que le descubra cuánto uno tiene en el corazón... francamente, aunque las señoritas son cada una de por sí muy simpáticas, yo, puesto a escoger, no lo niego..., me quedaría con la señorita Marcelina.

—¡Hombre! Es algo bizca... y flaca... Solo tiene buen pelo y buen genio.

—Señorito, es una alhaja.

—Será como las demás.

—Es como ella sola. Cuando el señorito Gabriel quedó sin mamá de pequeñito, lo cuidó con una formalidad que tenía la gracia del mundo, porque ella no era mucho mayor que él. Una madre no hiciera más. De día, de noche, siempre con el chiquillo en brazos. Le llamaba su hijo: dicen que era un sainete ver aquello. Parece que el peso del chiquillo la rindió y por eso quedó más delicada de salud que las otras. Cuando el hermano marchó al colegio, estuvo malucha. Por eso la ve usted descolorida. Es un ángel, señorito. Todo se le vuelve aconsejar bien a las hermanas...

—Señal de que lo necesitan —arguyó don Pedro maliciosamente.

—¡Jesús! No puede uno deslizarse... Bien sabe usted que sobre lo bueno está lo mejor, y la señorita Marcelina raya en perfecta. La perfección es dada a pocos. Señorito, la señorita Marcelina, ahí donde usted la ve, se confiesa y comulga tan a menudo, y es tan religiosa, que edifica a la gente.

Quedóse don Pedro reflexionando algún rato, y aseguró después que le agradaba mucho, mucho, la religiosidad en las mujeres; que la conceptuaba indispensable para que fuesen «buenas».

—Con que beatita, ¿eh? —añadió—. Ya tengo por dónde hacerla rabiar.

Y tal fue en efecto el resultado inmediato de aquella conferencia donde, con mejor deseo que diplomacia, había intentado Julián presentar la candidatura de Nucha. Desde entonces el primo gastó con ella bastantes bromas, algunas más pesadas que divertidas. Con placer del niño voluntarioso cuyos dedos entreabren un capullo, gozaba en poner colorada a Nucha, en arañarle la epidermis del alma por medio de chanzas subidas e indiscretas familiaridades que ella rechazaba enérgicamente. Semejante juego mortificaba al capellán tanto como a la chica; las sobremesas eran para él largo suplicio, pues a las anécdotas y cuentos de don Manuel, que versaban siempre sobre materias nada pulcras ni bien olientes (costumbre inveterada en el señor de la Lage), se unían las continuas inconveniencias del primo con la prima. El pobre Julián, con los ojos fijos en el plato, el rubio entrecejo un tanto fruncido, pasaba las de Caín. Imaginábase él que ajar, siquiera fuese en broma, la flor de la modestia virginal era abominable sacrilegio. Por lo que su madre le había contado y por lo que en Nucha veía, la señorita le inspiraba religioso respeto, semejante al que infunde el camarín que contiene una veneranda imagen. Jamás se atrevía a llamarla por el diminutivo, pareciéndole Nucha nombre de perro más bien que de persona; y cuando don Pedro se resbalaba a chanzonetas escabrosas, el capellán, juzgando que consolaba a la señorita Marcelina, tomaba asiento a su lado y le hablaba de cosas santas y apacibles, de alguna novena o función de iglesia, a las cuales Nucha asistía con asiduidad.

No lograba el marqués vencer la irritante atracción que le llevaba hacia Rita; y con todo, al crecer el imperio que ejercía en sus sentidos la prima mayor, se fortalecía también la especie de desconfianza instintiva que infunden al campesino las hembras ciudadanas, cuyo refinamiento y coquetería suele confundir con la depravación. Vamos, no lo podía remediar el marqués; según frase suya, Rita le escamaba terriblemente. ¡Es que a veces ostentaba una desenvoltura! ¡Se mostraba con él tan incitadora; tendía la red con tan poco disimulo; se esponjaba de tal suerte ante los homenajes masculinos!

El aldeano que llega al pueblo ha oído contar mil lances, mil jugarretas hechas a los bobos que allí entran desprevenidos como incautos peces. Lleno de recelo, mira hacia todas partes, teme que le roben en las tiendas, no se fía de nadie, no acierta a conciliar el sueño en la posada, no sea que mientras duerme le birlen el bolso. Guardada la distancia que separaba de un labriego al señor de Ulloa, éste era su estado moral en Santiago. No hería su amor propio ser dominado por Primitivo y vendido groseramente por Sabel en su madriguera de los Pazos, pero sí que le torease en Compostela su artificiosa primilla. Además, no es lo mismo distraerse con una muchacha cualquiera que tomar esposa. La hembra destinada a llevar el nombre esclarecido de Moscoso y a perpetuarlo legítimamente había de ser limpia como un espejo... Y don Pedro figuraba entre los que no juzgan limpia ya a la que tuvo amorosos tratos, aún en la más honesta y lícita forma, con otro que con su marido. Aún las ojeadas en calles y paseos eran pecados gordos. Entendía don Pedro el honor conyugal a la manera calderoniana, española neta, indulgentísima para el esposo e implacable para la esposa. Y a él que no le dijesen: Rita no estaba sin algún enredillo... Acerca de Carmen y Manolita no necesitaba discurrir, pues bien veía lo que pasaba. Pero Rita...

Ningún amigo íntimo tenía en Santiago don Pedro, aunque sí varios conocidos, ganados en el paseo, en casa de su tío o en el Casino, donde solía ir mañana y noche, a fuer de buen español ocioso. Allí se le embromaba mucho con su prima, comentándose también la desatinada pasión de Carmen por el estudiante y su continuo atalayar en la galería, con el adorador apostado enfrente. Siempre alerta, el señorito estudiaba el tono y acento con que nombraban a Rita. En dos o tres ocasiones le pareció notar unas puntas de ironía, y acaso no se equivocase; pues en las ciudades pequeñas, donde ningún suceso se olvida ni borra, donde gira perpetuamente la conversación sobre los mismos asuntos, donde se abulta lo nimio y lo grave adquiere proporciones épicas, a menudo tiene una muchacha perdida la fama antes que la honra, y ligerezas insignificantes, glosadas y censuradas años y años, llevan a su autora con palma al sepulcro. Además, las señoritas de la Lage, por su alcurnia, por los humos aristocráticos de su padre, y la especie de aureola con que pretendía rodearlas, por su belleza, eran blanco de bastantes envidillas y murmuraciones: cuando no se las motejaba de orgullosas, se recurría a tacharlas de coquetas.

Lucía el Casino entre su maltratado mueblaje un caduco sofá de gutapercha, gala del gabinete de lectura: sofá que pudiera llamarse tribuna de los maldicientes, pues allí se reunían tres de las más afiladas tijeras que han cortado sayos en el mundo, triunvirato digno de más detenido bosquejo y en el cual descollaba un personaje eminentísimo, maestro en la ciencia del mal saber. Así como los eruditos se precian de no ignorar la más mínima particularidad concerniente a remotas épocas históricas, este sujeto se jactaba de poder decir, sin errar punto ni coma, lo que disfrutaban de renta, lo que comían, lo que hablaban y hasta lo que pensaban las veinte o treinta familias de viso que encerraba el recinto de Santiago. Hombre era para pronunciar con suma formalidad y gran reposo:

—Ayer, en casa de la Lage, se han puesto en la mesa dos principios: croquetas y carne estofada. La ensalada fue de coliflor, y a los postres se sirvió carne de membrillo de las monjas.

Comprobada la exactitud de tales pormenores, resultaban rigurosamente ciertos.

Tan bien informado individuo consiguió encender más recelos en el ánimo del suspicaz señor de Ulloa, bastándole para ello unas cuantas palabritas, de ésas que tomadas al pie de la letra no llevan malicia alguna, pero vistas al trasluz pueden significarlo todo... Encomiando el salero de Rita, y la hermosura de Rita, y la buena conformación anatómica del cuerpo de Rita, añadió como al descuido:

—Es una muchacha de primer orden... Y aquí difícilmente le saldría novio. Las chicas por el estilo de Rita siempre encuentran su media naranja en un forastero.

XI

Hacía un mes que don Manuel Pardo se preguntaba a sí mismo: «¿Cuándo se determinará el rapaz a pedirme a Rita?». Que se la pediría, no lo dudó un momento. La situación del marqués en aquella casa era tácitamente la del novio aceptado. Los amigos de la familia de la Lage se permitían alusiones desembozadas a la próxima boda; los criados, en la cocina, calculaban ya a cuánto ascendería la propineja nupcial. Al recogerse, sus hermanas daban matraca a Rita. A todas horas reían fraternalmente con el primo y una ráfaga de alegría juvenil trocaba la vetusta casa en alborotada pajarera.

Descabezaba una tarde la siesta el marqués, cuando llamaron a la puerta con grandes palmadas. Abrió: era Rita, en chambra, con un pañuelo de seda atado a lo curro, luciendo su hermosa garganta descubierta. Blandía en la diestra un plumero enorme, y parecía una guapísima criada de servir, semejanza que lejos de repeler al marqués, le hizo hervir la sangre con mayor ímpetu. Sofocada y risueña la muchacha echaba lumbres por ojos, boca y mejillas.

—¿Perucho? ¿Peruchón?

—¿Ritiña, Ritona? —contestó don Pedro devorándola con el mirar.

—Dicen las chicas que vengas... Estamos muy enfaenadas arreglando el desván, donde hay todos los trastos del tiempo del abuelo. Parece que se encuentran allí cosas fenomenales.

—Y yo ¿para qué os sirvo? Supongo que no me mandaréis barrer.

—Todo será que se nos antoje. Ven, holgazán, dormilón, marmota.

Conducía al desván empinadísima escalera, y no era el sitio muy oscuro, pues recibía luz de tres grandes claraboyas, pero sí bastante bajo; don Pedro no podía estar allí de pie, y las chicas, al menor descuido, se pegaban coscorrones en la cabeza contra la armazón del techo. Guardábanse en el desván mil cachivaches arrumbados que habían servido en otro tiempo a la pompa, aparato y esplendor de los Pardos de la Lage, y hoy tenían por compañeros al polvo y la polilla; por esperanza, la visita de muchachas bulliciosas, que de vez en cuando lo exploraban, a fin de desenterrar alguna presea de antaño, que reformaban según la moda actual. Con las antiguallas que allí se pudrían, pudiera escribirse la historia de las costumbres y ocupaciones de la nobleza gallega, desde un par de siglos acá. Restos de sillas de manos pintadas y doradas; farolillos con que los pajes alumbraban a sus señoras al regresar de las tertulias, cuando no se conocía en Santiago el alumbrado público; un uniforme de maestrante de Ronda; escofietas y ridículos, bordados de abalorio; chupas recamadas de flores vistosas; medias caladas de seda, rancias ya; faldas adornadas con caireles; espadines de acero tomados de orín; anuncios de funciones de teatro impresos en seda, rezando que la dama de música había de cantar una chistosa tonadilla, y el gracioso representar una divertida pitipieza; todo andaba por allí revuelto con otros chirimbolos análogos, que trascendían a casacón desde mil leguas, y entre los cuales distinguíanse, como prendas más simbólicas y elocuentes, los trebejos masónicos: medalla, triángulo, mallete, escuadra y mandil, despojos de un abuelo afrancesado y grado 33, y una lindísima chaqueta de grana, con las insignias de coronel bordadas en plata por bocamangas y cuello, herencia de la abuela de don Manuel Pardo, que según costumbre de su época, autorizada por el ejemplo de la reina María Luisa, usaba el uniforme de su marido para montar diestramente a horcajadas.

—A buena parte me trajisteis —decía don Pedro, ahogado entre el polvo y contrariadísimo por no poder moverse del asiento.

—Aquí te queremos —le replicaban Rita y Manolita, palmoteando triunfantes—, porque aunque te empeñes, no hay medio de correr tras de nosotras, ni de hacernos barrabasadas. Llegó la nuestra. Te vamos a vestir con espadín y chupa. Ya verás.

—Buena gana tengo de ponerme de máscara.

—Un minuto solamente. Para ver qué facha haces.

—Os digo que no me visto de mamarracho.

—¿Cómo que no? Se nos ha puesto a nosotras en el moño.

—Mirad que os pesará. La que se me acerque ha de arrepentirse.

—¿Y qué nos harás, fantasmón?

—Eso no se dice hasta que se vea.

La misteriosa amenaza pareció infundir temor en las primas, que se limitaron por entonces a inofensivas travesuras, a algún plumerazo más o menos. Adelantaba la limpieza del desván: Manolita, con sus brazos nervudos, manejaba los trastos; Rita los clasificaba; Nucha los sacudía y doblaba esmeradamente; Carmen tomaba poca parte en el trajín, y menos aún en la jarana: dos o tres veces se eclipsó, para asomarse a la galería sin duda. Las demás le soltaron indirectas.

—¿Qué tal está el día, Carmucha? ¿Llueve o hace Sol?

—¿Pasa mucha gente por la calle? Contesta, mujer.

—Ésa siempre está pensando en las musarañas.

A medida que las prendas iban quedando limpias de polvo, las chicas se las probaban. A Manolita le sentaba a maravilla el uniforme de coronel, por su tipo hombruno. Rita era un encanto con la dulleta de seda verdegay de la abuela. Carmen solo consintió en dejarse poner un estrafalario adorno, un penacho triple, que allá cuando se estrenó se llamaba Las tres potencias. Tocóle a Nucha la probatura de las mantillas de blonda. A todo esto la tarde caía, y en el telarañoso recinto del desván se veía muy poco. La penumbra era favorable a los planes de las muchachas; aprovechando la ocasión propicia, acercáronse disimuladamente las dos mayores a don Pedro, y mientras Rita le plantaba en la cabeza un sombrero de tres picos, Manolita le echaba por los hombros una chupa color tórtola, con guirnaldas de flores azules y amarillas.

Fue de confusión el momento que siguió a esta diablura sosa. Don Pedro, medio a gatas porque de otro modo no se lo consentía la poca altura del desván, perseguía a sus primas, resuelto a tomar memorable venganza; y ellas, exhalando chillidos ratoniles, tropezando con los muebles y cachivaches esparcidos aquí y acullá, procuraban buscar la puertecilla angosta, para evitar represalias. Mientras Rita se atrincheraba tras los restos de una silla de manos y una desvencijada cómoda, huyeron dos chicas, las menos valientes; y habiendo tenido Manolita la buena ocurrencia de cegar momentáneamente a su primo arrojándole a la cabeza un chal, pudo evadirse también Rita, jefe nato del motín. Desenredarse del chal haciéndolo jirones, y lanzarse a la puerta y a la escalera en seguimiento de la fugitiva, fueron acciones simultáneas en don Pedro.

Saltó impetuosamente los peldaños, precipitándose en el corredor a tientas, guiado por su instinto de perseguidor de alimañas ágiles, que oye delante de sí el apresurado trotecillo de la hermosa res. En una revuelta del pasillo le dio alcance. La defensa fue blanda, entrecortada de risas. Don Pedro, determinado a infligir el castigo ofrecido, lo aplicó en efecto cerca de una oreja, largo y sonoro. Parecióle que la víctima no se resistía entonces; mas debía ser errónea tan maliciosa suposición, porque Rita aprovechó un segundo de suspensión de hostilidades para huir nuevamente, gritando:

—¿A que no me coges otra vez, cobarde?

Engolosinado, olvidando el peligro del juego, el marqués echó detrás de la prima, que se había desvanecido ya en las negruras del pasadizo. Éste, irregular y tortuoso, serpeaba alrededor de parte de la casa, quebrándose en inesperados codos, y a veces estrechándose como longaniza mal rellena. Rita llevaba ventaja en sus familiares angosturas. Oyó el marqués chirriar puertas, indicio de que la chica se había acogido al sagrado de alguna habitación. No estaba don Pedro para respetar sagrados. Empujó la puerta tras la cual juzgaba parapetada a Rita. La puerta resistía como si tuviese algún obstáculo delante; mas los puños de don Pedro dieron cuenta fácilmente de la endeble trinchera de un par de sillas, que vinieron al suelo con estrépito. Penetró en un cuarto completamente oscuro, y por instinto alargó las manos a fin de no tropezar con los muebles; advirtió que algo rebullía en las tinieblas; tanteó el aire y palpó un bulto de mujer, que aprisionó en sus brazos sin decir palabra, con ánimo de repetir el castigo. ¡Oh sorpresa! La resistencia más tenaz y briosa, la protesta más desesperada, unas manitas de acero que no podía cautivar, un cuerpo nervioso que se sacudía rehuyendo toda presión, y al mismo tiempo varias exclamaciones de profunda y verdadera congoja, dos o tres gritos ahogados que demandaban socorro... ¡Diantre! Aquello no se parecía a lo otro, no... Por ciego y exaltado que estuviese el marqués, hubo de comprender... Sintió una confusión insólita en él, y soltó a la chica.

—Nuchiña, no llores... Calla, mujer... Ya te dejo; no te hago nada... Aguarda un instante.

Registró precipitadamente sus bolsillos, rascó un fósforo, miró alrededor, encendió una vela puesta en un candelabro... Nucha, viéndose libre, callaba; pero se mantenía a la defensiva. Volvió el marqués a disculparse y a consolarla.

—Nucha, no seas chiquilla... Perdona, mujer... Dispensa, no creía que eras tú.

Conteniendo un sollozo, exclamó Nucha:

—Fuese quien fuese... Con las señoritas no se hacen estas brutalidades.

—Hija mía, tu señora hermanita me buscó..., y el que me busca, que no se queje si me encuentra... Ea, no haya más, no estés así disgustada. ¿Qué va a decir de mí el tío? Pero ¿aún lloras, mujer? Cuidado que eres sensible de veras. A ver, a ver esa cara.

Alzó el candelabro para alumbrar el rostro de Nucha. Estaba ésta encendida, demudada, y por sus mejillas corría despacio una lágrima; pero al darle la luz en los ojos, no pudo menos de sonreír ligeramente y secar el llanto con su pañuelo.

—¡Hija! ¡Cualquiera se te atreve! ¡Eres una fierecita! ¡Y hasta fuerza en los puños descubres en esos momentos! ¡Diantre!

—Vete —ordenó Nucha recobrando su seriedad—. Ésta es mi habitación, y no me parece decente que te estés metido en ella.

Dio el marqués dos pasos para salir; y volviéndose de pronto, preguntó:

—¿Quedamos amigos? ¿Se hacen las paces?

—Sí, con tal que no vuelvas a las andadas —respondió con sencillez y firmeza Nucha.

—¿Qué me harás si vuelvo? —interrogó risueño el hidalgo campesino—. Capaz eres de dejarme en el sitio de una manotada, chica.

—No por cierto... No tengo yo fuerzas para tanto. Haré otra cosa.

—¿Cuál?

—Decírselo a papá, muy clarito, para que se fije en lo que de seguro no se le habrá pasado por la cabeza: que no parece natural vivir tú aquí no siendo nuestro hermano y siendo nosotras muchachas solteras. Ya sé que es un atrevimiento meterme a enmendarle la plana a papá; pero él no ha reparado en esto, ni te cree capaz de gracias como las de hoy. En cuanto note algo, se le ha de ocurrir sin que yo se lo sople al oído, pues no soy quién para aconsejar a mi padre.

—¡Caramba! Lo dices de un modo..., ¡como si fuese cuestión de vida o muerte!

—Pues así.

Marchóse con estas despachaderas el marqués, y a la hora de la cena estuvo taciturno y metido en sí, haciendo caso omiso de las zalamerías de Rita. Nucha, aunque un poco alterada la fisonomía, se mostró como siempre, afable, tranquila y atenta al buen servicio y orden de la mesa. Aquella noche el marqués no dejó dormir a Julián, entreteniéndole hasta las altas horas con larga y tendida plática. Los días siguientes fueron de tregua; don Pedro salía bastante, y se le veía mucho en el Casino, junto a *La Tribuna* de los maldicientes. No perdía allí el tiempo. Informábase de particularidades que le importaban, por ejemplo, el verdadero estado de fortuna de su tío. En Santiago se decía lo que él sospechaba ya: don Manuel Pardo mejoraba en tercio y quinto a su primogénito Gabriel, que entre la mejora, su legítima y el vínculo, vendría a arramblar con casi toda la casa de la Lage. No restaba más esperanza a las primitas que la herencia de una tía soltera, doña Marcelina, madrina de Nucha por más señas, que residía en Orense, atesorando sórdidamente y viviendo como una rata en su agujero. Estas nuevas dieron en qué pensar a don Pedro, que desveló a Julián algunas noches más. Al cabo adoptó una resolución definitiva.

Estremecióse de placer don Manuel Pardo viendo al sobrino entrar en su despacho una mañana, con la expresión indefinible que se nota en el rostro y continente de quien viene a tratar algo de importancia. Había oído don Manuel que donde hay varias hermanas, lo difícil es deshacerse de la primera, y después las otras se desprenden de suyo, como las cuentas de una sarta tras la más próxima al cabo del hilo. Colocada Rita, lo demás era tortas y pan pintado. Con Manolita cargaría por último el finchado señorito de la Formoseda; a Carmen se le quitarían de la cabeza ciertas locuras y siendo tan linda no le faltaría buen acomodo; y Nucha... Lo que es Nucha no le hacía a él peso en casa, pues la gobernaba a las mil maravillas; además, a fuer de heredera presunta de su madrina, no necesitaba ampararse casándose. Si no hallaba marido, viviría con Gabriel cuando éste, acabada la carrera, se estableciese según conviene al mayorazgo de la Lage. Con tan gratos pensamientos, don Manuel abrió los oídos para mejor recibir el rocío de las palabras de su sobrino... Lo que recibió fue un escopetazo.

—¿Por qué se asusta usted tanto, tío? —exclamaba don Pedro gozando en sus adentros con la mortificación y asombro del viejo hidalgo—. ¿Hay impedimento? ¿Tiene Nucha otro novio?

Comenzó don Manuel a poner mil objeciones, callándose algunas que no eran para dichas. Salió la corta edad de la muchacha, su delicada salud, y hasta su poca hermosura alegó el padre, sazonando la observación con alusiones no muy reservadas al buen palmito de Rita y al mal gusto de no preferirla. Dio al sobrino manotadas en los hombros y en las rodillas; gastó chanzas, quiso aconsejarle como se aconseja a un niño que escoge entre juguetes; y por último, tras de referir varios chascarrillos adecuados al asunto y contados en dialecto, acabó por declarar que a las demás chicas les daría algo al contraer matrimonio, pero que a Nucha... como esperaba heredar lo de su tía... Los tiempos estaban malos, abofé... Luego, encarándose con el marqués, le interrogó:

—¿Y qué dice esa mosquita muerta de Nucha, vamos a ver?

—Usted se lo preguntará, tío... ¡Yo no le dije cosa de sustancia...! Ya vamos viejos para andar haciendo cocos.

¡Oh y qué marejada hubo en casa de la Lage por espacio de una quincena! Entrevistas con el padre, cuchicheos de las hermanas entre sí, trasnochadas y madrugonas, batir de puertas, lloreras escondidas que denunciaban ojos como puños, trastornos en las horas de comer, conferencias con amigos sesudos, curiosidades de dueña oficiosa que apaga el ruido de su pisar para sorprender algo al abrigo de una cortina, todas las dramáticas menudencias que acompañan a un grave suceso doméstico... Y como en provincia las paredes son de cristal, se murmuró en Santiago desaforadamente, glosando los escándalos ocurridos entre las señoritas de la Lage por causa del primo. Se acusó a Rita de haber insultado agriamente a su hermana porque le quitaba el novio, y a Carmen de ayudarla, porque Nucha reprendía su ventaneo. Se censuró a Nucha también por falsa e hipócrita. Se le royeron los zancajos a don Manuel, afirmando que había dicho en toda confianza a persona que lo repitió en toda intimidad: «El sobrino no me había de salir de aquí sin una de las chicas, y como se le antojó Nucha, hubo que dársela». Se aseguró que las hermanas no cruzaban ya palabra alguna en la mesa, y lo confirmó ver a Rita en paseo sola con Carmen delante, mientras el primo seguía detrás con don Manuel y Nucha. Ésta iba como avergonzada, cabizbaja y modesta. Crecieron los comentarios cuando Rita salió para Orense, a acompañar una temporada a la tía Marcelina, según dijo, y don Pedro para una posada, por no considerarse decoroso que los novios viviesen bajo un mismo techo en vísperas de boda.

Ésta se efectuó llegada la dispensa pontificia, hacia fines del mes de agosto. No faltaron los indispensables requisitos: finezas mutuas, regalos de amigos y parientes, cajas de dulces muy emperifolladas para repartir, buen ajuar de ropa blanca, las galas venidas de Madrid en un cajón monstruo. Dos o tres días antes de la ceremonia se recibió un paquetito procedente de Segovia, y dentro de él un estuche. Contenía una sortija de oro muy sencilla, y una cartulina figurando tarjeta, que decía: «A mi inolvidable hermana Marcelina, su más amante hermano, Gabriel». La novia lloró bastante con el obsequio de su niño, púsolo en el dedo meñique de la mano izquierda, y allí se le reunió el otro anillo que en la iglesia le ciñeron.

Casáronse al anochecer, en una parroquia solitaria. Vestía la novia de rico gro negro, mantilla de blonda y aderezo de brillantes. Al regresar hubo refresco para la familia y amigos íntimos solamente: un refresco a la antigua española, con almíbares, sorbetes, chocolate, vino generoso, bizcochos, dulces variadísimos, todo servido en macizas salvillas y bandejas de plata, con gran etiqueta y compostura. No adornaban la mesa flores, a no ser las rosas de trapo de las tartas o ramilletes de piñonate; dos candelabros con bujías, altos como mecheros de catafalco, solemnizaban el comedor; y los convidados, transidos aún del miedo que infunde el terrible sacramento del matrimonio visto de cerca, hablaban bajito, lo mismo que en un duelo, esmerándose en evitar hasta el repique de las cucharillas en la loza de los platos. Parecía aquello la comida postrera de los reos de muerte. Verdad es que el señor don Nemesio Angulo, eclesiástico en extremo cortesano y afable, antiguo amigo y tertuliano de don Manuel y autor de la dicha de los cónyuges, a quienes acababa de bendecir, intentó soltar dos o tres cosillas festivas, en tono decentemente jovial, para animar un poco la asamblea; pero sus esfuerzos se estrellaron contra la seriedad de los concurrentes. Todos estaban —es la frase de cajón— muy afectados, incluso el señorito de la Formoseda, que acaso pensaba «cuando la barba de tu vecino...», y Julián, que viendo colmados sus deseos y votos ardentísimos, triunfante su candidatura, sentía no obstante en el corazón un peso raro, como si algún presentimiento cruel se lo abrumase.

Seria y solícita, la novia atendía y servía a todo el mundo; dos o tres veces su pulso desasentado le hizo verter el Pajarete que escanciaba al buen don Nemesio, colocado en sitio preferente, a su derecha. El novio entretanto conversaba con los hombres, y, al alzarse de la mesa, repartió excelentes cigarros de que tenía rellena la petaca. Nadie aludió al trascendental acontecimiento, ni se atrevió a decir la menor chanza que pudiese poner colorada a la novia; pero al despedirse los convidados, algunos caballeros recalcaron maliciosamente las buenas noches, mientras matronas y doncellas, besando con estrépito a la desposada, le chillaban al oído: «Adiós, señora... Ya eres señora, ya no es posible llamarte señorita...», celebrando tan trivial observación con afectadas risas, y mirando a Nucha como para aprendérsela de memoria. Cuando todos fueron saliendo, don Manuel Pardo se acercó a su hija, y la oprimió contra el pecho colosal, sellándole la frente con besos muy cariñosos. Hallábase realmente conmovido el señor de la Lage: era la primera vez que casaba una hija; sentía desbordarse en su alma la paternidad, y al tomar de la mano a Nucha para conducirla a la cámara nupcial, alumbrándoles el camino Misia Rosario con un candelabro de cinco brazos cogido de la mesa del comedor, no acertaba a pronunciar palabra, y un poco de humedad se asomaba a sus lagrimales áridos, y una sonrisa de orgullo y placer entreabría al mismo tiempo su boca. En el umbral pudo exclamar al cabo:

—¡Si levantase la cabeza tal día como hoy tu madre que en gloria esté!

Ardían en el tocador de la estancia dos velas puestas en candeleros no menos empinados y majestuosos que los candelabros del refresco; y como no la iluminaba otra luz, ni se había soñado siquiera en el clásico globo de porcelana que es de rigor en todo voluptuoso camarín de novela, impregnaba la alcoba más misterio religioso que nupcial, completando su analogía con una capilla u oratorio la forma del tálamo, cuyas cortinas de damasco rojo franjeadas de oro se parecían exactamente a colgaduras de iglesia, y cuyas sábanas blanquísimas, tersas y almidonadas, con randas y encajes, tenían la casta lisura de los manteles de altar. Cuando el padre se retiraba ya, murmurando «Adiós, Nuchiña, hija querida», la novia le asió la diestra y se la besó humildemente, con labios secos, abrasados de calentura. Quedó sola. Temblaba como la hoja en el árbol, y al través de sus crispados nervios corría a cada instante el escalofrío de la muerte chiquita, no por miedo razonado y consciente, sino por cierto pavor indefinible y sagrado. Parecíale que aquella habitación donde reinaba tan imponente silencio, donde ardían tan altas y graves las luces, era el mismo templo en que no hacía dos horas aún se había puesto de hinojos... Volvió a arrodillarse, divisando allá en la sombra de la cabecera del lecho el antiguo Cristo de ébano y marfil, a quien el cortinaje formaba severo dosel. Sus labios murmuraban el consuetudinario rezo nocturno: «Un Padrenuestro por el alma de mamá...». Oyéronse en el corredor pisadas recias, crujir de botas flamantes, y la puerta se abrió.

Tomo II

XII

Quedaban migajas, no muy añejas aún, del pan de la boda, cuando don Pedro celebró con Julián una conferencia, conviniendo ambos en lo urgente de que el capellán se adelantase a salir a los Pazos para adoptar varias precauciones indispensables y civilizar algo la huronera, mientras no iban a vivirla sus dueños. Julián aceptó la comisión, y entonces el señorito mostró remordimientos o escrúpulos de habérsela encomendado.

—Mire usted —advirtió— que allí se necesitan muchas agallas... Primitivo es hombre de malos hígados, capaz de darle a usted cien vueltas...

—Dios delante. Matar no me matará.

—No lo diga usted dos veces —insistió el señor de Ulloa, impulsado por voces de su conciencia, que en aquel momento se dejaban oír claras y apremiantes—. Ya le avisé a usted en otra ocasión de cómo es Primitivo: capaz de cualquier desafuero... Lo que yo no creo es que vaya a cometer barbaridades por gusto de cometerlas, ni aun en el primer momento, cuando le ciega el deseo de la venganza... Con todo...

No era ésta la única vez que don Pedro manifestaba sagacidad en el conocimiento de caracteres y personas, don esterilizado por la falta de nociones de cultura moral y delicadeza, de ésas que hoy exige la sociedad a quien, mediante el nacimiento, la riqueza o el poder, ocupa en ella lugar preeminente.

Prosiguió el señorito:

—Primitivo no es un bárbaro... Pero es un bribón redomado y taimadísimo, que no se para en barras con tal de lograr sus fines... ¡Demontres! Harto estoy de saberlo... El día que nos vinimos... si él pudiese detenernos soplándonos un tiro a mansalva... no doy dos cuartos por su pellejo de usted ni por el mío.

Estremecióse Julián, y se le borraron las rosadas tintas de los pómulos. No era de madera de héroes, lo cual le salía a la cara. A don Pedro le divertía infinito el miedo del capellán. En la índole de don Pedro había un fondo de crueldad, sostenido por su vida grosera.

—Apostemos —exclamó riéndose— que la cruz aquélla del camino va usted a pasarla rezando.

—No digo que no —contestó Julián repuesto ya—; mas no por eso me niego a ir. Es mi deber; de suerte que no hago nada de extraordinario en cumplirlo. Dios sobre todo... A veces no es tan fiero el león como lo pintan.

—No le tiene cuenta ahora a Primitivo meterse en dibujos.

Calló Julián. Al cabo exclamó:

—Señorito, ¡si usted adoptase una buena resolución! ¡Echar a ese hombre, señorito, echarlo!

—Calle usted, hombre, calle usted... Le pondremos a raya... Pero eso de echar... ¿Y los perros? ¿Y la caza? ¿Y aquellas gentes, y todo aquel cotarro, que nadie me lo entiende sino él? Desengáñese usted: sin Primitivo no me arreglo yo allí... Haga usted la prueba, solo por gusto, de aquillotrarme algunas cosas de las que Primitivo maneja durmiendo... Además, crea usted lo que le digo, que es como el Evangelio: si echa usted a Primitivo por la puerta, se nos entrará por la ventana. ¡Diantre! ¡Si sabré yo quién es Primitivo!

Julián balbució:

—¿Y... de lo demás...?

—De lo demás... Arréglese usted como quiera... Lleva usted plenos poderes.

¡Ya lo creo que los llevaba! ¡Así llevase también alguna receta eficaz para servirse de ellos! Investido de autoridad omnímoda, Julián sentía en el fondo del alma una especie de compasión por la desvergonzada manceba y el hijo espurio. Este último sobre todo. ¿Qué culpa tenía el pobre inocente de las bellaquerías maternales? Siempre parecía duro arrojarle de una casa donde, al fin y al cabo, el dueño era su padre. Julián no se hubiera encargado jamás de tan ingrata comisión a no parecerle que iba en ello la salvación eterna de don Pedro, y también el sosiego temporal de la que él seguía llamando señorita Marcelina, contra el dictamen de las convidadas a la boda.

No sin aprensión cruzó de nuevo el triste país de lobos que antecedía al valle de los Pazos. El cazador le aguardaba en Cebre, e hicieron la jornada juntos; Primitivo, por más señas, se mostró tan sumiso y respetuoso, que Julián, quien al revés que don Pedro poseía el don de errar en el conocimiento práctico de las gentes, guardando los aciertos para el terreno especulativo y abstracto, fue poco a poco desechando la desconfianza, y persuadiéndose de que ya no tenía el zorro intenciones de morder. El rostro impasible de Primitivo no revelaba rencor ni enojo. Con su laconismo y seriedad habituales, hablaba del tiempo desapacible y metido en agua, que casi no había consentido majar, ni segar el maíz, ni vendimiar como Dios manda, ni cumplir en paz ninguna de las grandes faenas agrícolas. Estaba en efecto el camino encharcado, lleno de aguazales, y como había llovido por la mañana también, los pinos dejaban escurrir de las verdes y brillantes púas de su ramaje gotas de agua que se aplastaban en el sombrero de los viajeros. Julián iba perdiendo el miedo y un gozo muy puro le inundaba el espíritu cuando saludó al crucero con verdadera efusión religiosa.

«Bendito seas, Dios mío —pensaba para sí—, pues me has permitido cumplir una obra buena, grata a tus ojos. He encontrado en los Pazos, hace un año, el vicio, el escándalo, la grosería y todas las malas pasiones; y vuelvo trayendo el matrimonio cristiano, las virtudes del hogar consagrado por ti. Yo, yo he sido el agente de que te has valido para tan santa obra... Dios mío, gracias».

Cortaron el soliloquio ladridos vehementes: era la jauría del marqués, que salía a recibir al montero mayor, haciendo locas demostraciones de regocijo, zarandeando los rabos mutilados y abriendo de una cuarta las fresquísimas bocas. Acariciólos Primitivo con su enjuta mano, pues era sumamente afectuoso para los perros; y al nieto, que en pos de los perros venía, le dio una especie de festivo soplamocos. Quiso Julián besar al niño, pero éste se puso en polvorosa antes de que pudiese lograrlo; y el capellán experimentó otra vez compasivos remordimientos, causados por la vista de la ya repudiada criatura. A Sabel la halló en el sitio de costumbre, entre sus pucheros, pero sin el antiguo séquito de aldeanas viejas y mozas, de la Sabia y su dilatada progenie. Reinaba en la cocina orden perfecto: todo limpio, sosegado y solitario; la persona más severa y amiga de censurar no encontraría qué. El capellán comenzaba a sentirse confuso viendo en ausencia suya tanto arreglo, y a temer que su venida lo trastornara: idea dictada por su nativa timidez. A la hora de cenar aumentó su sorpresa. Primitivo, más blando que un guante, le daba cuenta en voz reposada de lo ocurrido allí durante medio año, en materia de vacas paridas, obras emprendidas, rentas cobradas; y mientras el padre reconocía así su autoridad superior, la hija le servía diligente y humilde, con pegajosa dulzura de animal doméstico que implora caricias. No sabía Julián qué cara poner en vista de una acogida tan cordial.

Creyó que mudarían de actitud al día siguiente, cuando, haciendo uso de los plenísimos poderes y facultades omnímodas de que venía investido, ordenó a la Agar y al Ismael de aquel patriarcado emigrar al desierto. ¡Milagro asombroso! Tampoco se alteró entonces la mansedumbre de Primitivo.

—Los señoritos traerán cocinera de allá, de Santiago... —explicaba Julián, para fundar en algo la expulsión.

—Por supuesto... —respondió Primitivo con la mayor naturalidad del mundo—. Allá en la vila guísase de otro modo... Los señores tienen la boca acostumbrada... Cuadra bien, que yo también le iba a pedir que le escribiese al señor marqués de traer quien cocinase.

—¿Usted? —exclamó Julián, estupefacto.

—Sí, señor... La hija se me quiere casar...

—¿Sabel?

—Sabel, sí, señor, anda en eso... Con el gaitero de Naya, el Gallo... Por de contado se empeña en irse para su casa, así que les echen las bendiciones...

Sintió Julián un sofocón de pura alegría. No pudo menos de pensar que en todo aquel negocio de Sabel andaba visiblemente la mano de la Providencia. ¡Sabel casada, alejada de allí; el peligro conjurado; las cosas en orden, la salvación segura! Una vez más dio gracias al Dios bondadoso que quita los estorbos de delante cuando la mezquina previsión humana no cree posible removerlos siquiera... La satisfacción que le rebosaba en el semblante era tal, que se avergonzó de mostrarla ante Primitivo, y empezó a charlar aprisa, por disimulo, felicitando al cazador y augurando a Sabel un porvenir de ventura en el nuevo estado. Aquella noche misma escribió al marqués la buena noticia.

Pasaron días, siempre bonancibles. Proseguía Sabel mansa, Primitivo complaciente, Perucho invisible, la cocina desierta. Solo notaba Julián cierta resistencia pasiva en lo tocante al gobierno de los estados y hacienda del marqués. En este terreno le fue absolutamente imposible adelantar una pulgada. Primitivo sostenía su posición de verdadero administrador, apoderado, y, entre bastidores, autócrata: Julián comprendía que sus plenos poderes importaban tanto como la carabina de Ambrosio, y hasta pudo cerciorarse, por indicios evidentes, de que el influjo que ejercía el cazador en el circuito de los Pazos iba haciéndose extensivo a toda la comarca; a menudo venían a conferenciar con el mayordomo, en actitud respetuosa y servil, gentes de Cebre, de Castrodorna, de Boán, de puntos más distantes todavía. En cuatro leguas a la redonda no se movía una paja sin intervención y aquiescencia de Primitivo. No poseía Julián fuerzas para luchar con él, ni lo intentaba, pareciéndole secundario el perjuicio que a la casa de Ulloa originase la mala administración de Primitivo, en proporción al daño inmenso que estuvo a punto de causarle Sabel. Descartarse de la hija lo tenía él por importante; en cuanto al padre...

Verdad es que la hija no se marchaba tampoco; pero se marcharía, ¡no faltaba más! ¿Quién duda que se marcharía? Tranquilizaba a Julián una señal en su concepto infalible: el haber sorprendido cierto anochecer, cerca del pajar, a Sabel y al gallardo gaitero entretenidos en coloquios más dulces que edificantes. Le ruborizó el encuentro, pero hizo la vista gorda reflexionando que aquello era, por decirlo así, la antesala del altar. Seguro de la victoria respecto a la mala hembra, transigió en lo relativo al mayordomo. Cuanto más que éste no rechazaba las indicaciones de Julián, ni le llevaba la contraria en cosa alguna. Si el capellán ideaba planes, censuraba abusos o insistía en la urgente necesidad de una reforma, Primitivo aprobaba, allanaba el camino, sugería medios, de palabra se entiende; al llegar a la realización, ya era harina de otro costal: empezaban las dificultades, las dilaciones: que hoy... que mañana... No hay fuerza comparable a la inercia. Primitivo decía a Julián para consolarle:

—Una cosa es hablar, y otra hacer...

O matar a Primitivo, o entregársele a discreción: el capellán comprendía que no quedaba otro recurso. Fue un día a desahogar sus cuitas con don Eugenio, el abad de Naya, cuyos discretos pareceres le alentaban mucho. Encontróle todo alborotado con los noticiones políticos, que acababan de confirmar los pocos periódicos que se recibían en aquellos andurriales. La marina se había sublevado, echando del trono a la reina, y ésta se encontraba ya en Francia, y se constituía un gobierno provisional, y se contaba de una batalla reñidísima en el puente de Alcolea, y el ejército se adhería, y el diablo y su madre... Don Eugenio andaba, de puro excitado, medio loco, proyectando irse a Santiago sin dilación para saber noticias ciertas. ¡Qué dirían el señor Arcipreste y el abad de Boán! ¿Y Barbacana? Ahora sí que Barbacana estaba fresco: su eterno adversario Trampeta, amigo de los unionistas, se le montaría encima por los siglos de los siglos, amén. Con el embullo de estos acontecimientos, apenas atendió el abad de Naya a las tribulaciones de Julián.

XIII

Transcurrido algún tiempo de vida familiar con suegro y cuñadas, don Pedro echó de menos su huronera. No se acostumbraba a la metrópoli arzobispal. Ahogábanle las altas tapias verdosas, los soportales angostos, los edificios de lóbrego zaguán y escalera sombría, que le parecían calabozos y mazmorras. Fastidiábale vivir allí donde tres gotas de lluvia meten en casa a todo el mundo y engendran instantáneamente una triste vegetación de hongos de seda, de enormes paraguas. Le incomodaba la perenne sinfonía de la lluvia que se deslizaba por los canalones abajo o retiñía en los charcos causados por la depresión de las baldosas. Quedábanle dos recursos no más para combatir el tedio: discutir con su suegro o jugar un rato en el Casino. Ambas cosas le produjeron en breve, no hastío, pues el verdadero hastío es enfermedad moral propia de los muy refinados y sibaritas de entendimiento, sino irritación y sorda cólera, hija de la secreta convicción de su inferioridad. Don Manuel era superior a su sobrino por el barniz de educación adquirido en dilatados años de existencia ciudadana y el consiguiente trato de gentes, así como por aquel bien entendido orgullo de su nacimiento y apellido, que le salvaba de adocenarse (era su expresión predilecta). Aparte de la manía de referir en las sobremesas y entre amigos de confianza mil anécdotas, no contrarias al pudor, pero sí a la serenidad del estómago de los oyentes, era don Manuel persona cortés y de buenas formas para presidir, verbigracia, un duelo, asistir a una junta en la Sociedad Económica de Amigos del País, llevar el estandarte en una procesión, ser llamado al despacho de un gobernador en consulta. Si deseaba retirarse al campo, no le atraía tan solo la perspectiva de dar rienda suelta a instintos selváticos, de andar sin corbata, de no pagar tributo a la sociedad, sino que le solicitaban aficiones más delicadas, de origen moderno: el deseo de tener un jardín, de cultivar frutales, de hacer obras de albañilería, distracción que le embelesaba y que en el campo es más barata que en la ciudad. Además, el fino trato de su mujer, la perpetua compañía de sus hijas suavizara ya las tradiciones rudas que por parte de los la Lage conservaba don Manuel: cinco hembras respetadas y queridas civilizan al hombre más agreste. He aquí por qué el suegro, a pesar de encontrarse cronológicamente una generación más atrás que su yerno, estaba moralmente bastantes años delante.

Trataba don Manuel de descortezar a don Pedro; y no solo fue trabajo perdido, sino contraproducente, pues recrudeció su soberbia y le infundió mayores deseos de emanciparse de todo yugo. Aspiraba el señor de la Lage a que su sobrino se estableciese en Santiago, levantando la casa de los Pazos y visitándola los veranos solamente, a fin de recrearse y vigilar sus fincas; y al dar tales consejos a su yerno, los entreveraba con indirectas y alusiones, para demostrar que nada ignoraba de cuanto sucedía en la vieja madriguera de los Ulloas. Este género de imposición y fiscalización, aunque tan disculpable, irritó a don Pedro, que según decía, no aguantaba ancas ni gustaba de ser manejado por nadie en el mundo.

—Por lo mismo —declaró un día delante de su mujer— vamos a tomar soleta pronto. A mí nadie me trae y lleva desde que pasé de chiquillo. Si callo a veces, es porque estoy en casa ajena.

Estar en casa ajena le exaltaba. Todo cuanto veía lo encontraba censurable y antipático. El decoroso fausto del señor de la Lage; sus bandejas y candelabros de plata; su mueblaje rico y antiguo; la respetabilidad de sus relaciones, compuestas de lo más selecto de la ciudad; su honesta tertulia nocturna de canónigos y personas formales que venían a hacerle la partida de tresillo; sus criados respetuosos, a veces descuidados, pero nunca insolentes ni entrometidos, todo se le figuraba a don Pedro sátira viviente del desarreglo de los Pazos, de aquella vida torpe, de las comidas sin mantel, de las ventanas sin vidrios, de la familiaridad con mozas y gañanes. Y no se le despertaba la saludable emulación, sino la ruin envidia y su hermano el ceñudo despecho. Únicamente le consolaban los desatinados amoríos de Carmen; celebraba la gracia, frotándose las manos, siempre que en el Casino se comentaba la procacidad del estudiante y el descaro de la chiquilla. ¡Que rabiase su suegro! No bastaba tener sillas de damasco y alfombras para evitar escándalos.

Los altercados de don Pedro con su tío iban agriándose, y vino a envenenarlos la discusión política, que enzarza más que ninguna otra, especialmente a los que discuten por impresión, sin ideas fijas y razonadas. Fuerza es confesar que el marqués estaba en este caso. Don Manuel no era ningún lince, pero afiliado platónicamente desde muchos años atrás al partido moderado puro, hecho a leer periódicos, conocía la rutina; y había tomado tan a contrapelo el chasco de González Bravo y la marcha de Isabel II, que se disparaba, poniéndose a dos dedos de ahogarse, cuando el sobrino, por molestarle, le contradecía, disculpaba a los revolucionarios, repetía las enormidades que la prensa y las lenguas de entonces propalaban contra la majestad caída, y aparentaba creerlas como artículo de fe. El tío le rebatía con acritud y calor, alzando al cielo las gigantescas manos.

—Allá en las aldeas —decía— se traga todo, hasta el mayor disparate... No tenéis formado el criterio, hijo, no tenéis formado el criterio, ésa es vuestra desgracia... Lo miráis todo al través de un punto de vista que os forjáis vosotros mismos... (este tremendo disparate debía haberlo aprendido don Manuel en algún artículo de fondo). Hay que juzgar con la experiencia, con la sensatez.

—¿Y usted se figura que somos tontos los que venimos de allá...? Puede ser que aún tengamos más pesquis, y veamos lo que ustedes no ven... (aludía a su prima Carmen, colgada de la galería en aquel momento). Créame usted, tío, en todas partes hay bobalicones que se maman el dedo... ¡Vaya si los hay!

La discusión tomaba carácter personal y agresivo; solía esto ocurrir a la hora de la sobremesa; las tazas del café chocaban furiosas contra los platillos; don Manuel, trémulo de coraje, vertía el anisete al llevarlo a la boca; tío y sobrino alzaban la voz mucho más de lo regular, y después de algún descompasado grito o frase dura, había instantes de armado silencio, de muda hostilidad, en que las chicas se miraban y Nucha, con la cabeza baja, redondeaba bolitas de miga de pan o doblaba muy despacio las servilletas de todos deslizándolas en las anillas. Don Pedro se levantaba de repente, rechazando su silla con energía, y, haciendo temblar el piso bajo su andar fuerte, se largaba al Casino, donde las mesas de tresillo funcionaban día y noche.

Tampoco allí se encontraba bien. Sofocábale cierta atmósfera intelectual, muy propia de ciudad universitaria. Compostela es pueblo en que nadie quiere pasar por ignorante, y comprendía el señorito cuánto se mofarían de él y qué chacota se le preparaba, si se averiguase con certeza que no estaba fuerte en ortografía ni en otras ías nombradas allí a menudo. Se le sublevaba su amor propio de monarca indiscutible en los Pazos de Ulloa al verse tenido en menos que unos catedráticos acatarrados y pergaminosos, y aun que unos estudiantes troneras, con las botas rojas y el cerebro caliente y vibrante todavía de alguna lectura de autor moderno, en la Biblioteca de la Universidad o en el gabinete del Casino. Aquella vida era sobrado activa para la cabeza del señorito, sobrado entumecida y sedentaria para su cuerpo; la sangre se le requemaba por falta de esparcimiento y ejercicio, la piel le pedía con mucha necesidad baños de aire y Sol, duchas de lluvia, friegas de espinos y escajos, ¡plena inmersión en la atmósfera montés!

No podía sufrir la nivelación social que impone la vida urbana; no se habituaba a contarse como número par en un pueblo, habiendo estado siempre de nones en su residencia feudal. ¿Quién era él en Santiago? Don Pedro Moscoso a secas; menos aún: el yerno del señor de la Lage, el marido de Nucha Pardo. El marquesado allí se había deshecho como la sal en el agua, merced a la malicia de un viejecillo, miembro del maldiciente triunvirato, a quien correspondía, por su acerada y prodigiosa memoria y años innumerables, el ramo de averiguación y esclarecimiento de añejos sucedidos, así como al más joven, que conocemos ya, tocaban las investigaciones de actualidad, viniendo a ser cronista el uno y analista el otro de la metrópoli. El cronista, pues, hizo su oficio desentrañando la genealogía entera y verdadera de las casas de Cabreira y Moscoso, probando ce por be que el título de Ulloa no correspondía ni podía corresponder sino al duque de tal y cual, grande de España, etc.; y demostrándolo mediante oportuna exhibición de la Guía de Forasteros. Por cierto que al instruir estas diligencias se hizo bastante burla de don Pedro y del señor de la Lage, a quien se acusaba de haber bordado la corona de marquesa en un juego de sábanas regalado a su hija; inocente desliz que el analista confirmó, especificando dónde y cómo se habían marcado las susodichas sábanas, y cuánto había costado el escusón y el perendengue de la coronita.

Impaciente ya, resolvió don Pedro la marcha antes de que pasase la inclemencia del invierno, a fines de un marzo muy esquivo y desapacible. Salía el coche para Cebre tan de madrugada, que no se veía casi; hacía un frío cruel, y Nucha, acurrucada en el rincón del incómodo vehículo, se llevaba a menudo el pañuelo a los ojos, por lo cual su marido la interpeló con poca blandura:

—¿Parece que vienes de mala gana conmigo?

—¡Qué cosas tienes! —respondió la muchacha destapando el rostro y sonriendo—. Es natural que sienta dejar al pobre papá y... y a las chicas.

—Pues ellas —murmuró el señorito— me parece que no te echarán memoriales para que vuelvas.

Nucha calló. El carruaje brincaba en los baches de la salida, y el mayoral, con voz ronca, animaba al tiro. Alcanzaron la carretera y rodó el armatoste sobre una superficie más igual. Nucha reanudó el diálogo preguntando a su marido pormenores relativos a los Pazos, conversación a que él se prestaba gustoso, ponderando hiperbólicamente la hermosura y salubridad del país, encareciendo la antigüedad del caserón y alabando la vida cómoda e independiente que allí se hacía.

—No creas —decía a su mujer, alzando la voz para que no la cubriese el ruido de los cascabeles y el retemblar de los vidrios—, no creas que no hay gente fina allí... La casa está rodeada de señorío principal: las señoritas de Molende, que son muy simpáticas; Ramón Limioso, un cumplido caballero... También nos hará compañía el Abad de Naya... ¡Pues y el nuestro, el de Ulloa, que es presentado por mí! Ése es tan mío como los perros que llevo a cazar... No le mando que ladre y que porte porque no se me antoja. ¡Ya verás, ya verás! Allí es uno alguien y supone algo.

A medida que se acercaban a Cebre, que entraba en sus dominios, se redoblaba la alegre locuacidad de don Pedro.

Señalaba a los grupos de castaños, a los escuetos montes de aliaga y exclamaba regocijadísimo:

—¡Foro de casa...! ¡Foro de casa...! No corre por ahí una liebre que no paste en tierra mía.

La entrada en Cebre acrecentó su alborozo. Delante de la posada aguardaban Primitivo y Julián; aquél con su cara de metal, enigmática y dura, éste con el rostro dilatado por afectuosísima sonrisa. Nucha le saludó con no menor cordialidad. Bajaron los equipajes, y Primitivo se adelantó trayendo a don Pedro su lucia y viva yegua castaña. Iba éste a montar, cuando reparó en la cabalgadura que estaba dispuesta para Nucha, y era una mula alta, maligna y tozuda, arreada con aparejo redondo, de esos que por formar en el centro una especie de comba, más parecen hechos para despedir al jinete que para sustentarlo.

—¿Cómo no le has traído a la señorita la borrica? —preguntó don Pedro, deteniéndose antes de montar, con un pie en el estribo y una mano asida a las crines de la yegua, y mirando al cazador con desconfianza.

Primitivo articuló no sé qué de una pata coja, de un tumor frío...

—¿Y no hay más borricos en el país?, ¿eh? A mí no me vengas con eso. Te sobraba tiempo para buscar diez pollinas.

Volvióse hacia su mujer, y como para tranquilizar su conciencia, preguntóle:

—¿Tienes miedo, chica? Tú no estarás acostumbrada a montar. ¿Has andado alguna vez en esta casta de aparejos? ¿Sabes tenerte en ellos?

Nucha permanecía indecisa, recogiendo el vestido con la diestra, sin soltar de la otra el saquillo de viaje. Al cabo murmuró:

—Lo que es tenerme, sé... El año pasado, cuando estuve de baños, monté en mil aparejos nunca vistos... Solo que ahora...

Soltó el traje de repente, llegóse a su marido, y le pasó un brazo alrededor del cuello, escondiendo la cara en su pechera como la primera vez que había tenido que abrazarle; y allí, en una especie de murmullo o secreteo dulcísimo, acabó la frase interrumpida. Pintóse en el rostro del marqués la sorpresa, y casi al mismo tiempo la alegría inmensa, radiante, el júbilo orgulloso, la exaltación de una victoria. Y apretando contra sí a su mujer, con amorosa protección, exclamó a gritos:

—O no hay en tres leguas a la redonda una pollina mansa, o aunque la tenga el mismo Dios del cielo y no la quiera prestar, aquí vendrá para ti, a fe de Pedro Moscoso. Aguarda, hija, aguarda un minuto nada más... O mejor dicho, entra en la posada y siéntate... A ver, un banco, una silla para la señorita... Espera, Nuchiña, vengo volando. Primitivo, acompáñame tú. Abrígate, Nucha.

Volando no, pero sí al cabo de media hora, volvió sin aliento. Traía del ronzal una oronda borriquilla, bien arreada, dócil y segura: la propia hacanea de la mujer del juez de Cebre. Don Pedro tomó en brazos a su esposa y la sentó en la albarda, arreglándole la ropa con esmero.

XIV

Así que pudieron conferenciar reservadamente capellán y señorito, preguntó don Pedro, sin mirar cara a cara a Julián:

—¿Y... ésa? ¿Está todavía por aquí? No la he visto cuando entramos.

Como Julián arrugase el entrecejo, añadió:

—Está, está... Apostaría yo cien pesos, antes de llegar, a que usted no había encontrado modo de sacudírsela de encima.

—Señorito, la verdad... —articuló Julián bastante disgustado—. Yo no sé qué decir... Ha sido una cosa que se ha ido enredando... Primitivo me juró y perjuró que la muchacha se iba a casar con el gaitero de Naya...

—Ya sé quién es —dijo entre dientes don Pedro, cuyo rostro se anubló.

—Pues yo... como era bastante natural, lo creí. Además tuve ocasión de persuadirme de que, en efecto, el gaitero y Sabel... tienen... trato.

—¿Ha averiguado usted todo eso? —interrogó el marqués con ironía.

—Señor, yo... Aunque no sirvo mucho para estas cosas, quise informarme para no caer de inocente... He preguntado por ahí y todo el mundo está conforme en que andan para casarse; hasta don Eugenio, el abad de Naya, me dijo que el muchacho había pedido sus papeles. Y por cierto que, a pretexto de no sé qué enredo o dificultad en los tales papeles dichosos, no se hizo la cosa todavía.

Quedóse don Pedro callado, y al fin prorrumpió:

—Es usted un santo. Ya podían venirme a mí con ésas.

—Señor, la verdad es que si tuvieron intención de engañarme... digo que son unos grandísimos pillos. Y la Sabel, si no está muerta y penada por el gaitero, lo figura que es un asombro. Hace dos semanas fue a casa de don Eugenio y se le arrodilló llorando y pidiendo por Dios que se diese prisa a arreglarle el casamiento, porque aquel día sería el más feliz de su vida. Don Eugenio me lo ha contado, y don Eugenio no dice una cosa por otra.

—¡Bribona! ¡Bribonaza! —tartamudeó el señorito, iracundo, paseándose por la habitación aceleradamente.

Sosegóse no obstante muy luego, y agregó:

—No me pasmo de nada de eso, ni digo que don Eugenio mienta; pero... usted... es un papanatas, un infeliz, porque aquí no se trata de Sabel, ¿entiende usted?, sino de su padre, de su padre. Y su padre le ha engañado a usted como a un chino, vamos. La... mujer ésa, bien comprendo que rabia por largarse; mas Primitivo es abonado para matarla antes que tal suceda.

—No, si también empezaba yo a maliciarme eso... Mire usted que empezaba a maliciármelo.

El señorito se encogió de hombros con desdén, y exclamó:

—A buena hora... Deje usted ya de mi cuenta este asunto... Y por lo demás..., ¿qué tal, qué tal?

—Muy mansos..., como corderos... No se me han opuesto de frente a nada.

—Pero habrán hecho de lado cuanto se les antoje... Mire usted, don Julián, a veces me dan ganas de empapillarle a usted. Lo mismito que a los pichones.

Julián replicó todo compungido:

—Señorito, acierta usted de medio a medio. No hay forma de conseguir nada aquí si Primitivo se opone. Tenía usted razón cuando me lo aseguraba el año pasado. Y de algún tiempo acá, parece que aún le tienen mayor respeto, por no decir más miedo. Desde que se armó la revolución y andan agitadas las cosas políticas, y cada día recibimos una noticia gorda, creo que Primitivo se mezcla en esos enredos, y recluta satélites en el país... Me lo ha asegurado don Eugenio, añadiendo que ya antes tenía subyugada a mucha gente prestando a réditos.

Guardaba silencio don Pedro. Por fin alzó la cabeza y dijo:

—¿Se acuerda usted de la burra que hubo que buscar en Cebre para mi mujer?

—¡No me he de acordar!

—Pues la señora del juez..., ríase usted un poco, hombre..., la señora del juez se avino a prestármela porque iba Primitivo conmigo. Si no...

No hizo Julián reflexión alguna acerca de un suceso que tanto indignaba al marqués. Al terminar la conferencia, don Pedro le puso la mano en el hombro.

—¿Y por qué no me da usted la enhorabuena, desatento? —exclamó con aquella misma irradiación que habían tenido sus pupilas en Cebre.

Julián no entendía. El señorito se explicó cayéndosele la baba de gozo. Sí, señor, para octubre, el tiempo de las castañas..., esperaba el mundo un Moscoso, un Moscoso auténtico y legítimo... hermoso como un Sol además.

—¿Y no puede también ser una Moscosita? —preguntó Julián después de reiteradas felicitaciones.

—¡Imposible! —gritó el marqués con toda su alma. Y como el capellán se echase a reír, añadió:— Ni de guasa me lo anuncie usted, don Julián... Ni de guasa. Tiene que ser un chiquillo, porque si no le retuerzo el pescuezo a lo que venga. Ya le he encargado a Nucha que se libre bien de traerme otra cosa más que un varón. Soy capaz de romperle una costilla si me desobedece. Dios no me ha de jugar tan mala pasada. En mi familia siempre hubo sucesión masculina: Moscosos crían Moscosos, es ya proverbial. ¿No lo ha reparado usted cuando estuvo almorzándose el polvo del archivo? Pero usted es capaz de no haber reparado tampoco el estado de mi mujer, si no le entero yo ahora.

Y era verdad. No solo no lo había echado de ver, sino que tan natural contingencia no se le había pasado siquiera por las mientes. La veneración que por Nucha sentía y que iba acrecentándose con el trato, cerraba el paso a la idea de que pudiesen ocurrirle los mismos percances fisiológicos que a las demás hembras del mundo. Justificaba esta candorosa niñería el aspecto de Nucha. La total inocencia, que se pintaba en sus ojos vagos y como perdidos en contemplaciones de un mundo interior, no había menguado con el matrimonio; las mejillas, un poco más redondeadas, seguían tiñéndose del carmín de la vergüenza por el menor motivo. Si alguna variación podía observarse, algún signo revelador del tránsito de virgen a esposa, era quizás un aumento de pudor; pudor, por decirlo así, más consciente y seguro de sí mismo; instinto elevado a virtud. No se cansaba Julián de admirar la noble seriedad de Nucha cuando una chanza atrevida o una palabra malsonante hería sus oídos; la dignidad natural, que era como su propia envoltura, escudo impalpable que la resguardaba hasta contra las osadías del pensamiento; la bondad con que agradecía la atención más leve, pagándola con frases compuestas, pero sinceras; la serenidad de toda su persona, semejante al caer de una tarde apacibilísima. Parecíale a Julián que Nucha era ni más ni menos que el tipo ideal de la bíblica Esposa, el poético ejemplar de la Mujer fuerte, cuando aún no se ha borrado de su frente el nimbo del candor, y sin embargo ya se adivina su entereza y majestad futura. Andando el tiempo aquella gracia había de ser severidad, y a las oscuras trenzas sucederían las canas de plata, sin que en la pura frente imprimiese jamás una mancha el delito ni una arruga el remordimiento. ¡Cuán sazonada madurez prometía tan suave primavera! Al pensarlo, felicitábase otra vez Julián por la parte que le cabía en la acertada elección del señorito.

Con desinteresada satisfacción se decía a sí mismo que había logrado contribuir al establecimiento de una cosa gratísima a Dios, e indispensable a la concertada marcha de la sociedad: el matrimonio cristiano, lazo bendito, por medio del cual la Iglesia atiende juntamente, con admirable sabiduría, a fines espirituales y materiales, santificando los segundos por medio de los primeros. «La índole de tan sagrada institución —discurría Julián— es opuesta a impúdicos extremos y arrebatos, a romancescos y necios desahogos, ardientes y roncos arrullos de tórtola»; por eso alguna vez que el esposo se deslizaba a familiaridades más despóticas que tiernas, parecíale al capellán que la esposa sufría mucho, herida en su cándida modestia, en su decente compostura; figurábasele que la caída de sus párpados, su encendimiento, su silencio, eran muda protesta contra libertades impropias del honesto trato conyugal. Si ante él sucedían tales cosas, a la mesa por ejemplo, Julián torcía la cara, haciéndose el distraído, o alzaba el vaso para beber, o fingía atender a los perros, que husmeaban por allí.

Le asaltaba entonces un escrúpulo, de ésos que se quiebran de sutiles. Por muy perfecta casada que hiciese Nucha, su condición y virtudes la llamaban a otro estado más meritorio todavía, más parecido al de los ángeles, en que la mujer conserva como preciado tesoro su virginal limpieza. Sabía Julián por su madre que Nucha manifestaba a veces inclinación a la vida monástica, y daba en la manía de deplorar que no hubiese entrado en un convento. Siendo Nucha tan buena para mujer de un hombre, mejor sería para esposa de Cristo; y las castas nupcias dejarían intacta la flor de su inocencia corporal, poniéndola para siempre al abrigo de las tribulaciones y combates que en el mundo nunca faltan.

Esto de los combates le recordaba a Sabel. ¿Quién duda que su permanencia en casa era ya un peligro para la tranquilidad de la esposa legítima? No imaginaba Julián riesgos inmediatos, pero presentía algo amenazador para lo porvenir. ¡Horrible familia ilegal, enraizada en el viejo caserón solariego como las parietarias y yedras en los derruidos muros! Al capellán le entraban a veces impulsos de coger una escoba, y barrer bien fuerte, bien fuerte, hasta que echase de allí a tan mala ralea. Pero cuando iba más determinado a hacerlo, tropezaba en la egoísta tranquilidad del señorito y en la resistencia pasiva, incontrastable del mayordomo. Sucedió además una cosa que aumentó la dificultad de la barredura: la cocinera enviada de Santiago empezó a malhumorarse, quejándose de que no entendía la cocina, de que la leña no ardía bien, del humo, de todo; Sabel, muy servicial, acudió a ayudarla; y a los pocos días la cocinera, cansada de aldea, se despidió con malos modos, y Sabel quedó en su sitio, sin que mediasen más fórmulas para el reemplazo que asir el mango de la sartén cuando la otra lo soltó. Julián no tuvo ni tiempo de protestar contra este cambio de ministerio y vuelta al antiguo régimen. Lo cierto es que la familia espuria se mostraba por entonces incomparablemente humilde: a Primitivo no se le encontraba sino llamándole cuando hacía falta; Sabel se eclipsaba apenas dejaba la comida puesta a la lumbre y confiada al cuidado de las mozas de fregadero; el chiquillo parecía haberse evaporado.

Y con todo, al capellán no le llegaba la camisa al cuerpo. ¡Si Nucha se enteraba! ¿Y quién duda que se enteraría en el momento menos pensado? Por desgracia la nueva esposa mostraba afición suma a recorrer la casa, a informarse de todo, a escudriñar los sitios más recónditos y trasconejados, verbigracia desvanes, bodegas, lagar, palomar, hórreos, tulla, perreras, cochiqueras, gallinero, establos y herbeiros o depósitos de forraje. No le llegaba a Julián la camisa al cuerpo, temblando que en alguna de estas dependencias recibiese Nucha a boca de jarro, por impensado incidente, la atroz revelación. Y al mismo tiempo, ¿cómo oponerse al útil merodeo del ama de casa hacendosa por sus dominios? Parecía que con la joven señora entraban en cada rincón de los Pazos la alegría, la limpieza y el orden, y que la saludaba el rápido bailotear del polvo arremolinado por las escobas, la vibración del rayo de Sol proyectado en escondrijos y zahurdas donde las espesas telarañas no lo habían dejado penetrar desde años antes.

Seguía Julián a Nucha en sus exploraciones, a fin de vigilar y evitar, si cabía, cualquier suceso desgraciado. Y en efecto, su intervención fue provechosa cuando Nucha descubrió en el gallinero cierto pollo implume. El caso merece referirse despacio.

Había observado Nucha que en aquella casa de bendición las gallinas no ponían jamás, o si ponían no se veía la postura. Afirmaba don Pedro que se gastaban al año bastantes ferrados de centeno y mijo en el corral; y con todo eso, las malditas gallinas no daban nada de sí. Lo que es cacarear, cacareaban como descosidas, indicio evidente de que andaban en tratos de soltar el huevo; oíase el himno triunfal de las fecundas a la vez que el blando cloquear de las lluecas; se iba a ver el nido, se advertía en él suave calorcillo, se distinguía la paja prensada señalando en relieve la forma del huevo... Y nada; que no se podía juntar ni para una mala tortilla. Nucha permanecía ojo alerta. Un día que acudió más diligente al cacareo delator, divisó agazapado en el fondo del gallinero, escondiéndose como un ratoncillo, un rapaz de pocos años. Solo asomaban entre la paja de la nidadura sus descalzos pies. Nucha tiró de ellos y salió el cuerpo, y tras del cuerpo las manos, en las cuales venía ya el plato que apetecía el ama de casa, pues los huevos que el chico acababa de ocultar se le habían roto con la prisa, y la tortilla estaba allí medio hecha, batida por lo menos.

—¡Ah pícaro! —exclamó Nucha cogiéndole y sacándole afuera, a la luz del corral—. ¡Te voy a desollar vivo, gran tunante! ¡Ya sabemos quién es el zorro que se come los huevos! Hoy te pongo el trasero en remojo, donde no lo veas.

Agitábase y perneaba el ladrón en miniatura; Nucha sintió lástima, imaginándose que sollozaba con desconsuelo. Apenas logró verle un minuto la cara desviándole de ella los brazos, pudo convencerse de que el muy insolente no hacía sino reírse a más y a mejor, y también notar la extraordinaria lindeza del desharrapado chicuelo. Julián, testigo inquieto de esta escena, se adelantó y quiso arrebatárselo a Nucha.

—Déjemelo usted, don Julián... —suplicó ella—. ¡Qué guapo!, ¡qué pelo!, ¡qué ojos! ¿De quién es esta criatura?

Nunca el timorato capellán sintió tantas ganas de mentir. No atinó, sin embargo.

—Creo... —tartamudeó atragantándose—, creo que... de Sabel, la que guisa estos días.

—¿De la criada? Pero... ¿está casada esa chica?

Creció la turbación de Julián. De esta vez tenía en la garganta una pera de ahogo.

—No, señora; casada, no... Ya sabe usted que... desgraciadamente... las aldeanas..., por aquí... no es común que guarden el mayor recato... Debilidades humanas.

Sentóse Nucha en un poyo del corral que con el gallinero lindaba, sin soltar al chiquillo, empeñándose en verle la cara mejor. Él porfiaba en taparla con manos y brazos, pegando respingos de conejo montés cautivo y sujeto. Solo se descubría su cabellera, el monte de rizos castaños como la propia castaña madura, envedijados, revueltos con briznas de paja y motas de barro seco, y el cuello y nuca, dorados por el Sol.

—Julián, ¿tiene usted ahí una pieza de dos cuartos?

—Sí, señora.

—Toma, rapaciño... A ver si me pierdes el miedo.

Fue eficaz el conjuro. Alargó el chiquillo la mano, y metió rápidamente en el seno la moneda. Nucha vio entonces el rostro redondeado, hoyoso, graciosísimo y correcto a la vez, como el de los amores de bronce que sostienen mecheros y lámparas. Una risa entre picaresca y celestial alegraba tan linda obra de la naturaleza. Nucha le plantó un beso en cada carrillo.

—¡Qué monada! ¡Dios lo bendiga! ¿Cómo te llamas, pequeño?

—Perucho —contestó el pilluelo con sumo desenfado.

—¡El nombre de mi marido! —exclamó la señorita con viveza—. ¿Apostemos a que es su ahijado? ¿Eh?

—Es su ahijado, su ahijado —se apresuró a declarar Julián, que desearía ponerle al chico un tapón en aquella boca risueña, de carnosos labios cupidinescos. No pudiendo hacerlo intentó sacar la conversación de terreno tan peligroso.

—¿Para qué querías tú los huevos? Dilo y te doy otros dos cuartos, anda.

—Los vendo —declaró Perucho concisamente.

—Con que los vendes, ¿eh? Tenemos aquí un negociante... ¿Y a quién los vendes?

—A las mujeres de por ahí, que van a la vila...

—Sepamos, ¿a cómo te pagan?

—Dos cuartos por la ducia.

—Pues mira —díjole Nucha cariñosamente—, de aquí en adelante me los vas a vender a mí, que te pagaré otro tanto. Por lo bonito que eres no quiero reñirte ni enfadarme contigo. ¡Quiá! Vamos a ser muy amigotes tú y yo. Lo primerito que te he de regalar son unos pantalones... No andas muy decente que digamos.

En efecto, por los desgarrones y aberturas del sucio calzón de estopa del chico hacían irrupción sus fresquísimas y lozanas carnes, cuya morbidez no alcanzaba a encubrir el fango y suciedad que les servía de vestidura, a falta de otra más decorosa.

—¡Angelitos! —murmuró Nucha—. ¡Parece mentira que los traigan así! Yo no sé cómo no se matan, cómo no perecen de frío... Julián, hay que vestir a este niño Jesús.

—Sí, ¡buen niño Jesús está él! —gruñó Julián—. El mismísimo enemigo malo, ¡Dios me perdone! No le tenga lástima, señorita; es un diablillo, más travieso que un mico... Lo que no hice yo para enseñarle a leer y escribir, para acostumbrarle a que se lavase esos hocicos y esas patas... ¡Ni atándolo, señorita, ni atándolo! Y está más sano que una manzana con la vida que trae. Ya se ha caído dos veces al estanque este año, y de una por poco se ahoga.

—Vaya, Julián, ¿qué quiere usted que haga a su edad? No ha de ser formal como los mayores. Ven conmigo, rapaz, que voy a arreglarte algo para que te tapes esas piernecitas... ¿No tiene calzado? Pues hay que encargarle unos zuecos bien fuertes, de álamo... Y le voy a predicar un sermón a su madre para que me lo enjabone todos los días. Usted le va a dar lección otra vez. O le haremos ir a la escuela, que será lo mejor.

No hubo quien apease a Nucha de su caritativo propósito. Julián estaba con el alma en un hilo, temiendo que de semejante aproximación resultase alguna catástrofe. No obstante, la bondad natural de su corazón hizo que se interesase nuevamente por aquella obra pía, que ya había intentado sin fruto. Veía en ella mayor demostración de la hermosura moral de Nucha. Parecíale que era providencial el que la señorita cuidase a aquel mal retoño de tronco ruin. Y Nucha entretanto se divertía infinito con su protegido; hacíale gracia su propia desvergüenza, sus instintos truhanescos, su afán por apandar huevos y fruta, su avidez al coger las monedas, su afición al vino y a los buenos bocados. Aspiraba a enderezar aquel arbolito tierno, civilizándole a la vez la piel y el espíritu. Obra de romanos, decía el capellán.

XV

Por entonces se dedicó el matrimonio Moscoso a pagar visitas de la aristocracia circunvecina. Nucha montaba la borriquilla, y su marido la yegua castaña; Julián los acompañaba en mula; alguno de los perros favoritos del marqués se incorporaba a la comitiva siempre, y dos mozos, vestidos con la ropa dominguera, la más bordada faja, el sombrero de fieltro nuevecito, empuñando varas verdes que columpiaban al andar, iban de espolistas, encargados de tener mano de las monturas cuando se apeasen los jinetes.

La tanda empezó por la señora jueza de Cebre. Abrió la puerta la criada en pernetas, que al ver a Nucha bajarse de su cabalgadura y arreglar los volantes del traje con el mango de la sombrilla, echó a correr despavorida hacia el interior de la casa, clamando como si anunciase fuego o ladrones:

—Señora... ¡Ay, mi señora! ¡Unos señores...!, ¡hay unos señores aquí!

Ningún eco respondió a sus alaridos de consternación; pero transcurridos breves minutos, apareció en el zaguán el juez en persona, deshaciéndose en excusas por la torpeza de la muchacha: era inconcebible el trabajo que costaba domesticarlas; se les repetía mil veces la misma cosa, y nada, no aprendían a recibir a las... pues... de la manera que... Al murmurar así, arqueaba el codo ofreciendo a Nucha el sostén de su brazo para subir la escalera; y siendo ésta tan angosta que no cabían dos personas de frente, la señora de Moscoso pasaba los mayores trabajos del mundo intentando asirse con las yemas de los dedos al brazo del buen señor, que subía dos escalones antes que ella todo torcido y sesgado. Llegados a la puerta de la sala, el juez empezó a palparse, buscando ansiosamente algo en los bolsillos, articulando a media voz monosílabos entrecortados y exclamaciones confusas. De repente exhaló una especie de bramido terrible.

—Pepa... ¡Pepaaaá!

Se oyó el ¡clac! de los pies descalzos, y el juez interpeló a la fámula:

—La llave, ¿vamos a ver? ¿Dónde Judas has metido la llave?

Pepa se la alargaba ya a toda prisa, y el juez, cambiando de tono y pasando de la más furiosa ronquera a la más meliflua dulzura, empujó la puerta y dijo a Nucha:

—Por aquí, señora mía, por aquí..., tenga usted la bondad...

La sala estaba completamente a oscuras. Nucha tropezó con una mesa, a tiempo que el juez repetía:

—Tenga usted la bondad de sentarse, señora mía... Usted dispense...

La claridad que bañó la habitación, una vez abiertas las maderas de la ventana, permitió a Nucha distinguir al fin el sofá de repis azul, los dos sillones haciendo juego, el velador de caoba, la alfombra tendida a los pies del sofá y que representaba un ferocísimo tigre de Bengala, color de canela fina. Al juez todo se le volvía acomodar a los visitadores, insistiendo mucho en si al marqués de Ulloa le convenía la luz de frente o estaría mejor de espaldas a la vidriera; al mismo tiempo lanzaba ojeadas de sobresalto en derredor, porque le iba sabiendo mal la tardanza de su mujer en presentarse. Esforzábase en sostener la conversación, pero su sonrisa tenía la contracción de una mueca, y su ojo severo se volvía hacia la puerta muy a menudo. Al cabo se oyó en el corredor crujido de enaguas almidonadas: la señora jueza entró, sofocada y compuesta de fresco, según claramente se veía en todos los pormenores de su tocado; acababa de embutir su respetable humanidad en el corsé, y sin embargo no había logrado abrochar los últimos botones del corpiño de seda; el moño postizo, colocado a escape, se torcía inclinándose hacia la oreja izquierda; traía un pendiente desabrochado, y no habiéndole llegado el tiempo para calzarse, escondía con mil trabajos, entre los volantes pomposos de la falda de seda, las babuchas de orillo.

Aunque Nucha no pecaba de burlona, no pudo menos de hacerle gracia el atavío de la jueza, que pasaba por el figurín vivo de Cebre, y a hurtadillas sonrió a Julián mostrándole con imperceptible guiño los collares, dijes y broches que lucía en el cuello la señora, mientras ésta a su vez devoraba e inventariaba el sencillo adorno de la recién casada santiaguesa. La visita fue corta, porque el marqués deseaba cumplir aquel mismo día con el Arcipreste, y la parroquia de Loiro distaba una legua por lo menos de la villita de Cebre. Se despidieron de la autoridad judicial tan ceremoniosamente como habían entrado, con los mismos requilorios de brazo y acompañamiento y muchos ofrecimientos de casa y persona.

Era preciso para ir a Loiro internarse bastante en la montaña, y seguir una senda llena de despeñaderos y precipicios, que solo se hacía practicable al acercarse a los dominios del arciprestazgo, vastos y ricos algún día, hoy casi anulados por la desamortización. La rectoral daba señales de su esplendor pasado; su aspecto era conventual; al entrar y apearse en el zaguán, los señores de Ulloa sintieron la impresión del frío subterráneo de una ancha cripta abovedada, donde la voz humana retumbaba de un modo extraño y solemne. Por la escalera de anchos peldaños y monumental balaústre de piedra bajaba dificultosamente, con la lentitud y el balanceo con que caminan los osos puestos en dos pies, una pareja de seres humanos monstruosa, deforme, que lo parecía más viéndola así reunida: el Arcipreste y su hermana. Ambos jadeaban: su dificultosa respiración parecía el resuello de un accidentado; las triples roscas de la papada y el rollo del pestorejo aureolaban con formidable nimbo de carne las faces moradas de puro inyectadas de sangre espesa; y cuando se volvían de espaldas, en el mismo sitio en que el Arcipreste lucía la tonsura ostentaba su hermana un moñito de pelo gris, análogo al que gastan los toreros. Nucha, a quien el recibimiento del juez y el tocado de su señora habían puesto de buen humor, volvió a sonreír disimuladamente, sobre todo al notar los quidproquos de la conversación, producidos por la sordera de los dos respetables hermanos. No desmintiendo éstos la hospitalaria tradición campesina, hicieron pasar a los visitadores, quieras no quieras, al comedor, donde un mármol se hubiera reído también observando cómo la mesa del refresco, la misma en que comían a diario los dueños de casa, tenía dos escotaduras, una frente a otra, sin duda destinadas a alojar desahogadamente la rotundidad de un par de abdómenes gigantescos.

El regreso a los Pazos fue animado por comentarios y bromas acerca de las visitas: hasta Julián dio de mano a su formalidad y a su indulgencia acostumbrada para divertirse a cuenta de la mesa escotada y del almacén de quincalla que la señora jueza lucía en el pescuezo y seno. Pensaban con regocijo en que al día siguiente se les preparaba otra excursión del mismo género, sin duda igualmente divertida: tocábales ver a las señoritas de Molende y a los señores de Limioso.

Salieron de los Pazos tempranito, porque bien necesitaban toda la larga tarde de verano para cumplir el programa; y acaso no les alcanzaría, si no fuese porque a las señoritas de Molende no las encontraron en casa; una mocetona que pasaba cargada con un haz de hierba explicó difícilmente que las señoritas iban en la feria de Vilamorta, y sabe Dios cuándo volverían de allá. Le pesó a Nucha, porque las señoritas, que habían estado en los Pazos a verla, le agradaban, y eran los únicos rostros juveniles, las únicas personas en quienes encontraba reminiscencias de la cháchara alegre y del fresco pico de sus hermanas, a las cuales no podía olvidar. Dejaron un recado de atención a cargo de la mocetona y torcieron monte arriba, camino del Pazo de Limioso.

El camino era difícil y se retorcía en espiral alrededor de la montaña; a uno y otro lado, las cepas de viña, cargadas de follaje, se inclinaban sobre él como para borrarlo. En la cumbre amarilleaba a la luz del Sol poniente un edificio prolongado, con torre a la izquierda, y a la derecha un palomar derruido, sin techo ya. Era la señorial mansión de Limioso, un tiempo castillo roquero, nido de azor colgado en la escarpada umbría del montecillo solitario, tras del cual, en el horizonte, se alzaba la cúspide majestuosa del inaccesible Pico Leiro. No se conocía en todo el contorno, ni acaso en toda la provincia, casa infanzona más linajuda ni más vieja, y a cuyo nombre añadiesen los labriegos con acento más respetuoso el calificativo de Pazo, palacio, reservado a las moradas hidalgas.

Desde bastante cerca, el Pazo de Limioso parecía deshabitado, lo cual aumentaba la impresión melancólica que producía su desmantelado palomar. Por todas partes indicios de abandono y ruina: las ortigas obstruían la especie de plazoleta o patio de la casa; no faltaban vidrios en las vidrieras, por la razón plausible de que tales vidrieras no existían, y aun alguna madera, arrancada de sus goznes, pendía torcida, como un jirón en un traje usado. Hasta las rejas de la planta baja, devoradas de orín, subían las plantas parásitas, y festones de yedra seca y raquítica corrían por entre las junturas desquiciadas de las piedras. Estaba el portón abierto de par en par, como puerta de quien no teme a ladrones; pero al sonido mate de los cascos de las monturas en el piso herboso del patio, respondieron asmáticos ladridos y un mastín y dos perdigueros se abalanzaron contra los visitantes, desperdiciando por las fauces el poco brío que les quedaba, pues ninguno de aquellos bichos tenía más que un erizado pelaje sobre una armazón de huesos prontos a agujerearlo al menor descuido. El mastín no podía, literalmente, ejecutar el esfuerzo del ladrido: temblábanle las patas, y la lengua le salía de un palmo entre los dientes, amarillos y roídos por la edad. Apaciguáronse los perdigueros a la voz del señor de Ulloa, con quien habían cazado mil veces; no así el mastín, resuelto sin duda a morir en la demanda, y a quien solo acalló la aparición de su amo el señorito de Limioso.

¿Quién no conoce en la montaña al directo descendiente de los paladines y ricohombres gallegos, al infatigable cazador, al acérrimo tradicionalista? Ramonciño Limioso contaría a la sazón poco más de veintiséis años, pero ya sus bigotes, sus cejas, su cabello y sus facciones todas tenían una gravedad melancólica y dignidad algún tanto burlesca para quien por primera vez lo veía. Su entristecido arqueo de cejas le prestaba vaga semejanza con los retratos de Quevedo; su pescuezo, flaco, pedía a voces la golilla, y en vez de la vara que tenía en la mano, la imaginación le otorgaba una espada de cazoleta. Donde quiera que se encontrase aquel cuerpo larguirucho, aquel gabán raído, aquellos pantalones con rodilleras y tal cual remiendo, no se podía dudar que, con sus pobres trazas, Ramón Limioso era un verdadero señor desde sus principios —así decían los aldeanos— y no hecho a puñetazos, como otros.

Lo era hasta en el modo de ayudar a Nucha a bajarse de la borrica, en la naturalidad galante con que le ofreció no el brazo, sino, a la antigua usanza, dos dedos de la mano izquierda para que en ellos apoyase la palma de su diestra la señora de Ulloa. Y con el decoro propio de un paso de minueto, la pareja entró por el Pazo de Limioso adelante, subiendo la escalera exterior que conducía al claustro, no sin peligro de rodar por ella: tales estaban de carcomidos los venerables escalones. El tejado del claustro era un puro calado; veíanse, al través de las tejas y las vigas, innumerables retales de terciopelo azul celeste; la cría de las golondrinas piaba dulcemente en sus nidos, cobijados en el sitio más favorable, tras el blasón de los Limiosos, repetido en el capitel de cada pilar en tosca escultura —tres peces bogando en un lago, un león sosteniendo una cruz—. Fue peor cuando entraron en la antesala. Muchos años hacía que la polilla y la vetustez habían dado cuenta de la tablazón del piso; y no alcanzando, sin duda, los medios de los Limiosos a echar piso nuevo, se habían contentado con arrojar algunas tablas sueltas sobre los pontones y las vigas, y por tan peligroso camino cruzó tranquilamente el señorito, sin dejar de ofrecer los dedos a Nucha, y sin que ésta se atreviese a solicitar más firme apoyo. Cada tablón en que sentaban el pie se alzaba y blandía, descubriendo abajo la negra profundidad de la bodega, con sus cubas vestidas de telarañas. Atravesaron impávidos el abismo y penetraron en la sala, que al menos poseía un piso clavado, aunque en muchos sitios roto y en todos casi reducido a polvo sutil por el taladro de los insectos.

Nucha se quedó inmóvil de sorpresa. En un ángulo de la sala medio desaparecía bajo un gran acervo de trigo un mueble soberbio, un vargueño incrustado de concha y marfil; en las paredes, del betún de los cuadros viejos y ahumados se destacaba a lo mejor una pierna de santo martirizado, toda contraída, o el anca de un caballo, o una cabeza carrilluda de angelote; frente a la esquina del trigo, se alzaba un estrado revestido de cuero de Córdoba, que aún conservaba su rica coloración y sus oros intensos; ante el estrado, en semicírculo, magníficos sitiales esculados, con asiento de cuero también; y entre el trigo y el estrado, sentadas en tallos (asientos de tronco de roble bruto, como los que usan los labriegos más pobres), dos viejas secas, pálidas, derechas, vestidas de hábito del Carmen, ¡hilaban!

Jamás había creído la señora de Moscoso que vería hilar más que en las novelas o en los cuentos, a no ser a las aldeanas, y le produjo singular efecto el espectáculo de aquellas dos estatuas bizantinas, que tales parecían por su quietud y los rígidos pliegues de su ropa, manejando el huso y la rueca, y suspendiendo a un mismo tiempo la labor cuando ella entró. En nombre de las dos estatuas —que eran las tías paternas del señorito de Limioso— había visitado éste a Nucha; vivía también en el Pazo el padre, paralítico y encamado, pero a éste nadie le echaba la vista encima; su existencia era como un mito, una leyenda de la montaña. Las dos ancianas se irguieron y tendieron a Nucha los brazos con movimiento tan simultáneo que no supo a cuál de ellas atender, y a la vez y en las dos mejillas sintió un beso de hielo, un beso dado sin labios y acompañado del roce de una piel inerte. Sintió también que le asían las manos otras manos despojadas de carne, consuntas, amojamadas y momias; comprendió que la guiaban hacia el estrado, y que le ofrecían uno de los sitiales, y apenas se hubo sentado en él, conoció con terror que el asiento se desvencijaba, se hundía; que se largaba cada pedazo del sitial por su lado sin crujidos ni resistencia; y con el instinto de la mujer encinta, se puso de pie, dejando que la última prenda del esplendor de los Limiosos se derrumbase en el suelo para siempre...

Salieron del goteroso Pazo cuando ya anochecía, y sin que se lo comunicasen, sin que ellos mismos pudiesen acaso darse cuenta de ello, callaron todo el camino porque les oprimía la tristeza inexplicable de las cosas que se van.

XVI

Debía el sucesor de los Moscosos andar ya cerca de este mundo, porque Nucha cosía sin descanso prendas menudas semejantes a ropa de muñecas. A pesar de la asiduidad en la labor, no se desmejoraba, al contrario, parecía que cada pasito de la criatura hacia la luz del día era en beneficio de su madre. No podía decirse que Nucha hubiese engruesado, pero sus formas se llenaban, volviéndose suaves curvas lo que antes eran ángulos y planicies. Sus mejillas se sonroseaban, aunque le velaba frente y sienes esa ligera nube oscura conocida por paño. Su pelo negro parecía más brillante y copioso; sus ojos, menos vagos y más húmedos; su boca, más fresca y roja. Su voz se había timbrado con notas graves. En cuanto al natural aumento de su persona, no era mucho ni la afeaba, prestando solamente a su cuerpo la dulce pesadez que se nota en el de la Virgen en los cuadros que representan la Visitación. La colocación de sus manos, extendidas sobre el vientre como para protegerlo, completaba la analogía con las pinturas de tan tierno asunto.

Hay que reconocer que don Pedro se portaba bien con su esposa durante aquella temporada de expectación. Olvidando sus acostumbradas correrías por montes y riscos, la sacaba todas las tardes, sin faltar una, a dar paseítos higiénicos, que crecían gradualmente; y Nucha, apoyada en su brazo, recorría el valle en que los Pazos de Ulloa se esconden, sentándose en los murallones y en los ribazos al sentirse muy fatigada. Don Pedro atendía a satisfacer sus menores deseos: en ocasiones se mostraba hasta galante, trayéndole las flores silvestres que le llamaban la atención, o ramas de madroño y zarzamora cuajadas de fruto. Como a Nucha le causaban fuerte sacudimiento nervioso los tiros, no llevaba jamás el señorito su escopeta, y había prohibido expresamente a Primitivo cazar por allí. Parecía que la leñosa corteza se le iba cayendo, poco a poco, al marqués, y que su corazón bravío y egoísta se inmutaba, dejando asomar, como entre las grietas de la pared, florecillas parásitas, blandos afectos de esposo y padre. Si aquello no era el matrimonio cristiano soñado por el excelente capellán, viven los cielos que debía asemejársele mucho.

Julián bendecía a Dios todos los días. Su devoción había vuelto, no a renacer, pues no muriera nunca, pero sí a reavivarse y encenderse. A medida que se acercaba la hora crítica para Nucha, el capellán permanecía más tiempo de rodillas dando gracias al terminar la misa; prolongaba más las letanías y el rosario; ponía más alma y fervor en el cuotidiano rezo. Y no entran en la cuenta dos novenas devotísimas, una a la Virgen de agosto, otra a la Virgen de septiembre. Figurábasele este culto mariano muy adecuado a las circunstancias, por la convicción cada vez más firme de que Nucha era viva imagen de Nuestra señora, en cuanto una mujer concebida en pecado puede serlo.

Al oscurecer de una tarde de octubre estaba Julián sentado en el poyo de su ventana, engolfado en la lectura del P. Nieremberg. Sintió pasos precipitados en la escalera. Conoció el modo de pisar de don Pedro. El rostro del señor de Ulloa derramaba satisfacción.

—¿Hay novedades? —preguntó Julián soltando el libro.

—¡Ya lo creo! Nos hemos tenido que volver del paseo a escape.

—¿Y han ido a Cebre por el médico?

—Va allá Primitivo.

Julián torció el gesto.

—No hay que asustarse... Detrás de él van a salir ahora mismo otros dos propios. Quería ir yo en persona, pero Nucha dice que no se queda ahora sin mí.

—Lo mejor sería ir yo también por si acaso —exclamó Julián—. Aunque sea a pie y de noche...

Lanzó don Pedro una de sus terribles y mofadoras carcajadas.

—¡Usted! —clamó sin cesar de reír—. ¡Vaya una ocurrencia, don Julián!

El capellán bajó los ojos y frunció el rubio ceño. Sentía cierta vergüenza de su sotana, que le inutilizaba para prestar el menor servicio en tan apretado trance. Y al par que sacerdote era hombre, de modo que tampoco podía penetrar en la cámara donde se cumplía el misterio. Solo tenían derecho a ello dos varones: el esposo y el otro, el que Primitivo iba a buscar, el representante de la ciencia humana. Acongojóse el espíritu de Julián pensando en que el recato de Nucha iba a ser profanado, y su cuerpo puro tratado quizás como se trata a los cadáveres en la mesa de anatomía: como materia inerte, donde no se cobija ya un alma. Comprendió que se apocaba y afligía.

—Llámeme usted si para algo me necesita, señor marqués —murmuró con desmayada voz.

—Mil gracias, hombre... Venía únicamente a darle a usted la buena noticia.

Don Pedro volvió a bajar la escalera rápidamente silbando una riveirana, y el capellán, al pronto, se quedó inmóvil. Pasóse luego la mano por la frente, donde rezumaba un sudorcillo. Miró a la pared. Entre varias estampitas pendientes del muro y encuadradas en marcos de briche y lentejuelas, escogió dos: una de San Ramón Nonnato y otra de Nuestra señora de la Angustia, sosteniendo en el regazo a su Hijo muerto. Él la hubiera preferido de la Leche y Buen Parto, pero no la tenía, ni se había acordado mucho de tal advocación hasta aquel instante. Desembarazó la cómoda de los cachivaches que la obstruían y puso encima, de pie, las estampas. Abrió después el cajón, donde guardaba algunas velas de cera destinadas a la capilla; tomó un par, las acomodó en candeleros de latón, y armó su altarito. Así que la luz amarillenta de los cirios se reflejó en los adornos y cristal de los cuadros, el alma de Julián sintió consuelo inefable. Lleno de esperanza, el capellán se reprendió a sí mismo por haberse juzgado inútil en momentos semejantes. ¡Él inútil! Cabalmente le incumbía lo más importante y preciso, que es impetrar la protección del cielo. Y arrodillándose henchido de fe, dio principio a sus oraciones.

El tiempo corría sin interrumpirlas. De abajo no llegaba noticia alguna. A eso de las diez reconoció Julián que sus rodillas hormigueaban con insufrible hormigueo, que se apoderaba de sus miembros dolorosa lasitud, que se le desvanecía la cabeza. Hizo un esfuerzo y se incorporó tambaleándose. Una persona entró. Era Sabel, a quien el capellán miró con sorpresa, pues hacía bastante tiempo que no se presentaba allí.

—De parte del señorito, que baje a cenar.

—¿Ha venido su padre de usted? ¿Ha llegado el médico? —interrogó ansiosamente Julián, no atreviéndose a preguntar otra cosa.

—No, señor... De aquí a Cebre hay un bocadito.

En el comedor encontró Julián al marqués cenando con apetito formidable, como hombre a quien se le ha retrasado la pitanza dos horas más que de costumbre. Julián trató de imitar aquel sosiego, sentándose y extendiendo la servilleta.

—¿Y la señorita? —preguntó con afán.

—¡Pss!... Ya puede usted suponer que no muy a gusto.

—¿Necesitará algo mientras usted está aquí?

—No. Tiene allá a su doncella, la Filomena. Sabel también ayuda para cuanto se precise.

Julián no contestó. Sus reflexiones valían más para calladas que para dichas. Era una monstruosidad que Sabel asistiese a la legítima esposa; pero si no se le ocurría al marido, ¿quién tenía valor para insinuárselo? Por otra parte, Sabel, en realidad, no carecía de experiencia doméstica, ni dejaría de ser útil. Notó Julián que el marqués, a diferencia de algunas horas antes, parecía malhumorado e impaciente. Recelaba el capellán interrogarle. Determinóse al fin.

—¿Y... dará tiempo a que llegue el médico?

—¿Que si da tiempo? —respondió el señorito embaulando y mascando con colérica avidez—. ¡Como no lo dé de más! Estas señoritas finas son muy delicadas y difíciles para todo... Y cuando no hay un gran físico... Si fuese por el estilo de su hermana Rita...

Descargó un porrazo con el vaso en la mesa, y añadió sentenciosamente:

—Son una calamidad las mujeres de los pueblos... Hechas de alfeñique... Le aseguro a usted que tiene una debilidad, y una tendencia a las convulsiones y a los síncopes, que... ¡Melindres, diantre! ¡Melindres a que las acostumbran desde pequeñas!

Pegó otro trompis y se levantó, dejando solo en el comedor a Julián. No sabía éste qué hacer de su persona, y pensó que lo mejor era emprender de nuevo plática con los santos. Subió. Las velas seguían ardiendo, y el capellán volvió a arrodillarse. Las horas pasaban y pasaban, y no se oían más ruidos que el viento de la noche al gemir en los castaños, y el hondo sollozo del agua en la represa del cercano molino. Sentía Julián cosquilleo y agujetas en los muslos, frío en los huesos y pesadez en la cabeza. Dos o tres veces miró hacia su cama, y otras tantas el recuerdo de la pobrecita, que sufría allá abajo, le detuvo. Dábale vergüenza ceder a la tentación. Mas sus ojos se cerraban, su cabeza, ebria de sueño, caía sobre el pecho. Se tendió vestido, prometiéndose despabilarse al punto. Despertó cuando ya era de día.

Al encontrarse vestido, se acordó, y tratándose mentalmente de marmota y leño, pensó si ya estaría en el mundo el nuevo Moscoso. Bajó apresurado, frotándose los párpados, medio aturdido aún. En la antesala de la cocina se dio de manos a boca con Máximo Juncal, el médico de Cebre, con bufanda de lana gris arrollada al cuello, chaquetón de paño pardo, botas y espuelas.

—¿Llega usted ahora mismo? —preguntó asombrado el capellán.

—Sí, señor... Primitivo dice que estuvieron llamando anoche a mi puerta él y otros dos, pero que no les abrió nadie... Verdad que mi criada es algo sorda; mas con todo..., si llamasen como Dios manda... En fin, que hasta el amanecer no me llegó el aviso. De cualquier manera parece que vengo muy a tiempo todavía... Primeriza al fin y al cabo... Estas batallas acostumbran durar bastante... Allá voy a ver qué ocurre...

Precedido de don Pedro, echó a andar látigo en mano y resonándole las espuelas, de modo que la imagen bélica que acababa de emplear parecía exacta, y cualquiera le tomaría por el general que acude a decidir con su presencia y sus órdenes la victoria. Su continente resuelto infundía confianza. Reapareció a poco pidiendo una taza de café bien caliente, pues con la prisa de venir se encontraba en ayunas. Al señorito le sirvieron chocolate. Emitió el médico su dictamen facultativo: armarse de paciencia, porque el negocio iba largo.

Don Pedro, de humor algo fosco y con las facciones hinchadas por el insomnio, quiso a toda costa saber si había peligro.

—No, señor; no, señor —contestó Máximo desliendo el azúcar con la cucharilla y echando ron en el café—. Si se presentan dificultades, estamos aquí... Tú, Sabel: una copita pequeña.

En la copita pequeña escanció también ron, que paladeó mientras el café se enfriaba. El marqués le tendió la petaca llena.

—Muchas gracias... —pronunció el médico encendiendo un habano—. Por ahora estamos a ver venir. La señora es novicia, y no muy fuerte... A las mujeres se les da en las ciudades la educación más antihigiénica: corsé para volver angosto lo que debe ser vasto; encierro para producir la clorosis y la anemia; vida sedentaria, para ingurgitarlas y criar linfa a expensas de la sangre... Mil veces mejor preparadas están las aldeanas para el gran combate de la gestación y alumbramiento, que al cabo es la verdadera función femenina.

Siguió explanando su teoría, queriendo manifestar que no ignoraba las más recientes y osadas hipótesis científicas, alardeando de materialismo higiénico, ponderando mucho la acción bienhechora de la madre naturaleza. Veíase que era mozo inteligente, de bastante lectura y determinado a lidiar con las enfermedades ajenas; mas la amarillez biliosa de su rostro, la lividez y secura de sus delgados labios, no prometían salud robusta. Aquel fanático de la higiene no predicaba con el ejemplo. Asegurábase que tenía la culpa el ron y una panadera de Cebre, con salud para vender y regalar cuatro doctores higienistas.

Don Pedro chupaba también con ensañamiento su cigarro y rumiaba las palabras del médico, que por extraño caso, atendida la diferencia entre un pensamiento relleno de ciencia novísima y otro virgen hasta de lectura, conformaban en todo con su sentir. También el hidalgo rancio pensaba que la mujer debe ser principalmente muy apta para la propagación de la especie. Lo contrario le parecía un crimen. Acordábase mucho, mucho, con extraños remordimientos casi incestuosos, del robusto tronco de su cuñada Rita. También recordó el nacimiento de Perucho, un día que Sabel estaba amasando. Por cierto que la borona que amasaba no hubiera tenido tiempo de cocerse cuando el chiquillo berreaba ya diciendo a su modo que él era de Dios como los demás y necesitaba el sustento. Estas memorias le despertaron una idea muy importante.

—Diga, Máximo... ¿le parece que mi mujer podrá criar?

Máximo se echó a reír, saboreando el ron.

—No pedir gollerías, señor don Pedro... ¡Criar! Esa función augusta exige complexión muy vigorosa y predominio del temperamento sanguíneo... No puede criar la señora.

—Ella es la que se empeña en eso —dijo con despecho el marqués—; yo bien me figuré que era un disparate... por más que no creí a mi mujer tan endeble... En fin, ahora tratamos de que no nazca el niño para rabiar de hambre. ¿Tendré tiempo de ir a Castrodorna? La hija de Felipe el casero, aquella mocetona, ¿no sabe usted?...

—¿Pues no he de saber? ¡Gran vaca! Tiene usted ojo médico... Y está parida de dos meses. Lo que no sé es si los padres la dejarán venir. Creo que son gente honrada en su clase y no quieren divulgar lo de la hija.

—¡Música celestial! Si hace ascos la traigo arrastrando por la trenza... A mí no me levanta la voz un casero mío. ¿Hay tiempo o no de ir allá?

—Tiempo, sí. Ojalá acabásemos antes; pero no lleva trazas.

Cuando el señorito salió, Máximo se sirvió otra copa de ron y dijo en confianza al capellán:

—Si yo estuviese en el pellejo del Felipe... ya le quiero un recado a don Pedro. ¿Cuándo se convencerán estos señoritos de que un casero no es un esclavo? Así andan las cosas de

España: mucho de revolución, de libertad, de derechos individuales... ¡Y al fin, por todas partes la tiranía, el privilegio, el feudalismo! Porque, vamos a ver, ¿qué es esto sino reproducir los ominosos tiempos de la gleba y las iniquidades de la servidumbre? Que yo necesito tu hija, ¡zas!, pues contra tu voluntad te la cojo. Que me hace falta leche, una vaca humana, ¡zas!, si no quieres dar de mamar de grado a mi chiquillo, le darás por fuerza. Pero le estoy escandalizando a usted. Usted no piensa como yo, de seguro, en cuestiones sociales.

—No señor; no me escandalizo —contestó apaciblemente Julián—. Al contrario... Me dan ganas de reír porque me hace gracia verle a usted tan sofocado. Mire usted qué más querrá la hija de Felipe que servir de ama de cría en esta casa. Bien mantenida, bien regalada, sin trabajar... Figúrese.

—¿Y el albedrío? ¿Quiere usted coartar el albedrío, los derechos individuales? Supóngase que la muchacha se encuentre mejor avenida con su honrada pobreza que con todos esos beneficios y ventajas que usted dice... ¿No es un acto abusivo traerla aquí de la trenza, porque es hija de un casero? Naturalmente que a usted no se lo parece; claro está. Vistiéndose por la cabeza, no se puede pensar de otro modo; usted tiene que estar por el feudalismo y la teocracia. ¿Acerté? No me diga usted que no.

—Yo no tengo ideas políticas —aseveró Julián sosegadamente; y de pronto, como recordando, añadió:— ¿Y no sería bien dar una vuelta a ver cómo lo pasa la señorita?

—¡Pchs!... No hago por ahora gran falta allá, pero voy a ver. Que no se lleven la botella del ron, ¿eh? Hasta dentro de un instante.

Volvió en breve, e instalándose ante la copa mostró querer reanudar la conversación política, a la cual profesaba desmedida afición, prefiriendo, en su interior, que le contradijesen,

pues entonces se encendía y exaltaba, encontrando inesperados argumentos. Las violentas discusiones en que se llegaba
a vociferar y a injuriarse le esparcían la estancada bilis, y la
función digestiva y respiratoria se le activaba, produciéndole
gran bienestar. Disputaba por higiene: aquella gimnasia de
la laringe y del cerebro le desinfartaba el hígado.

—¿Con que usted no tiene ideas políticas? A otro perro
con ese hueso, padre Julián... Todos los pájaros de pluma
negra vuelan hacia atrás, no andemos con cuentos. Y si no, a
ver, hagamos la prueba: ¿qué piensa usted de la revolución?
¿Está usted conforme con la libertad de cultos? Aquí te quiero, escopeta. ¿Está usted de acuerdo con Suñer?

—¡Vaya unas cosas que tiene el señor don Máximo!
¿Cómo he de estar de acuerdo con Suñer? ¿No es ése que
dijo en el Congreso blasfemias horrorosas? ¡Dios le alumbre!

—Hable claro: ¿usted piensa como el abad de San Clemente de Boán? Ése dice que a Suñer y a los revolucionarios
no se les convence con razones, sino a trabucazo limpio y
palo seco. ¿Usted qué opina?

—Son dichos de acaloramiento... Un sacerdote es hombre
como todos y puede enfadarse en una disputa y echar vena-
blos por la boca.

—Ya lo creo; y por lo mismo que es hombre como todos
puede tener intereses bastardos, puede querer vivir holga-
zanamente explotando la tontería del prójimo, puede darse
buena vida con los capones y cabritos de los feligreses... No
me negará usted esto.

—Todos somos pecadores, don Máximo.

—Y aún puede hacer cosas peores, que... se sobrentien-
den..., ¿eh? No sofocarse.

—Sí, señor. Un sacerdote puede hacer todas las cosas malas del mundo. Si tuviésemos privilegio para no pecar, estábamos bien; nos habíamos salvado en el momento mismo de

la ordenación, que no era floja ganga. Cabalmente, la ordenación nos impone deberes más estrechos que a los demás cristianos, y es doblemente difícil que uno de nosotros sea bueno. Y para serlo del modo que requeriría el camino de perfección en que debemos entrar al ordenarnos de sacerdotes, se necesita, aparte de nuestros esfuerzos, que la gracia de Dios nos ayude. Ahí es nada.

Díjolo en tono tan sincero y sencillo, que el médico amainó por algunos instantes.

—Si todos fuesen como usted, don Julián...

—Yo soy el último, el peor. No se fíe usted en apariencias.

—¡Quiá! Los demás son buenas piezas, buenas..., y ni con la revolución hemos conseguido minarles el terreno... Le parecerá a usted mentira lo que amañaron estos días para dar gusto a ese bandido de Barbacana...

No hallándose en antecedentes, Julián guardaba silencio.

—Figúrese usted —refirió el médico— que Barbacana tiene a sus órdenes otro facineroso, un paisano de Castrodorna, conocido por el Tuerto, que va y viene a Portugal a salto de mata, porque una noche cosió a puñaladas a su mujer y al amante... Hace poco parece que le echó mano la justicia, pero Barbacana se empeñó en librarlo, y tanto sudaron él y los curas, que el hombre salió bajo fianza, y se pasea por ahí... De modo que, a pesar de los pesares, nos tiene usted como siempre, mandados por el infame Barbacana.

—Pero —objetó Julián— yo he oído que aquí, cuando no reina Barbacana, reina otro cacique peor, que le llaman Trampeta, por los enredos y diabluras que arma a los pobres paisanos chupándoles el tuétano... Con que por fas o por nefas.

—Eso... Eso tiene algo de verdad..., pero mire usted, al menos Trampeta no se propone levantar partidas... Con Barbacana es preciso concluir, pues corresponde con las juntas carlistas de la provincia para llevar el país a fuego y sangre... ¿Es usted partidario del niño Terso?

—Ya le dije que no tengo opiniones.

—Es que no le da la gana de disputar.

—Francamente, don Máximo, acierta usted. Estoy pendiente de esa pobre señorita... pensando en lo que puede sucederle. Y no entiendo de política...; no se ría usted..., no entiendo. Solo entiendo de decir misa; y el caso es que no la he dicho hoy todavía, y mientras no la diga no me desayuno, y el estómago se me va... Aplicaré la misa por la necesidad presente. Yo no puedo —añadió con cierta melancolía— prestarle a la señorita otro auxilio.

Marchóse, dejando al médico sorprendido de encontrar un cura que rehuía entrar en políticas discusiones, que por aquellos días reemplazaban a las teológicas en todas las sobremesas patronales, y celebró su misa con gran atención y minuciosidad en las ceremonias. El repique de la campanilla del acólito resonaba claro y argentino en la vetusta capilla vacía. Oíanse fuera gorjeos de pájaros en los árboles del huerto, lejano chirrido de carros que salían al trabajo, rumores campestres gratos, calmantes, bienhechores. Era la misa de San Ramón Nonnato, elegida para la circunstancia; y cuando el celebrante pronunció «ejus nobis intercessione concede, ut a peccatorum vinculis absoluti...», parecióle que las cadenas de dolor que ligaban a la pobre virgencita —que aún entonces se la representaba como tal el capellán— se rompían de golpe, dejándola libre, gozosa y radiante, con la más feliz maternidad.

Sin embargo, cuando regresó a la casa no había indicios de la susodicha ruptura de cadenas. En vez de las apresuradas idas y venidas de criados que siempre indican algún acontecimiento trascendental, notó una calma de mal agüero. El señorito no volvía: verdad es que Castrodorna distaba bastante de los Pazos. Fue preciso sentarse a la mesa sin él. El médico no intentó disputar más, porque a su vez empezaba a hallarse preocupado con la flema del heredero de los Moscosos. Hay que decir, en abono del discutidor higienista, que tomaba su profesión por lo serio, y la respetaba tanto como Julián la suya. Probábalo su misma manía de la higiene y su culto de la salud, culto infundido por librotes modernos que sustituyen al Dios del Sinaí con la diosa Higia. Para Máximo Juncal, inmoralidad era sinónimo de escrofulosis, y el deber se parecía bastante a una perfecta oxidación de los elementos asimilables. Disculpábase a sí propio ciertos extravíos, por tener un tanto obstruidas las vías hepáticas.

En aquel momento, el peligro de la señora de Moscoso despertaba su instinto de lucha contra los males positivos de la tierra: el dolor, la enfermedad, la muerte. Comió distraídamente, y solo bebió dos copas de ron. Julián apenas pasó bocado; preguntaba de tiempo en tiempo:

—¿Qué ocurrirá por allí, don Máximo?

Cesó de preguntar cuando el médico le hubo dado, a media voz, algunos detalles, empleando términos técnicos. La noche caía. Máximo apenas salía del cuarto de la paciente. Sintióse Julián tan triste y solo, que ya se disponía a subir y encender su altar, para disfrutar al menos la compañía de las velas y los cuadritos. Pero don Pedro entró impetuosamente, como una ráfaga de viento huracanado. Traía de la mano una muchachona color de tierra, un castillo de carne: el tipo clásico de la vaca humana.

XVII

Que Máximo Juncal, ya que es su oficio, reconozca detenidamente la cuenca del río lácteo de la poderosa bestiaza, conducida por el marqués de Ulloa, no sin asombro de las gentes, en el borrén delantero de la silla de su yegua, por no haber en Castrodorna otros medios de transporte, y no permitir la impaciencia de don Pedro que el ama viniese a pie. La yegua recordará toda la vida, con temblor general de su cuerpo, aquella jornada memorable en que tuvo que sufrir a la vez el peso del actual representante de los Moscosos y el de la nodriza del Moscoso futuro.

Cayéronsele a don Pedro las alas del corazón cuando vio que su heredero no había llegado todavía. En aquel momento le pareció que un suceso tan próximo no se verificaría jamás. Apuró a Sabel reclamando la cena, pues traía un hambre feroz. Sabel la sirvió en persona, por hallarse aquel día muy ocupada Filomena, la doncella, que acostumbraba atender al comedor. Estaba Sabel fresca y apetecible como nunca, y las floridas carnes de su arremangado brazo, el brillo cobrizo de las conchas de su pelo, la melosa ternura y sensualidad de sus ojos azules, parecían contrastar con la situación, con la mujer que sufría atroces tormentos, medio agonizando, a corta distancia de allí. Hacía tiempo que el marqués no veía de cerca a Sabel. Más que mirarla, se puede decir que la examinó despacio durante algunos minutos. Reparó que la moza no llevaba pendientes y que tenía una oreja rota; entonces recordó habérsela partido él mismo, al aplastar con la culata de su escopeta el zarcillo de filigrana, en un arrebato de brutales celos. La herida se había curado, pero la oreja tenía ahora dos lóbulos en vez de uno.

—¿No duerme nada la señorita? —preguntaba Julián al médico.

—A ratos, entre dolor y dolor... Precisamente me gusta a mí bien poco ese sopor en que cae. Esto no adelanta ni se gradúa, y lo peor es que pierde fuerzas. Cada vez se me pone más débil. Puede decirse que lleva cuarenta y ocho horas sin probar alimento, pues me confesó que antes de avisar a su marido, mucho antes, ya se sintió mal y no pudo comer... Esto de los sueñecitos no me hace tilín. Para mí, más que modorra, son verdaderos síncopes.

Don Pedro apoyaba con desaliento la cabeza en el cerrado puño.

—Estoy convencido —dijo enfáticamente— de que semejantes cosas solo les pasan a las señoritas educadas en el pueblo y con ciertas impertinencias y repulgos... Que les vengan a las mozas de por aquí con síncopes y desmayos... Se atizan al cuerpo media olla de vino y despachan esta faena cantando.

—No, señor, hay de todo... Las linfático-nerviosas se aplanan... Yo he tenido casos...

Explicó detenidamente varias lides, no muchas aún, porque empezaba a asistir, como quien dice. Él estaba por la expectativa: el mejor comadrón es el que más sabe aguardar. Sin embargo, se llega a un grado en que perder un segundo es perderlo todo. Al aseverar esto, paladeaba sorbos de ron.

—¿Sabel? —llamó de repente.

—¿Qué quiere, señorito Máximo? —contestó la moza con solicitud.

—¿Dónde me han puesto una caja que traje?

—En su cuarto, sobre la cama.

—¡Ah!, bueno.

Don Pedro miró al médico, comprendiendo de qué se trataba. No así Julián, que asustado por el hondo silencio que siguió al diálogo de Máximo y Sabel, interrogó indirectamente para saber qué encerraba la caja misteriosa.

—Instrumentos —declaró el médico secamente.

—¿Instrumentos..., para qué? —preguntó el capellán, sintiendo un sudor que le rezumaba por la raíz del cabello.

—Para operarla, ¡qué demonio! Si aquí se pudiese celebrar junta de médicos, yo dejaría quizás que la cosa marchase por sus pasos contados; pero recae sobre mí exclusivamente la responsabilidad de cuanto ocurra. No me he de cruzar de brazos, ni dejarme sorprender como un bolonio. Si al amanecer ha aumentado la postración y no veo yo síntomas claros de que esto se desenrede... hay que determinarse. Ya puede usted ir rezando al bendito San Ramón, señor capellán.

—¡Si por rezar fuese! —exclamó ingenuamente Julián—. ¡Apenas llevo rezado desde ayer!

De tan sencilla confesión tomó pie el médico para contar mil graciosas historietas, donde se mezclaban donosamente la devoción y la obstetricia y desempeñaba San Ramón papel muy principal. Refirió de su profesor en la clínica de Santiago, que al entrar en el cuarto de las parturientas y ver la estampa del santo con sus correspondientes candelicas, solía gritar furioso: «Señores, o sobro yo o sobra el santo... Porque si me desgracio me echarán la culpa, y si salimos bien dirán que fue milagro suyo...». Contó también algo bastante grotesco sobre rosas de Jericó, cintas de la Virgen de Tortosa, y otros piadosos talismanes usados en ocasiones críticas. Al fin cesó en su cháchara, porque le rendía el sueño, ayudado por el ron. A fin de no aletargarse del todo en la comodidad del lecho, tendióse en el banco del comedor, poniendo por almohada una cesta. El señorito, cruzando sobre la mesa ambos brazos, había dejado caer la frente sobre ellos y un silbido ahogado, preludio de ronquido, anunciaba que también le salteaba la gana de dormir. El alto reloj de pesas dio, con fatigado son, la medianoche.

Julián era el único despierto; sentía frío en las médulas y en los pómulos ardor de calentura. Subió a su cuarto, y empapando la toalla en agua fresca, se la aplicó a las sienes. Las velas del altar estaban consumidas; las renovó, y colocó una almohada en el suelo para arrodillarse en ella, pues lo más molesto siempre era el dichoso hormigueo. Y empezó a subir con buen ánimo la cuesta arriba de la oración. A veces desmayaba, y su cuerpo juvenil, envuelto en las nieblas grises del sueño, apetecía la limpia cama. Entonces cruzaba las manos, clavándose las uñas de una en el dorso de otra, para despabilarse. Quería rezar con devoción, tener conciencia de lo que pedía a Dios: no hablar de memoria. Sin embargo, desfallecía. Acordóse de la oración del Huerto y de aquella diferencia tan acertadamente establecida entre la decisión del espíritu y la de la carne. También recordó un pasaje bíblico: Moisés orando con los brazos levantados, porque, de bajarlos, sería vencido Israel. Entonces se le ocurrió realizar algo que le flotaba en la imaginación. Quitó la almohada, quedándose con las rótulas apoyadas en el santo suelo; alzó los ojos, buscando a Dios más allá de las estampas y de las vigas del techo; y abriendo los brazos en cruz, comenzó a orar fervorosamente en tal postura.

El ambiente se volvió glacial; una tenue claridad, más lívida y opaca que la de la Luna, asomó por detrás de la montaña. Dos o tres pájaros gorjearon en el huerto; el rumor de la presa del molino se hizo menos profundo y sollozante. La aurora, que solo tenía apoyado uno de sus rosados dedos en aquel rincón del orbe, se atrevió a alargar toda la manecita, y un resplandor alegre, puro, bañó las rocas pizarrosas, haciéndolas rebrillar cual bruñida plancha de acero, y entró en el cuarto del capellán, comiéndose la luz amarilla de los cirios. Mas Julián no veía el alba, no veía cosa ninguna... Es decir, sí veía esas luces que enciende en nuestro cerebro la alteración de la sangre, esas estrellitas violadas, verdosas, carmesíes, color de azufre, que vibran sin alumbrar; que percibimos confundidas con el zumbar de los oídos y el ruido de péndulo gigante de las arterias, próximas a romperse... Sentíase desvanecer y morir; sus labios no pronunciaban ya frases, sino un murmullo, que todavía conservaba tonillo de oración. En medio de su doloroso vértigo oyó una voz que le pareció resonante como toque de clarín... La voz decía algo. Julián entendió únicamente dos palabras:

—Una niña.

Quiso incorporarse, exhalando un gran suspiro, y lo hizo, ayudado por la persona que había entrado y no era otra sino Primitivo; pero apenas estuvo en pie, un atroz dolor en las articulaciones, una sensación de mazazo en el cráneo le echaron a tierra nuevamente. Desmayóse.

Abajo, Máximo Juncal se lavaba las manos en la palangana de peltre sostenida por Sabel. En su cara lucía el júbilo del triunfo mezclado con el sudor de la lucha, que corría a gotas medio congeladas ya por el frío del amanecer. El marqués se paseaba por la habitación ceñudo, contraído, hosco, con esa expresión torva y estúpida a la vez que da la falta de sueño a las personas vigorosas, muy sometidas a la ley de la materia.

—Ahora alegrarse, don Pedro —dijo el médico—. Lo peor está pasado. Se ha conseguido lo que usted tanto deseaba... ¿No quería usted que la criatura saliese toda viva y sin daño? Pues ahí la tenemos, sana y salva. Ha costado trabajillo..., pero al fin...

Encogióse despreciativamente de hombros el marqués, como amenguando el mérito del facultativo, y murmuró no sé qué entre dientes, prosiguiendo en su paseo de arriba abajo y de abajo arriba, con las manos metidas en los bolsillos, el pantalón tirante cual lo estaba el espíritu de su dueño.

—Es un angelito, como dicen las viejas —añadió maliciosamente Juncal, que parecía gozarse en la cólera del hidalgo—; solo que angelito hembra. A estas cosas hay que resignarse; no se inventó el modo de escribir al cielo encargando y explicando bien el sexo que se desea...

Otro espumarajo de rabia y grosería brotó de los labios de don Pedro. Juncal rompió a reír, secándose con la toalla.

—La mitad de la culpa por lo menos la tendrá usted, señor marqués —exclamó—. ¿Quiere usted hacerme favor de un cigarrito?

Al ofrecer la petaca abierta, don Pedro hizo una pregunta. Máximo recobró la seriedad para contestarla.

—Yo no he dicho tanto como eso... Me parece que no. Cierto que cuando las batallas son muy porfiadas y reñidas puede suceder que el combatiente quede inválido; pero la naturaleza, que es muy sabia, al someter a la mujer a tan rudas pruebas, le ofrece también las más impensadas reparaciones... Ahora no es ocasión de pensar en eso, sino en que la madre se restablezca y la chiquita se críe. Temo algún percance inmediato... Voy a ver... La señora se ha quedado tan abatida...

Entró Primitivo, y sin mostrar alteración ni susto dijo «que subiese don Máximo, que al capellán le había dado algo; que estaba como difunto».

—Vamos allá, hombre, vamos allá. Esto no estaba en el programa —murmuró Juncal.

—¡Qué trazas de mujercita tiene ese cura! ¡Qué poquito estuche! Lo que es éste no cogerá el trabuco, aunque lleguen a levantarse las partidas con que anda soñando el jabalí del abad de Boán.

XVIII

Largos días estuvo Nucha detenida ante esas lóbregas puertas que llaman de la muerte, con un pie en el umbral, como diciendo: «¿Entraré? ¿No entraré?». Empujábanla hacia dentro las horribles torturas físicas que habían sacudido sus nervios, la fiebre devoradora que trastornó su cerebro al invadir su pecho la ola de la leche inútil, el desconsuelo de no poder ofrecer a su niña aquel licor que la ahogaba, la extenuación de su ser del cual la vida huía gota a gota sin que atajarla fuese posible. Pero la solicitaban hacia fuera la juventud, el ansia de existir que estimula a todo organismo, la ciencia del gran higienista Juncal, y particularmente una manita pequeña, coloradilla, blanda, un puñito cerrado que asomaba entre los encajes de una chambra y los dobleces de un mantón.

El primer día que Julián pudo ver a la enferma, no hacía muchos que se levantaba, para tenderse, envuelta en mantas y abrigos, sobre vetusto y ancho canapé. No le era lícito incorporarse aún, y su cabeza reposaba en almohadones doblados al medio. Su rostro enflaquecido y exangüe amarilleaba como una faz de imagen de marfil, entre el marco del negro cabello reluciente. Bizcaba más, por habérsele debilitado mucho aquellos días el nervio óptico. Sonrió con dulzura al capellán, y le señaló una silla. Julián clavaba en ella esa mirada donde rebosaba la compasión, mirada delatora que en vano queremos sujetar y apagar cuando nos aproximamos a un enfermo grave.

—La encuentro a usted con muy buen semblante, señorita —dijo el capellán mintiendo como un bellaco.

—Pues usted —respondió ella lánguidamente— está algo desmejorado.

Confesó que, en efecto, no andaba bueno desde que...,
desde que se había acatarrado un poco. Le daba vergüenza
referir lo de la noche en vela, el desmayo, la fuerte impresión moral y física sufrida con tal motivo. Nucha empezó a
hablarle de algunas cosas indiferentes, y pasó sin transición
a preguntarle:

—¿Ha visto usted la pequeñita?

—Sí, señora... El día del bautizo. ¡Angelito! Lloró bien
cuando le pusieron la sal y cuando sintió el agua fría...

—¡Ah! Desde entonces ha crecido una cuarta lo menos y
se ha vuelto hermosísima. Y alzando la voz y esforzándose,
añadió:— ¡Ama, ama! Traiga la niña.

Oyéronse pasos como de estatua colosal que anda, y entró
la mocetona color de tierra, muy oronda con su vestido nuevo de merino azul ribeteado de negro terciopelo de tira, con
el cual se asemejaba a la gigantona tradicional de la catedral
de Santiago, llamada la Coca. A manera de pajarito posado
en grueso tronco, venía la inocente criatura recostada en el
magno seno que la nutría. Estaba dormida, y tenía la calma,
el dulce e insensible respirar que hace sagrado el sueño de los
niños. Julián no se cansaba de mirarla así.

—¡Santita de Dios! —murmuró apoyando los labios muy
quedamente en la gorra, por no atreverse a la frente.

—Cójala usted, Julián... Ya verá lo que pesa. Ama, déle
la niña...

No pesaba más que un ramo de flores, pero el capellán
juró y perjuró que parecía hecha de plomo. Aguardaba el
ama en pie, y él se había sentado con la chiquilla en brazos.

—Déjemela un poquito... —suplicó—. Ahora, mientras
duerme... No despertará de seguro en mucho tiempo.

—Ya la llamaré cuando haga falta. Ama, váyase.

La conversación giró sobre un tema muy socorrido y muy
del gusto de Nucha: las gracias de la pequeña... Tenía mu-

chísimas, sí señor, y el que lo dudase sería un gran majadero. Por ejemplo: abría los ojos con travesura incomparable; estornudaba con redomada picardía; apretaba con su manita el dedo de cualquiera, tan fuerte, que se requería el vigor de un Hércules para desasirse; y aún hacía otros donaires, mejores para callados que para archivados por la crónica. Al referirlos, el rostro exangüe de Nucha se animaba, sus ojos brillaban, y la risa dilató sus labios dos o tres veces. Mas de pronto se nubló su cara, hasta el punto de que entre las pestañas le bailaron lágrimas, a las cuales no dio salida.

—No me han dejado criarla, Julián... Manías del señor de Juncal, que aplica la higiene a todo, y vuelta con la higiene, y dale con la higiene... Me parece a mí que no iba a morirme por intentarlo dos meses, dos meses nada más. Puede que me encontrase mejor de lo que estoy, y no tuviese que pasar un siglo clavada en este sofá, con el cuerpo sujeto y la imaginación loca y suelta por esos mundos de Dios... Porque así, no gozo descanso: siempre se me figura que el ama me ahoga la niña, o me la deja caer. Ahora estoy contenta, teniéndola aquí cerquita.

Sonrió a la chiquilla dormida, y añadió:

—¿No le encuentra usted parecido...?

—¿Con usted?

—¡Con su padre!... Es todito él en el corte de la frente...

No manifestó el capellán su opinión. Mudó de asunto y continuó aquel día y los siguientes cumpliendo la obra de caridad de visitar al enfermo. En la lenta convalecencia y total soledad de Nucha, falta le hacía que alguien se consagrase a tan piadoso oficio. Máximo Juncal venía un día sí y otro no; pero casi siempre de prisa, porque iba teniendo extensa clientela: le llamaban hasta de Vilamorta. El médico hablaba de política exhalando un aliento de vaho de ron, tratando de pinchar y amoscar a Julián; y, en realidad, si Julián fuese capaz de amostazarse, habría de qué con las noticias que traía Máximo. Todo eran iglesias derribadas, escándalos antirreligiosos, capillitas protestantes establecidas aquí o acullá, libertades de enseñanza, de cultos, de esto y de lo otro... Julián se limitaba a deplorar tamaños excesos, y a desear que las cosas se arreglasen, lo cual no daba tela a Máximo para armar una de sus trifulcas favoritas, tan provechosas al esparcimiento de su bilis y tan fecundas en peripecias cuando tropezaba con curas ternes y carlistas, como el de Boán o el Arcipreste.

Mientras el belicoso médico no venía, todo era paz y sosiego en la habitación de la enferma. Únicamente lo turbaba el llanto, prontamente acallado, de la niña. El capellán leía el Año cristiano en alta voz, y poblábase el ambiente de historias con sabor novelesco y poético: «Cecilia, hermosísima joven e ilustre dama romana, consagró su cuerpo a Jesucristo; desposáronla sus padres con un caballero llamado Valeriano y se efectuó la boda con muchas fiestas, regocijos y bailes... Solo el corazón de Cecilia estaba triste...». Seguía el relato de la mística noche nupcial, de la conversión de Valeriano, del ángel que velaba a Cecilia para guardar su pureza, con el desenlace glorioso y épico del martirio. Otras veces era un soldado, como San Menna; un obispo, como San Severo... La narración, detallada y dramática, refería el interrogatorio del juez, las respuestas briosas y libres de los mártires, los tormentos, la flagelación con nervios de buey, el ecúleo, las uñas de hierro, las hachas encendidas aplicadas al costado... «Y el caballero de Cristo estaba con un corazón esforzado y quieto, con semblante sereno, con una boca llena de risa (como si no fuera él sino otro el que padecía), haciendo burla de sus tormentos y pidiendo que se los acrecentasen...». Tales lecturas eran de fantástico efecto, particularmente al caer de las adustas tardes invernales, cuando la hoja seca de los árboles se arremolinaba danzando, y las nubes densas y algodonáceas pasaban lentamente ante los cristales de la ventana profunda. Allá a lo lejos se oía el perpetuo sollozo de la represa, y chirriaban los carros cargados de tallos de maíz o ramaje de pino. Nucha escuchaba con atención, apoyada la barba en la mano. De tiempo en tiempo su seno se alzaba para suspirar.

No era la primera vez que observaba Julián, desde el parto, gran tristeza en la señorita. El capellán había recibido una carta de su madre que encerraba quizás la clave de los disgustos de Nucha. Parece que la señorita Rita había engatusado de tal manera a la tía vieja de Orense, que ésta la dejaba por heredera universal, desheredando a su ahijada. Además, la señorita Carmen estaba cada día más chocha por su estudiante, y se creía en el pueblo que, si don Manuel Pardo negaba el consentimiento, la chica saldría depositada. También pasaban cosas terribles con la señorita Manolita: don Víctor de la Formoseda la plantaba por una artesana, sobrina de un canónigo. En fin, misia Rosario pedía a Dios paciencia para tantas tribulaciones (las de la casa de Pardo eran para misia Rosario como propias). Si todo esto había llegado a oídos de Nucha por conducto de su marido o de su padre, no tenía nada de extraño que suspirase así. Por otra parte, ¡el decaimiento físico era tan visible! Ya no se parecía Nucha a más Virgen que a la demacrada imagen de la Soledad. Juncal la pulsaba atentamente, le ordenaba alimentos muy nutritivos, la miraba con alarmante insistencia.

Atendiendo a la niña, Nucha se reanimaba. Cuidábala con febril actividad. Todo se lo quería hacer ella, sin ceder al ama más que la parte material de la cría. El ama, decía ella, era un tonel lleno de leche que estaba allí para aplicarle la espita cuando fuese necesario y soltar el chorro: ni más ni menos. La comparación del tonel es exactísima: el ama tenía hechura, color e inteligencia de tonel. Poseía también, como los toneles, un vientre magno. Daba gozo verla comer, mejor dicho, engullir: en la cocina, Sabel se entretenía en llenarle el plato o la taza a reverter, en ponerle delante medio pan, cebándola igual que a los pavos. Con semejante mostrenco Sabel se la echaba de principesa, modelo de delicados gustos y selectas aficiones. Como todo es relativo en el mundo, para la gente de escalera abajo de la casa solariega el ama representaba un salvaje muy gracioso y ridículo, y se reían tanto más con sus patochadas cuanto más fácilmente podían incurrir ellos en otras mayores. Realmente era el ama objeto curioso, no solo para los payos, sino por distintas razones, para un etnógrafo investigador. Máximo Juncal refirió a Julián pormenores interesantes. En el valle donde se asienta la parroquia de que el ama procedía —valle situado en los últimos confines de Galicia, lindando con Portugal— las mujeres se distinguen por sus condiciones físicas y modo de vivir: son una especie de amazonas, resto de las guerreras galaicas de que hablan los geógrafos latinos; que si hoy no pueden hacer la guerra sino a sus maridos, destripan terrones con la misma furia que antes combatían; andan medio en cueros, luciendo sus fornidas y recias carnazas; aran, cavan, siegan, cargan carros de rama y esquilmo, soportan en sus hombros de cariátide enormes pesos y viven, ya que no sin obra, por lo menos sin auxilio de varón, pues los del valle suelen emigrar a Lisboa en busca de colocaciones desde los catorce años, volviendo solo al país un par de meses, para casarse y propagar la raza, y huyendo apenas cumplido su oficio de machos de colmena. A veces, en Portugal, reciben nuevas de infidelidades conyugales, y, pasando la frontera una noche, acuchillan a los amantes dormidos: éste fue el crimen del Tuerto protegido por Barbacana, cuya historia había contado también Juncal. No obstante, las hembras de Castrodorna suelen ser tan honestas como selváticas. El ama no desmentía su raza por la anchura desmesurada de las caderas y redondez de los rudos miembros. Costó un triunfo a Nucha vestirla racionalmente, y hacerle trocar la corta saya de bayeta verde, que no le cubría la desnuda pantorrilla, por otra más cumplida y decorosa, consintiéndole únicamente el justillo, prenda clásica de ama de cría, que deja rebosar las repletas ubres, y los característicos pendientes de enorme argolla, el torquis romano conservado desde tiempo inmemorial en el valle. Fue una lid obligarle a poner los zapatos a diario, porque todas sus congéneres los reservan para las fiestas repicadas; fue una penitencia enseñarle el nombre y uso de cada objeto, aún de los más sencillos y corrientes; fue pensar en lo excusado convencerla de que la niña que criaba era un ser delicado y frágil, que no se podía traer mal envuelto en retales de bayeta grana, dentro de una banasta mullida de helechos, y dejarse a la sombra de un roble, a merced del viento, del Sol y de la lluvia, como los recién nacidos del valle de Castrodorna; y Máximo Juncal, que aunque gran apologista de los artificios higiénicos lo era también de las milagrosas virtudes de la naturaleza, hallaba alguna dificultad en conciliar ambos extremos, y salía del paso apelando a su lectura más reciente, El origen de las especies, por Darwin, y aplicando ciertas leyes de adaptación al medio, herencia, etcétera, que le permitían afirmar que el método del ama, si no hacía reventar como un triquitraque a la criatura, la fortalecería admirablemente.

Por si acaso, Nucha no se atrevió a intentar la prueba, y dedicóse a cuidar en persona su tesoro, llevando la existencia atareada y minuciosa de las madres, en la cual es un acontecimiento que estén ahumadas las sopas, y un fracaso que se apague el brasero. Ella lavaba a su hijita, la vestía, la fajaba, la velaba dormida y la entretenía despierta. La vida corría monótona, ocupadísima, sin embargo. El bueno de Julián, testigo de estas faenas, iba enterándose poco a poco de los para él arcanos misteriosos del aseo y tocado de una criatura, llegando a familiarizarse con los múltiples objetos que componen el complicado ajuar de los recienes: gorras, ombligueros, culeros, pañales, fajas, microscópicos zapatos de crochet, capillos y baberos. Tales prendas, blanquísimas, adornadas con bordados y encajes, zahumadas con espliego, templaditas al sano calor de la camilla —calor doméstico si los hay— las tenía el capellán muchas veces en el regazo, mientras la madre, con la niña tendida boca abajo sobre su delantal de hule, pasaba y repasaba la esponja por las carnes de tafetán, escocidas y medio desolladas por la excesiva finura de su tierna epidermis, las rociaba con refrescantes polvos de almidón y, apretando las nalgas con los dedos para que hiciesen hoyos, se las mostraba a Julián exclamando con júbilo:

—¡Mire usted qué monada..., qué llenita se va poniendo!

En materia de desnudeces infantiles, Julián no era voto, pues solo conocía las de los angelotes de los retablos; pero cavilaba para sus adentros que, a pesar de haber el pecado original corrompido toda carne, aquélla que le estaban enseñando era la cosa más pura y santa del mundo: un lirio, una azucena de candor. La cabezuela blanda, cubierta de lanúgine rubia y suave por cima de las costras de la leche, tenía el olor especial que se nota en los nidos de paloma, donde hay pichones implumes todavía; y las manitas, cuyo pellejo rellenaba ya suave grasa, y cuyos dedos se redondeaban como los del niño Dios cuando bendice; la faz, esculpida en cera color rosa; la boca, desdentada y húmeda como coral pálido recién salido del mar; los piececillos, encendidos por el talón a fuerza de agitarse en gracioso pataleo, eran otras tantas menudencias provocadoras de ese sentimiento mixto que despiertan los niños muy pequeños hasta en el alma más empedernida: sentimiento complejo y humorístico, en que entra la compasión, la abnegación, un poco de respeto y un mucho de dulce burla, sin hiel de sátira.

En Nucha, el espectáculo producía las hondas impresiones de la Luna de miel maternal, exaltadas por un temperamento nervioso y una sensibilidad ya enfermiza. A aquel bollo blando, que aún parecía conservar la inconsistencia del gelatinoso protoplasma, que aún no tenía conciencia de sí propio ni vivía más que para la sensación, la madre le atribuía sentido y presciencia, le insuflaba en locos besos su alma propia, y, en su concepto, la chiquilla lo entendía todo y sabía y ejecutaba mil cosas oportunísimas, y hasta se mofaba discretamente, a su manera, de los dichos y hechos del ama. «Delirios impuestos por la naturaleza con muy sabios fines», explicaba Juncal. ¡Qué fue el primer día en que una sonrisa borró la grave y cómica seriedad de la diminuta cara y entreabrió con celeste expresión el estrecho filete de los labios! No era posible dejar de recordar el tan traído como llevado símil de la luz de la aurora disipando las tinieblas. La madre pensó chochear de alegría.

—¡Otra vez, otra vez! —exclamaba—. ¡Encanto, cielo, cielito, monadita mía, ríete, ríete!

Por entonces la sonrisa no se dignó presentarse más. La zopenca del ama negaba el hecho, cosa que enfurecía a la madre. Al otro día cupo a Julián la honra de encender la efímera lucecilla de la inteligencia naciente en la criatura, paseándole no sé qué baratijas relucientes delante de los ojos. Julián iba perdiendo el miedo a la nena, que al principio creía fácil de deshacer entre los dedos como merengue; y mientras la madre enrollaba la faja o calentaba el pañal, solía tenerla en el regazo.

—Más me fío en usted que en el ama —decíale Nucha confidencialmente, desahogando unos secretos celos maternales—. El ama es incapaz de sacramentos... Figúrese usted que para hacerse la raya al peinarse apoya el peine en la barbilla y lo va subiendo por la boca y la nariz hasta que acierta con la mitad de la frente; de otro modo no sabe... Me he empeñado en que no coma con los dedos, y ¿qué conseguí? Ahora come la carne asada con cuchara... Es un entremés, Julián. Cualquier día me estropea la chiquilla.

El capellán perfeccionaba sus nociones del arte de tener un chico en brazos sin que llore ni rabie. Consolidó su amistad con la pequeñuela un suceso que casi debería pasarse en silencio: cierto húmedo calorcillo que un día sintió Julián penetrar al través de los pantalones... ¡Qué acontecimiento! Nucha y él lo celebraron con algazara y risa, como si fuese lo más entretenido y chusco. Julián brincaba de contento y se cogía la cintura, que le dolía con tantas carcajadas. La madre le ofreció su delantal de hule, que él rehusó; ya tenía un pantalón viejo, destinado a perecer en la demanda, y por nada del mundo renunciaría a sentir aquella onda tibia... Su contacto derretía no sé qué nieve de austeridad, cuajada sobre un corazón afeminado y virgen allá desde los tiempos del seminario, desde que se había propuesto renunciar a toda familia y todo hogar en la tierra entrando en el sacerdocio; y al par encendía en él misterioso fuego, ternura humana, expansiva y dulce; el presbítero empezaba a querer a la niña con ceguera, a figurarse que, si la viese morir, se moriría él también, y otros muchos dislates por el estilo, que cohonestaba con la idea de que, al fin, la chiquita era un ángel. No se cansaba de admirarla, de devorarla con los ojos, de considerar sus pupilas líquidas y misteriosas, como anegadas en leche, en cuyo fondo parecía reposar la serenidad misma.

Una penosa idea le acudía de vez en cuando. Acordábase de que había soñado con instituir en aquella casa el matrimonio cristiano cortado por el patrón de la Sacra Familia. Pues bien, el santo grupo estaba disuelto: allí faltaba San José o lo sustituía un clérigo, que era peor. No se veía al marqués casi nunca; desde el nacimiento de la niña, en vez de mostrarse más casero y sociable, volvía a las andadas, a su vida de cacerías, de excursiones a casa de los abades e hidalgos que poseían buenos perros y gustaban del monte, a los cazaderos lejanos. Pasábase a veces una semana fuera de los Pazos de Ulloa. Su hablar era más áspero, su genio, más egoísta e impaciente, sus deseos y órdenes se expresaban en forma más dura. Y aún notaba Julián más alarmantes indicios. Le inquietaba ver que Sabel recibía otra vez su antigua corte de sultana favorita, y que la Sabia y su progenie, con todas las parleras comadres y astrosos mendigos de la parroquia, pululaban allí, huyendo a escape cuando él se acercaba, llevando en el seno o bajo el mandil bultos sospechosos. Perucho ya no se ocultaba, antes se le encontraba por todas partes enredado en los pies, y, en suma, las cosas iban tornando al ser y estado que tuvieron antes.

Trataba el bueno del capellán de comulgarse a sí propio con ruedas de molino, diciéndose que aquello no significaba nada; pero la maldita casualidad se empeñó en abrirle los ojos cuando no quisiera. Una mañana que madrugó más de lo acostumbrado para decir su misa, resolvió advertir a Sabel que le tuviese dispuesto el chocolate dentro de media hora. Inútilmente llamó a su cuarto, situado cerca de la torre en que Julián dormía. Bajó con esperanzas de encontrarla en la cocina, y al pasar ante la puerta del gran despacho próximo al archivo, donde se había instalado don Pedro desde el nacimiento de su hija, vio salir de allí a la moza, en descuidado traje y soñolienta. Las reglas psicológicas aplicables a las conciencias culpadas exigían que Sabel se turbase: quien se turbó fue Julián. No solo se turbó, pero subió de nuevo a su dormitorio, notando una sensación extraña, como si le hubiesen descargado un fuerte golpe en las piernas quebrándoselas. Al entrar en su habitación, pensaba esto o algo análogo:

«Vamos a ver, ¿quién es el guapo que dice misa hoy?».

XIX

No, ese guapo no era él. ¡Buena misa sería la que dijese, con la cabeza hecha una olla de grillos! Hasta reprimir los amotinados pensamientos que le acuciaban, hasta adoptar una resolución firme y valedera, Julián no se atrevía ni a pensar en el santo sacrificio.

La cosa era bien clara. Situación: la misma del año penúltimo. Tenía que marcharse de aquella casa echado por el feo vicio, por el delito infame. No le era lícito permanecer allí ni un instante más. Salvo el debido respeto, se había llevado la trampa el matrimonio cristiano, en cierto modo obra suya, y ya no quedaba rastro de hogar, sino una sentina de corrupción y pecado. A otra parte, pues, con la música.

Solo que... Vaya, hay cosas más fáciles de pensar que de hacer en este mundo. Todo era una montaña: encontrar pretexto, despedirse, preparar el equipaje... La primera vez que pensó en irse de allí ya le costaba algún esfuerzo; hoy, la idea sola de marchar le producía el mismo efecto que si le echasen sobre el alma un paño mojado en agua fría. ¿Por qué le disgustaba tanto la perspectiva de salir de los Pazos? Bien mirado, él era un extraño en aquella casa.

Es decir, eso de extraño... Extraño no, pues vivía unido espiritualmente a la familia por el respeto, por la adhesión, por la costumbre. Sobre todo, la niña, la niña. El acordarse de la niña le dejó como embobado. No podía explicarse a sí mismo el gran sacudimiento interior que le causaba pensar que no volvería a cogerla en brazos. ¡Mire usted que estaba encariñado con la tal muñeca! Se le llenaron de lágrimas los ojos.

«Bien decían en el Seminario —murmuró con despecho— que soy muy apocado y muy... así..., como las mujeres, que por todo se afectan. ¡Vaya un sacerdote ordenado de misa! Si tengo tal afición a chiquillos, no debí abrazar la carrera que abracé. No, no; esto que voy diciendo es un desatino mayor todavía... Si me gustan los chiquillos y tengo vocación de ayo o niñero, ¿quién me priva de cuidar a los que andan descalzos por las carreteras, pidiendo limosna? Son hijos de Dios lo mismo que esta pobre pequeña de aquí... Hice mal, muy mal en tomarle tanta afición... Pero es que solo un perro, ¡qué!, ni un perro...: solo una fiera puede besar a un angelito y no quererlo bien».

Resumiendo después sus cavilaciones, añadió para sí:

«Soy un majadero, un Juan Lanas. No sé a qué he venido aquí la vez segunda. No debí volver. Estaba visto que el señorito tenía que parar en esto. Mi poca energía tiene la culpa. Con riesgo de la vida debí barrer esa canalla, si no por buenas, a latigazos. Pero yo no tengo agallas, como dice muy bien el señorito, y ellos pueden y saben más que yo, a pesar de ser unos brutos. Me han engañado, me han embaucado, no he puesto en la calle a esa moza desvergonzada, se han reído de mí y ha triunfado el infierno».

Mientras sostenía este monólogo, iba sacando de un cajón de la cómoda prendas de ropa blanca, a fin de hacer su equipaje, pues como todas las personas irresolutas, solía precipitarse en los primeros momentos y adoptar medidas que le ayudaban a engañarse a sí propio. Al paso que rellenaba la maleta, razonaba para consigo:

«¿Señor, Señor, por qué ha de haber tanta maldad y tanta estupidez en la tierra? ¿Por qué el hombre ha de dejar que lo pesque el diablo con tan tosco anzuelo y cebo tan ruin? (diciendo esto alineaba en el baúl calcetines). Poseyendo la perla de las mujeres, el verdadero trasunto de la mujer fuerte, una esposa castísima (este superlativo se le ocurrió al doblar cuidadosamente la sotana nueva), ¡ir a caer precisamente con una vil mozuela, una sirviente, una fregona, una desvergonzada que se va a picos pardos con el primer labriego que encuentra!».

Llegaba aquí del soliloquio cuando trataba sin éxito de acomodar el sombrero de canal de modo que la cubierta de la maleta no lo abollase.

El ruido que hizo la tapa al descender, el gemido armonioso del cuero, parecióle una voz irónica que le respondía:

«Por eso, por eso mismo».

«¡Será posible! —murmuró el bueno del capellán—. ¡Será posible que la abyección, que la indignidad, que la inmundicia misma del pecado atraiga, estimule, sea un aperitivo, como las guindillas rabiosas, para el paladar estragado de los esclavos del vicio! Y que en esto caigan, no personas de poco más o menos, sino señores de nacimiento, de rango, señores que...».

Detúvose y, reflexivo, contó un montículo de pañuelos de narices que sobre la cómoda reposaba.

«Cuatro, seis, siete... Pues yo tenía una docena, todos marcados... Pierden aquí la ropa bastante...».

Volvió a contar.

«Seis, siete... Y uno en el bolsillo, ocho... Puede que haya otro en la lavandera...».

Dejólos caer de golpe. Acababa de recordar que uno de aquellos pañuelos se lo había atado él a la niñita debajo de la barba, para impedir que la baba le rozase el cuello. Suspiró hondamente, y abriendo otra vez el maletín, notó que la seda del sombrero de canal se estropeaba con la tapa. «No cabe», pensó, y parecióle enorme dificultad para su viaje no poder acomodar la canaleja. Miró el reloj: señalaba las diez. A las diez o poco más comía la chiquita su sopa y era la risa del mundo verla con el hocico embadurnado de puches, empeñada en coger la cuchara y sin acertar a lograrlo. ¡Estaría tan mona! Resolvió bajar; al día siguiente le sería fácil colocar mejor su sombrero y resolver la marcha. Por veinticuatro horas más o menos...

Este medicamento emoliente de la espera equivale, para la mayor parte de los caracteres, a infalible específico. No hay que vituperar su empleo, en atención a lo que consuela: en rigor, la vida es serie de aplazamientos, y solo hay un desenlace definitivo, el último. Así que Julián concibió la luminosa idea de aguardar un poco, sintióse tranquilo; aun más: contento. No era su carácter muy jovial, propendiendo a una especie de morosidad soñadora y mórbida, como la de las doncellas anémicas; pero en aquel punto respiraba con tal desahogo por haber encontrado una solución, que sus manos temblaban, deshaciendo con alegre presteza el embutido de calcetines y ropa blanca y dando amable libertad al canal y manteo. Después se lanzó por las escaleras, dirigiéndose a la habitación de Nucha.

Nada aconteció aquel día que lo diferenciase de los demás, pues allí la única variante solía ser el mayor o menor número de veces que mamaba la chiquitina, o la cantidad de pañales puestos a secar. Sin embargo, en tan pacífico interior veía el capellán desarrollarse un drama mudo y terrible. Ya se explicaba perfectamente las melancolías, los suspiros ahogados de Nucha. Y mirándole a la cara y viéndola tan consumida, con la piel terrosa, los ojos mayores y más vagos, la hermosa boca contraída siempre, menos cuando sonreía a su hija, calculaba que la señorita, por fuerza, debía saberlo todo, y una lástima profunda le inundaba el alma. Reprendióse a sí mismo por haber pensado siquiera en marcharse. Si la señorita necesitaba un amigo, un defensor, ¿en quién lo encontraría más que en él? Y lo necesitaría de fijo.

La misma noche, antes de acostarse, presenció el capellán una escena extraña, que le sepultó en mayores confusiones. Como se le hubiese acabado el aceite a su velón de tres mecheros y no pudiese rezar ni leer, bajó a la cocina en demanda de combustible. Halló muy concurrido el sarao de Sabel. En los bancos que rodeaban el fuego no cabía más gente: mozas que hilaban, otras que mondaban patatas, oyendo las chuscadas y chocarrerías del tío Pepe de Naya, vejete que era un puro costal de malicias, y que, viniendo a moler un saco de trigo al molino de Ulloa, donde pensaba pasar la noche, no encontraba malo refocilarse en los Pazos con el cuenco de caldo de unto y tajadas de cerdo que la hospitalaria Sabel le ofrecía. Mientras él pagaba el escote contando chascarrillos, en la gran mesa de la cocina, que desde el casamiento de don Pedro no usaban los amos, se veían, no lejos de la turbia luz de aceite, relieves de un festín más suculento: restos de carne en platos engrasados, una botella de vino descorchada, una media tetilla, todo amontonado en un rincón, como barrido despreciativamente por el hartazgo; y en el espacio libre de la mesa, tendidos en hilera, había hasta doce naipes, que si no recortados en forma ovada por exceso de uso, como aquellos de que se sirvieron Rinconete y Cortadillo, no les cedían en lo pringosos y sucios. En pie, delante de ellos, la señora María la Sabia, extendiendo el dedo negro y nudoso cual seca rama de árbol, los consultaba con ademán reflexivo. Encorvada la horrenda sibila, alumbrada por el vivo fuego del hogar y la luz de la lámpara, ponía miedo su estoposa pelambrera, su catadura de bruja en aquelarre, más monstruosa por el bocio enorme, ya que le desfiguraba el cuello y remedaba un segundo rostro, rostro de visión infernal, sin ojos ni labios, liso y reluciente a modo de manzana cocida. Julián se detuvo en lo alto de la escalera, contemplando las prácticas supersticiosas, que se interrumpirían de seguro si sus zapatillas hiciesen ruido y delatasen su presencia.

Si él conociese a fondo la tenebrosísima y aún no desacreditada ciencia de la cartomancia, ¡cuánto más interesante le parecería el espectáculo! Entonces podría ver reunidos allí, como en el reparto de un drama, los personajes todos que jugaban en su vida y ocupaban su imaginación. Aquel rey de bastos, con hopalanda azul ribeteada de colorado, los pies simétricamente dispuestos, la gran maza verde al hombro, se le figuraría bastante temible si supiese que representaba un hombre moreno casado —don Pedro—. La sota del mismo palo se le antojaría menos fea si comprendiese que era símbolo de una señorita morena también —Nucha—. A la de copas le daría un puntapié por insolente y borracha, atendido que personificaba a Sabel, una moza rubia y soltera. Lo más grave sería verse a sí mismo —un joven rubio— significado por el caballo de copas, azul por más señas, aunque ya todos estos colorines los había borrado la mugre.

¡Pues qué sucedería si después, cuando la vieja barajó los naipes y, repartiéndolos en cuatro montones, empezó a interpretar su sentido fatídico, pudiese él oír distintamente todas las palabras que salían del antro espantable de su boca! Había allí concordancias de la sota de bastos con el ocho de copas, que anunciaban nada menos que amores secretos de mucha duración; apariciones del ocho de bastos, que vaticinaban riñas entre cónyuges; reuniones de la sota de espadas con la de copas patas arriba, que encerraban tétricos augurios de viudez por muerte de la esposa. A bien que el cinco del mismo palo profetizaba después unión feliz. Todo esto, dicho por la sibila en voz baja y cavernosa, lo escuchaba solamente la bella fregatriz Sabel, que con los brazos cruzados tras la espalda, el color arrebatado, se inclinaba sobre el oráculo, que más parecía provocarla a curiosidad que a regocijo. La jarana con que en el hogar se celebraban los chistes del señor Pepe impedía que nadie atendiese al silabeo de la vieja. Merced a la situación de la escalera, dominaba Julián la mesa, trípode y ara del temeroso rito, y sin ser visto podía ver y entreoír algo. Escuchaba, tratando de entender mejor lo que solo confusamente percibía, y como al hacerlo cargase sobre el barandal de la escalera, éste crujió levemente, y la bruja alzó su horrible carátula. En un santiamén recogió los naipes, y el capellán bajó, algo confuso de su espionaje involuntario, pero tan preocupado con lo que creía haber sorprendido, que ni se le ocurrió censurar el ejercicio de la hechicería. La bruja, empleando el tono humilde y servil de siempre, se apresuró a explicarle que aquello era mero pasatiempo, «por se reír un poco».

Volvió Julián a su cuarto agitadísimo. Ni él mismo sabía lo que le correteaba por el magín. Bien presumía antes a cuántos riesgos se exponían Nucha y su hija viviendo en los Pazos: ahora..., ahora los divisaba inminentes, clarísimos. ¡Tremenda situación! El capellán le daba vueltas en su cerebro excitado: a la niña la robarían para matarla de hambre; a Nucha la envenenarían tal vez... Intentaba serenarse. ¡Bah! No abundan tanto los crímenes por esos mundos, a Dios gracias. Hay jueces, hay magistrados, hay verdugos. Aquel hato de bribones se contentaría con explotar al señorito y a la casa, con hacer rancho de ella, con mandar anulando en su dignidad y poderío doméstico a la señorita. Pero..., ¿si no se contentaba?

Dio cuerda a su velón, y apoyando los codos sobre la mesa intentó leer en las obras de Balmes, que le había prestado el cura de Naya, y en cuya lectura encontraba grato solaz su espíritu, prefiriendo el trato con tan simpática y persuasiva inteligencia a las honduras escolásticas de Prisco y San Severino. Mas a la sazón no podía entender una sola línea del filósofo, y solo oía los tristes ruidos exteriores, el quejido constante de la presa, el gemir del viento en los árboles. Su acalorada fantasía le fingió entre aquellos rumores quejumbrosos otro más lamentable aún, porque era personal: un grito humano. ¡Qué disparatada idea! No hizo caso y siguió leyendo. Pero creyó escuchar de nuevo el ay tristísimo. ¿Serían los perros? Asomóse a la ventana: la Luna bogaba en un cielo nebuloso, y allá a lo lejos se oía el aullar de un perro, ese aullar lúgubre que los aldeanos llaman ventar la muerte y juzgan anuncio seguro del próximo fallecimiento de una persona. Julián cerró la ventana estremeciéndose. No despuntaba por valentón, y sus temores instintivos se aumentaban en la casa solariega, que le producía nuevamente la dolorosa impresión de los primeros días. Su temperamento linfático no poseía el secreto de ciertas saludables reacciones, con las cuales se desecha todo vano miedo, todo fantasma de la imaginación. Era capaz, y demostrado lo tenía, de arrostrar cualquier riesgo grave, si creía que se lo ordenaba su deber; pero no de hacerlo con ánimo sereno, con el hermoso desdén del peligro, con el buen humor heroico que solo cabe en personas de rica y roja sangre y firmes músculos. El valor propio de Julián era valor temblón, por decirlo así; el breve arranque nervioso de las mujeres.

Volvía a su conferencia con Balmes cuando... ¡Jesús nos valga! ¡Ahora sí, ahora sí que no cabía duda! Un chillido sobreagudo de terror había subido por el oscuro caracol y entrado por la puerta entornada. ¡Qué chillido! El velón le bailaba en las manos a Julián... Bajaba, sin embargo, muy aprisa, sin sentir sus propios movimientos, como en las espantosas caídas que damos soñando. Y volaba por los salones recorriendo la larga crujía para llegar hacia la parte del archivo, donde había sonado el grito horrible... El velón, oscilando más y más en su diestra trémula, proyectaba en las paredes caleadas extravagantes manchones de sombra... Iba a dar la vuelta al pasillo que dividía el archivo del cuarto de don Pedro, cuando vio... ¡Dios santo! Sí, era la escena misma, tal cual se la había figurado él... Nucha de pie, pero arrimada a la pared, con el rostro desencajado de espanto, los ojos no ya vagos sino llenos de extravío mortal; enfrente su marido, blandiendo un arma enorme... Julián se arrojó entre los dos... Nucha volvió a chillar...

—¡Ay!, ¡ay! ¡Qué hace usted! ¡Que se escapa... que se escapa!

Comprendió entonces el alucinado capellán lo que ocurría, con no poca vergüenza y confusión suya... Por la pared trepaba aceleradamente, deseando huir de la luz, una araña de desmesurado grandor, un monstruoso vientre columpiado en ocho velludos zancos. Su carrera era tan rápida, que inútilmente trataba el señorito de alcanzarla con la bota; de repente Nucha se adelantó, y con voz entre grave y medrosa repitió ingenuamente lo que había dicho mil veces en su niñez:

—¡San Jorge... para la araña!

El feo insecto se detuvo a la entrada de la zona de sombra: la bota cayó sobre él. Julián, por reacción natural del miedo disipado, que se trueca en inexplicable gozo, iba a reírse del suceso; pero notó que Nucha, cerrando los ojos y apoyándose en la pared, se cubría la cara con el pañuelo.

—No es nada, no es nada... —murmuraba.

—Un poco de llanto nervioso... Ya pasará... Estoy aún algo débil...

—¡Valiente cosa para tanto alboroto! —exclamó el marido encogiéndose de hombros—. ¡Os crían con más mimo! En mi vida he visto tal. Don Julián, ¿usted creyó que la casa se venía abajo? ¡Ea, a recogerse! Buenas noches.

Tardó bastante el capellán en dormirse. Recapacitaba en sus terrores y concedía su ridiculez; prometíase vencer aquella pusilanimidad suya; pero duraba aún el desasosiego: la impulsión estaba comunicada y almacenada en sinuosidades cerebrales muy hondas. Apenas le otorgó sus favores el sueño, vino con él una legión de pesadillas a cual más negra y opresora. Empezó a soñar con los Pazos, con el gran caserón; mas, por extraña anomalía propia del estado, cuyo fundamento son siempre nociones de lo real, pero barajadas, desquiciadas y revueltas merced al anárquico influjo de la imaginación, no veía la huronera tal cual la había visto siempre, con su vasta mole cuadrilonga, sus espaciosos salones, su ancho portalón inofensivo, su aspecto amazacotado, conventual, de construcción del siglo XVIII; sino que, sin dejar de ser la misma, había mudado de forma; el huerto con bojes y estanque era ahora ancho y profundo foso; las macizas murallas se poblaban de saeteras, se coronaban de almenas; el portalón se volvía puente levadizo, con cadenas rechinantes; en suma: era un castillote feudal hecho y derecho, sin que le faltase ni el romántico aditamento del pendón de los Moscosos flotando en la torre del homenaje; indudablemente, Julián había visto alguna pintura o leído alguna medrosa descripción de esos espantajos del pasado que nuestro siglo restaura con tanto cariño. Lo único que en el castillo recordaba los Pazos actuales era el majestuoso escudo de armas; pero aun en este mismo existía diferencia notable, pues Julián distinguía claramente que se habían animado los emblemas de piedra, y el pino era un árbol verde en cuya copa gemía el viento, y los dos lobos rapantes movían las cabezas exhalando aullidos lúgubres. Miraba Julián fascinado hacia lo alto de la torre, cuando vio en ella alarmante figurón: un caballero con visera calada, todo cubierto de hierro; y aunque ni un dedo de la mano se le descubría, con el don adivinatorio que se adquiere soñando, Julián percibía al través de la celada la cara de don Pedro. Furioso, amenazador, enarbolaba don Pedro un arma extraña, una bota de acero, que se disponía a dejar caer sobre la cabeza del capellán. Éste no hacía movimiento alguno para desviarse, y la bota tampoco acababa de caer; era una angustia intolerable, una agonía sin término; de repente sintió que se le posaba en el hombro una lechuza feísima, con greñas blancas. Quiso gritar: en sueños el grito se queda siempre helado en la garganta. La lechuza reía silenciosamente. Para huir de ella, saltaba el foso; mas éste ya no era foso, sino la represa del molino; el castillo feudal también mudaba de hechura sin saberse cómo; ahora se parecía a la clásica torre que tienen en las manos las imágenes de Santa Bárbara; una construcción de cartón pintado, hecha de sillares muy cuadraditos, y a cuya ventana asomaba un rostro de mujer pálido, descompuesto... Aquella mujer sacó un pie, luego otro... fue descolgándose por la ventana abajo... ¡Qué asombro! ¡Era la sota de bastos, la mismísima sota de bastos, muy sucia, muy pringosa! Al pie del muro la esperaba el caballo de espadas, una rara alimaña azul, con la cola rayada de negro. Mas a poco Julián reconoció su error: ¡qué caballo de espadas! No era sino San Jorge en persona, el valeroso caballero andante de las celestiales milicias, con su dragón debajo, un dragón que parecía araña, en cuya tenazuda boca hundía la lanza con denuedo... Brillante y aguda, la lanza descendía, se hincaba, se hincaba... Lo sorprendente es que el lanzazo lo sentía Julián en su propio costado... Lloraba muy bajito, queriendo hablar y pedir misericordia; nadie acudía en su auxilio, y la lanza le tenía ya atravesado de parte a parte... Despertó repentinamente, resintiéndose de una punzada dolorosa en la mano derecha, sobre la cual había gravitado el peso del cuerpo todo, al acostarse del lado izquierdo, posición favorable a las pesadillas.

XX

Los sueños de las noches de terror suelen parecer risibles apenas despunta la claridad del nuevo día; pero Julián, al saltar de la cama, no consiguió vencer la impresión del suyo. Proseguía el hervor de la imaginación sobrexcitada: miró por la ventana, y el paisaje le pareció tétrico y siniestro; verdad es que entoldaban la bóveda celeste nubarrones de plomo con reflejos lívidos, y que el viento, sordo unas veces y sibilante otras, doblaba los árboles con ráfagas repentinas. El capellán bajó la escalera de caracol con ánimo de decir su misa, que a causa del mal estado de la capilla señorial acostumbraba celebrar en la parroquia. Al regresar y acercarse a la entrada de los Pazos, un remolino de hojas secas le envolvió los pies, una atmósfera fría le sobrecogió, y la gran huronera de piedra se le presentó imponente, ceñuda y terrible, con aspecto de prisión, como el castillo que había visto soñando. El edificio, bajo su toldo de negras nubes, con el ruido temeroso del cierzo que lo fustigaba, era amenazador y siniestro. Julián penetró en él con el alma en un puño. Cruzó rápidamente el helado zaguán, la cavernosa cocina, y, atravesando los salones solitarios, se apresuró a refugiarse en la habitación de Nucha, donde acostumbraban servirle el chocolate por orden de la señorita.

Encontró a ésta algo más desemblantada que de costumbre. Al abatimiento que de ordinario se revelaba en su rostro afilado, se agregaba una contracción y un azoramiento, indicios de gran tirantez nerviosa. Tenía a la niña en brazos, y al ver llegar a Julián le hizo rápidamente seña de que ni chistase ni se meneara, que el angelito andaba en tratos de aletargarse al calor del seno maternal. Inclinada sobre la criatura, Nucha le echaba el aliento para mejor adormecerla, y arreglaba con febriles movimientos el pañolón calcetado que envolvía, como el capullo a la oruga, aquella vida naciente. Pestañeó la niña dos o tres veces, y luego cerró los ojitos, mientras su madre no cesaba de arrullarla con una nana aprendida del ama, una especie de gemido cuya base era el triste, ¡lai... lai!, la queja lenta y larga de todas las canciones populares en Galicia. El canto fue descendiendo, hasta concluir en la pronunciación melancólica y cariñosa de una sola letra, la e prolongada; y levantándose en puntas de pie, Nucha depositó a su hija en la cuna muy delicada y cuidadosamente, pues la chiquilla era tan lista —en opinión de su madre— que distinguía al punto la cuna del brazo, y era capaz de despertar del sopor más profundo si se enteraba de la sustitución.

Por lo mismo Julián y Nucha se hablaron muy de quedo, mientras la señorita manejaba la aguja de crochet calcetando unos zapatitos que parecían bolsas. Julián empezó por preguntar si se le había quitado el susto de la noche anterior.

—Sí, pero todavía estoy no sé cómo.

—Yo tampoco les tengo afición a esos bichos asquerosos... No los había visto tan gordos hasta que vine a la aldea. En el pueblo apenas los hay.

—Pues yo —contestó Nucha— era antes muy valiente; pero desde... que nació la pequeña, no sé qué me pasa; parece que me he vuelto medio tonta, que tengo miedo a todo...

Interrumpió la labor, y alzó la cara; sus grandes ojos estaban dilatados; sus labios, ligeramente trémulos.

—Es una enfermedad, es una manía; ya lo conozco, pero no lo puedo remediar, por más que hago. Tengo la cabeza debilitada; no pienso sino en cosas de susto, en espantos... ¿Ve usted qué chillidos di ayer por la dichosa araña? Pues de noche, cuando me quedo sola con la niña... —porque el ama durmiendo es lo mismo que si estuviese muerta; aunque le disparen al oído un cañón de a ocho no se mueve— haría a cada paso escenas por el estilo si no me dominase. No se lo digo a Juncal por vergüenza; pero veo cosas muy raras. La ropa que cuelgo me representa siempre hombres ahorcados, o difuntos que salen del ataúd con la mortaja puesta; no importa que mientras está el quinqué encendido, antes de acostarme, la arregle así o asá; al fin toma esas hechuras extravagantes aun no bien apago la luz y enciendo la lamparilla. Hay veces que distingo personas sin cabeza; otras, al contrario, les veo la cara con todas sus facciones, la boca muy abierta y haciendo muecas... Esos mamarrachos que hay pintados en el biombo se mueven; y cuando crujen las ventanas con el viento, como esta noche, me pongo a cavilar si son almas del otro mundo que se quejan...

—¡Señorita! —exclamó dolorosamente Julián—. ¡Eso es contra la fe! No debemos creer en aparecidos ni en brujerías.

—¡Si yo no creo! —repuso la señorita riendo nerviosamente—. ¿Usted se figura que soy como el ama, que dice que ha visto en realidad la Compaña, con su procesión de luces allá a las altas horas? En mi vida he dado crédito a paparruchas semejantes; por eso digo que debo de estar enferma, cuando me persiguen visiones y vestiglos... Lo que siempre me porfía el señor de Juncal: fortalecerse, criar sangre... Lástima que la sangre no se compre en la tienda... ¿no le parece a usted?

—O que... los sanos no se la podamos regalar a... los que... la necesitan...

Dijo esto el presbítero titubeando, poniéndose encendido hasta la nuca, porque su impulso primero había sido exclamar: «Señorita Marcelina, aquí está mi sangre a la disposición de usted».

El silencio producido por arranque tan vivo duró algunos segundos, durante los cuales ambos interlocutores miraron fijamente, distraídos y ensimismados, el paisaje que se alcanzaba desde la ancha y honda ventana fronteriza. Al pronto no lo vieron; luego su efecto sombrío les fue entrando, mal de su grado, por los ojos hasta el alma. Eran las montañas negras, duras, macizas en apariencia, bajo la oscurísima techumbre del cielo tormentoso; era el valle alumbrado por las claridades pálidas de un angustiado Sol; era el grupo de castaños, inmóvil unas veces, otras violentamente sacudido por la racha del ventarrón furioso y desencadenado... A un mismo tiempo exclamaron los dos, capellán y señorita:

—¡Qué día tan triste!

Julián reflexionaba en la rara coincidencia de los terrores de Nucha y los suyos propios; y, pensando alto, prorrumpía:

—Señorita, también esta casa..., vamos, no es por decir mal de ella, pero... es un poco miedosa. ¿No le parece?

Los ojos de Nucha se animaron, como si el capellán le hubiese adivinado un sentimiento que no se atrevía a manifestar.

—Desde que ha venido el invierno —murmuró hablando consigo misma— no sé qué tiene ni qué trazas saca... que no me parece la misma... Hasta las murallas se han vuelto más gordas y la piedra más oscura... Será una tontería, ¡ya sé que lo será!, pero no me atrevo a salir de mi habitación, yo que antes revolvía todos los rincones y andaba por todas partes... Y no tengo remedio sino dar una vuelta por ella... Necesito ver si hay abajo, en el sótano, arcones para la ropa blanca... Hágame el favor de venir, Julián, ahora que la niña duerme... Quiero quitarme de la cabeza estas aprensiones y estas tontunas.

Intentó el capellán disuadirla: temía que se cansase, que se enfriase al atravesar los salones, al bajar al claustro. La señorita no dio más respuesta que dejar la labor, envolverse en su mantón y echar a andar. Cruzaron a buen paso la fila de habitaciones extensas, desamuebladas, casi vacías, donde las pisadas retumbaban sordamente. De tiempo en tiempo,

Nucha volvía la cabeza atrás a ver si la seguía su acompañante, y el ademán de volverla revelaba alteración y zozobra. En la diestra columpiaba un manojo de llaves. Salieron al claustro superior, y por una escalerilla muy pendiente descendieron al inferior, cuyas arcadas eran de piedra.

Llegados al patín que cerraba el grave claustro, Nucha señaló a un pilar que tenía incrustada una argolla de hierro, de la cual colgaba aún un eslabón comido de orín.

—¿Sabe usted qué era esto? —murmuró con apagada voz.

—No sé —respondió Julián.

—Dice Pedro —explicó la señorita— que estuvo ahí la cadena con que tenían sujeto sus abuelos a un negro esclavo... ¿No parece mentira que se hiciesen semejantes crueldades? ¡Qué tiempos tan malos, Julián!

—Señorita..., a don Máximo Juncal, que no piensa más que en política, todo se le vuelve hablar de eso; pero mire usted, en cada tiempo hay su legua de mal camino... Bastantes barbaridades hacen hoy en día, y la religión anda perdida desde estas grescas.

—Pero como aquí —observó Nucha, formulando sencillamente una observación histórico-filosófica de bastante alcance— no ve uno sino las atrocidades de los señores de otro tiempo..., parece que son las únicas que le dan en qué pensar... ¿Por qué serán tan malos cristianos los hombres? —añadió entreabriendo los labios con cándido asombro.

El cielo se oscureció más en el momento de expresarse así Nucha; un relámpago alumbró súbitamente las profundidades de las arcadas del claustro y el rostro de la señorita, que adquirió a la luz verdosa el aspecto trágico de una faz de imagen.

—¡Santa Bárbara bendita! —articuló piadosamente el capellán, estremeciéndose—. Volvámonos arriba, señorita... Está tronando. Como este año no tuvimos cordonazo de

San Francisco..., ya se ve, el equinoccio no quiere pasar sin esto... ¿Subimos?

—No —resolvió Nucha, empeñada en combatir sus propios terrores—. Ésta es la puerta del sótano... ¿Cuál será la llave?

La buscó algún tiempo en el manojo. Al introducirla en la cerradura y empujar la puerta, otro relámpago bañó de claridad fantasmagórica el sitio en que iba a penetrar; rodó el carro del trueno, pausado al principio, después ronco y formidable, como una voz hinchada por la cólera, y Nucha retrocedió con espanto.

—¿Qué sucede, señorita querida? ¿Qué sucede? —gritó el capellán.

—¡Nada... nada! —tartamudeó la señora de Ulloa—. Se me figuró al abrir que estaba ahí dentro un perro muy grande, sentado, y que se levantaba y se me echaba para morderme... ¿Si no los tendré cabales? Pues mire usted que juraría haberlo visto.

—¡El dulce Nombre! No, señorita es que hace frío aquí, es que truena, es que es una locura andar ahora revolviendo en los sótanos... Retírese usted; yo buscaré lo que haga falta.

—No —replicó Nucha con energía—. Ya me carga de veras ser tan boba... Quiero entrar antes, para que vea usted si comprendo perfectamente que todas son necedades... ¿Trae usted la cerilla? —gritó ya desde dentro.

El capellán la encendió, y a su luz menos que dudosa vieron el sótano, mejor dicho, entrevieron las paredes destilando humedad; el confuso montón de objetos retirados allí por inservibles y pudriéndose en los rincones; el conjunto de cosas informes y, por lo mismo, temerosas y vagas. En la penumbra de aquel lugar casi subterráneo, en el hacinamiento de vejestorios retirados por inservibles y entregados a las ratas, la pata de una mesa parecía un brazo momificado, la esfera de un reloj era la faz blanquecina de un muerto, y unas botas de montar carcomidas, asomando por entre papeles y trapos, despertaban en la fantasía la idea de un hombre asesinado y oculto allí. No obstante, Nucha, con paso resuelto, fue derecha al caos húmedo y medroso, y, con la voz ahogada y conmovida de los que acaban de obtener un gran triunfo sobre sí mismos, gritó:

—Aquí está el arcón... Que me lo suban después...

Salió muy animada, satisfecha de su resolución, vencedora en la lucha cuerpo a cuerpo con el caserón que la asustaba. Al subir otra vez por la escalerilla, volvió a sobrecogerla el fragor de un trueno más hondo, poderoso y cercano que los anteriores. ¡Era preciso encender la vela del Santísimo y rezar el Trisagio!

Así lo hicieron al punto. La vela fue colocada sobre la cómoda de Nucha: un cirio bastante largo aún, de cera color de naranja, con muchas lágrimas y un pábilo que chisporroteaba y no acababa de arder. Antes de arrodillarse, cerraron las maderas de la ventana, para evitar que la ojeada fulgurante del relámpago les deslumbrase a cada minuto. Rugía con creciente ira el viento, y la tronada se había situado sobre los Pazos, oyéndose su estruendo lo mismo que si corriese por el tejado un escuadrón de caballos a galope o si un gigante se entretuviese en arrastrar un peñasco y llevarlo a tumbos por encima de las tejas. ¡Con cuánto fervor empezó el capellán a guiar el Trisagio misterioso! Anonadándose ante la cólera divina, cuya violencia sacudía y hacía retemblar a los Pazos como si fuesen una choza, pronunciaba:

De la subitánea muerte
del rayo y de la centella
libra este Trisagio, y sella
a quien lo reza: y advierte...

Nucha, de repente, se incorporaba lanzando un chillido, y corría al sofá, donde se reclinaba lanzando interrumpidas carcajadas histéricas, que sonaban a llanto. Sus manos crispadas arrancaban los corchetes de su traje, o comprimían sus sienes, o se clavaban en los almohadones del sofá, arañándolos con furor... Aunque tan inexperto, Julián comprendió lo que ocurría: el espasmo inevitable, la explosión del terror reprimido, el pago del alarde de valentía de la pobre Nucha...

—¡Filomena, Filomena! Aquí, mujer, aquí... Agua, vinagre..., el frasquito aquél... ¿Dónde está el frasco que vino de la botica de Cebre? Aflójele el vestido... Ya me vuelvo de espaldas, mujer, no necesitaba avisármelo... Unos pañitos fríos en las sienes... ¡Si truena, que truene! Deje tronar... Acuda a la señorita... Déle aire con este papel aunque sea... ¿Ya está cubierta y floja? Se lo daré yo, poquito a poco... Que respire bien el vinagre...

XXI

Notóse días después alguna mejoría en el estado general de la señora de Ulloa, con lo cual el capellán revivió y se le animó también el marchito semblante. El marqués andaba en extremo distraído, organizando una cazata a los lejanos montes de Castrodorna, más allá del río; el tiempo se aseguraba; las noches eran de helada, claras y glaciales; acercábase el plenilunio, y todo prometía feliz éxito. La víspera de la salida al cazadero vinieron a dormir a los Pazos el notario de Cebre, el señorito de Limioso, el cura de Boán, el de Naya, y un cazador furtivo, escopeta negra infalible, conocida en el país por el alias de Bico de rato (hocico de ratón), mote apropiadísimo a la color tiznada de su cara, donde giraban dos ojuelos vivarachos. Llenóse la casa de ruido, de tilinteo de cascabeles, de cadencia de uñas de perros sobre los pisos de madera, de voces sonoras y de órdenes para tener en punto al amanecer todos los arreos de caza. La cena fue regocijada y ruidosa: se bromeó, se contaron de antemano las perdices que habían de sucumbir, se saborearon por adelantado las provisiones que se llevaban al monte, y se remojó previamente el gaznate con jarros de un tinto añejo que daba gloria. A la hora de los postres y del café, habiéndose retirado Nucha, que por el ansia de su niña se recogía temprano, subieron de la cocina Primitivo y el ratón, y los futuros compañeros de glorias y fatigas comenzaron a fraternizar fumando y trincando a competencia. Era el momento más sabroso, el verdadero instante de felicidad espiritual para un cazador de raza: era el minuto de las anécdotas cinegéticas y, sobre todo, de los embustes.

Para éstos se establecía turno pacífico, pues nadie renunciaba a soltar su correspondiente bola, y crecían en magnitud conforme se enredaba la plática. Formaban círculo los cazadores, y a sus pies dormían enroscados los perros, con un ojo cerrado y otro entreabierto y de párpado convulso; a veces, cuando se aplacaban las risotadas y las frases chistosas, se oía a los canes tocar la guitarra, espulgarse a toda orquesta, ladrar por sueños, sacudir las orejas y suspirar con resignación. Nadie les hacía caso.

El hocico de ratón tiene la palabra:

—¡Pueda que no me lo crean y es tan cierto como que habemos de morir y la tierra nos ha de comer! Para más verdá fue un día de San Silvestre...

—Andarían las brujas sueltas —interrumpió el cura de Boán.

—Si eran meigas o era el trasno, yo no lo sé: pero lo mismo que habemos de dar cuenta a Dios nuestro Señor de nuestras auciones, me pasó lo que les voy a contar. Andaba yo tras de una perdiz agachadito, agachadito y el ratón se agachaba en efecto, siguiendo su inveterada costumbre de representar cuanto hablaba, porque no llevaba perro ni diaño que lo valiese, y estaba, con perdón de las barbas honradas que me escuchan, para montar a caballo de un vallado, cuando oigo ¡tras tris, tras tras!, ¡tipirí, tipirá!, el andar de una liebre; ¡más lista venía... que las zantellas! Pues señor... viro la cabeza mismo así..., ¡con perdón de las barbas!, con mi escopeta más agarrada que la Bula..., y de repente, ¡pan!, me pasa una cosa del otro mundo por encima de la cabeza, y me caigo del vallado abajo...

Explosión de preguntas, de risas, de protestas.

—¿Una cosa del otro mundo?

—¿Un ánima del Purgatorio?

—¿Pero él era persona o animal o qué mil rayos era?

—Abrir la puerta, que esta mentira no cabe en la habitación.

—¡Así Dios me salve y me dé la gloria como es verdad! —clamó el hocico de ratón, poniendo el semblante más compungido del mundo—. ¡Era, con perdón, la descarada de la liebre, que brincó por riba de mí y me tiró patas arriba!

La aclaración produjo verdadero delirio. Don Eugenio, el abad de Naya, se abría literalmente de risa, apretándose las caderas con ambas manos, quejándose y derramando lágrimas; el marqués de Ulloa lanzaba carcajadas poderosas; hasta Primitivo modulaba una risa opaca y turbia. El bueno del ratón no podía ya entreabrir los labios para hablar sin que la hilaridad se desatase. En toda reunión de cazadores (gente amiga de bromas pesadas) hay un bufón, un juglar, un gracioso obligado, y este papel correspondía de derecho a la escopeta negra, que se prestaba a desempeñarlo de bonísima gana. Acostumbrado a pasarse los días y las noches al sereno, en espera de la liebre, del conejo o de la perdiz; hecho a apretarse la cintura con una cuerda, a la manera de los salvajes, en las muchas ocasiones en que le faltaba un mendrugo de pan que roer, el mísero ratoncillo era dichoso cuando le tocaba cazar con gente de pro, de la que se lleva al cazadero botas henchidas de lo añejo, lacones cocidos y cigarros; ufanábase cuando le celebraban sus patrañas: las narraba cada día con mayor seriedad, convicción y tono ingenuo, y a todas las chanzas respondía invocando a Dios y a los santos de la corte celestial en apoyo de sus aseveraciones estrambóticas.

De pie, con las manos en los bolsillos del pantalón, mapamundi de remiendos, y moviendo con risible rapidez nariz y boca, que tenía de color de unto rancio, aguardaba a que le pidiesen algún nuevo episodio tan verosímil como el de la liebre; pero ahora el turno le correspondía a don Eugenio.

—¿Saben —decía medio llorando y salivando aún de risa— un caso que pasó entre el canónigo Castrelo y un señor muy chistoso, Ramírez de Orense?

—¡El canónigo Castrelo! —exclamaron el cura de Boán y el marqués—. ¡Qué apunte! ¡De órdago! Ése las suelta... como la torre de la Catedral.

—Pues verán, verán cómo encontró con la horma de su zapato donde menos se lo pensaba. Era una noche en el Casino, y estaban jugando al tresillo. Castrelo se puso, como de costumbre, a espetar cuentos de caza..., ¡mentira todos! Después de que se hartó, quiso encajar uno descomunal y dijo así muy serio: «Sabrán ustedes que una mañana salí yo al monte, y entre unas matas oí así... un ruido sospechoso. Me acerco muy despacito... el ruido seguía, dale que tienes. Me acerco más..., y ya no me cabe duda de que hay allí escondida una pieza. Armo, apunto, disparo..., ¡pum, pum! ¿Y qué creerán ustedes que maté, señores?». Todo el mundo a nombrar animales diferentes: que lobo, que zorro, que jabalí, y hasta hubo quien nombró a un oso... Castrelo a decir que no con la cabeza..., hasta que por último saltó: «Pues ni zorro, ni lobo, ni jabalí... Lo que maté era... ¡un tigre de Bengala!».

—Hombre, don Eugenio... ¡No fastidiar! —gritaron unánimemente los cazadores—. ¿Había de atreverse Castrelo?... ¿Cómo no le deshicieron el morro de una bofetada allí mismo?

Don Eugenio, no consiguiendo que le oyesen, hacía con la mano señas de que faltaba lo mejor del cuento.

—¡Paciencia! —exclamó por fin—. Tengan paciencia, que no se acabó. Pues, señor, ya ustedes comprenderán que en el Casino se armó una gresca. Empezaron a insultar a Castrelo y a tratarlo de mentiroso en su cara. Solo el señor de Ramírez estaba muy formal, y apaciguaba a los alborotadores. «No hay que asombrarse, no hay que asombrarse; yo les contaré a ustedes una cosa que me pasó a mí cazando, que es más rara todavía que la del señor de Castrelo». El canónigo empieza a escamarse y la gente a atender. «Sabrán ustedes que una mañana salí yo al monte, y, entre unas matas, oí así... un ruido sospechoso. Me acerco muy despacito... El ruido seguía, dale que tienes. Me acerco más... Ya no me cabe duda de que hay allí escondida una pieza. Armo..., apunto..., disparo... ¡Pum, pum!... ¿Y qué creerá usted que maté, señor canónigo?». «¿Cómo demonios lo he de saber? Sería... un león». «¡Ca!». «Pues sería... un elefante». «¡Caaa!». «Sería... lo que usted guste, caramba». «¡Una sota de bastos, señor de Castrelo! ¡Era una sota de bastos!».

Minutos de no entenderse. El ratón reía con una especie de hipo agudo; el señorito de Limioso, ronca y gravemente; el cura de Boán, no sabiendo cómo desahogar el regocijo, pateaba en el suelo y abofeteaba a la mesa.

—¡Ey! —gritó don Eugenio—. Bico-de-rato, ¿no te has tropezado tú nunca con ningún tigre? Echa un vasito y cuéntanos si te encontraste alguno por ahí, hom.

Atizóse el ratón su medio cuartillo; brilláronle los ojuelos, limpió el labio con la bocamanga de la mugrienta chaqueta, y declaró con acento sincero y candoroso:

—Lo que es trigues..., por estos montes no debe de los haber, que si no, ya los tendría matados; pero les diré lo que me pasó un día de la Virgen de agosto...

—¿A las tres y diez minutos de la tarde? —preguntó don Eugenio.

—No..., habían de ser las once de la mañana, y puede que aún no las fuesen. ¡Pero créanme, como que esa luz nos está alumbrando! Venía yo de tirar a las tórtolas en un sembrado, y me encontré a la chiquilla del tío Pepe de Naya, que traía la vaca mismo cogida así y hacía ademán de arrollarse una cuerda a la muñeca. «Buenos días». «Santos y buenos». «¿Me da las rulas?». «¿Y qué me das por ellas, rapaza?». «No tengo un ichavo triste». «Pues déjame mamar de la vaquiña, que rabio de sed». «Mame luego, pero no lo chupe todo». Me arrodillo así el ratón medio se hincó de hinojos ante el abad de Naya, y ordeñando en la palma de la mano, con perdón, zampo la leche. ¡Qué fresca! «Vaya, rapaza... ¡San Antón te guarde la vaca!». Ando, ando, ando, ando, y al cuarto de legua de allí me entra un sueño por todo el cuerpo..., como que me voy quedando tonto. ¡A escotar! Me meto por el monte arriba, y llegando a donde hay unos tojos más altos que un cristiano, me tumbo así (con perdón) y saco el sombrero, y lo dejo de esta manera (reparen bien) sobre la yerba. Sueño fue, que hasta de allí a hora y media no volví en mi acuerdo. Voy a apañar mi sombrero para largar... Lo mismo que todos nos habemos de morir y resucitar en la gloria del día del Juicio, me veo debajo una culebra más gorda que mi brazo drecho..., ¡con perdón!

—¿Pero no que el izquierdo? —interrumpió don Eugenio picarescamente.

—¡Muchísimo más gorda! —continuó el ratón imperturbable—, y toda rollada, rollada, rollada, que cabía allí debajo..., ¡y durmiendo como una santa de Dios!

—¿Pero roncar, no roncaba?

—La condenada acudía al olor de la leche..., y valió que le dio idea de esconderse en el chapeo..., que las intenciones bien se las conocí... ¡eran de metérseme por la boca, con perdón de las barbas honradas!

Aunque se armó gran algazara, la moderó algún tanto el cura de Boán recordando las diversas ocasiones en que se oían contar casos análogos: culebras que se encontraban en los establos mamando del pezón de las vacas, otras que se deslizaban en la cuna de los niños para beberles la leche en el estómago...

Asistía Julián a la velada, entretenido y contento, porque la alegría y el humor de los cazadores le disipaba las ideas congojosas de algunos días atrás, el miedo a la Sabia, a Primitivo, a los Pazos, los lúgubres presentimientos acrecentados por la comunicación de los terrores nerviosos de Nucha. Don Eugenio, viéndole animado, le porfiaba para que fuese a hacerles una visita al cazadero; negábase Julián, pretextando la necesidad de decir misa, de rezar las horas canónicas: en realidad, era que no quería dejar enteramente sola a la señorita. Al cabo, tanto insistió don Eugenio, que hubo de prometer, aplazando para el último día.

—No ha de haber nada de eso —exclamó el bullicioso párroco—. Mañana por la mañanita nos lo llevamos con nosotros... Se vuelve de allá pasado mañana temprano.

Toda resistencia hubiera sido inútil, y más en tal momento, cuando la jarana crecía y el vino menguaba en los jarros. Julián sabía que aquella gente maleante y retozona era capaz de llevarlo por fuerza, si se negaba a ir de grado.

XXII

Tuvo, pues, que salir al romper el alba, dando diente con diente, caballero en la mansa pollinita, y siendo blanco de las bromas de los cazadores, porque iba vestido de modo asaz impropio para la ocasión, sin zamarra, ni polainas de cuero, ni sombrerazo, ni armas ofensivas o defensivas de ninguna especie. El día asomaba despejado y magnífico: en las hierbas resplandecían las cristalizaciones de la escarcha; la tierra se estremecía de frío y humeaba levemente a la primera caricia del Sol; el paso animado y gimnástico de los cazadores resonaba militarmente sobre el terreno endurecido por la helada.

Desde el cazadero, adonde llegaron a cosa de las nueve, desparramáronse por el monte. Julián, no sabiendo qué hacer de su persona, quedóse pegado a don Eugenio, y le vio realizar dos proezas cinegéticas y meter en el morral dos pollitos de perdiz, tibios aún de la recién arrancada vida. Es de advertir que don Eugenio no gozaba fama de diestro tirador, por lo cual, al reunirse los cazadores a mediodía para comer en un repuesto encinar, el párroco de Naya invocó el testimonio de Julián para que asegurase que se las había visto tirar al vuelo.

—¿Y qué es tirar al vuelo, don Julián? —le preguntaron todos.

Como el capellán se quedó parado al hacerle tan insidiosa pregunta, ocurrióseles a los cazadores que sería cosa muy divertida darle a Julián una escopeta y un perro y que intentase cazar algo. Quieras que no quieras, fue preciso conformarse. Se le destinó el Chonito, perdiguero infatigable, recastado, de hocico partido, el más ardiente y seguro de cuantos canes iban allí.

—En cuanto vea que el perro se para —explicábale don Eugenio al novel cazador, que apenas sabía por dónde coger el arma mortífera—, se prepara usted y le anima para que entre..., y al salir las perdices, les apunta y hace fuego cuando se tiendan... Si es la cosa más fácil del mundo...

Chonito caminaba con la nariz pegada al suelo, sus ijares se estremecían de impaciencia, de cuando en cuando se volvía para cerciorarse de que le acompañaba el cazador. De pronto tomó el trote hacia un matorral de u[r]ces, y repentinamente se quedó parado, en actitud escultural, tenso e inmóvil como si lo hubiesen fundido en bronce para colocar en un zócalo.

—¡Ahora! —exclamó el de Naya—. Eh, Julián, mándele que entre...

—Entra, Chonito, entra —murmuró lánguidamente el capellán.

El perro, sorprendido por el tono suave de la orden, vaciló; por fin se lanzó entre las urces, y al punto mismo se oyó un revoloteo, y el bando salió en todas direcciones.

—¡Ahora, condenado, ahora! ¡Ese tiro! —gritó don Eugenio.

Julián apretó el gatillo... Las aves volaron raudamente y se perdieron de vista en un segundo. Chonito, confuso, miraba al que había disparado, a la escopeta y al suelo: el hidalgo animal parecía preguntar con los ojos dónde se encontraba la perdiz herida, para portarla.

Media hora después se repitió la escena, y el desengaño de Chonito. Ni fue el último, porque más adelante, en un sembrado, aún levantó el can un bando tan numeroso, tan próximo, y que salía tan a tiro, que era casi imposible no tumbar dos o tres perdices disparando a bulto. Otra vez hizo fuego Julián. El perdiguero ladraba de entusiasmo y de gozo... Mas ninguna perdiz cayó. Entonces Chonito, clavando en el capellán una mirada casi humana, llena de desprecio, volvió grupas y se alejó corriendo a todo correr, sin dignarse oír las imperativas voces con que lo llamaban...

No hay cómo encarecer lo que se celebró este rasgo de inteligencia a la hora de la cena. Se hizo chacota de Julián, y, en penitencia de su torpeza, se le condenó a asistir inmediatamente, cansado y todo, a la espera de las liebres.

La Luna de aquella noche de diciembre semejaba disco de plata bruñida colgado de una cúpula de cristal azul oscuro; el cielo se ensanchaba y se elevaba por virtud de la serenidad y transparencia casi boreales de la atmósfera.

Caía helada, y en el aire parecía que se cruzaban millares de finísimas agujas, que apretaban las carnes y reconcentraban el calor vital en el corazón. Pero para la liebre, vestida con su abrigado manto de suave y tupido pelo, era noche de festín, noche de pacer los tiernos retoños de los pinos, la fresca hierba impregnada de rocío, las aromáticas plantas de la selva; y noche también de amor, noche de seguir a la tímida doncella de luengas orejas y breve rabo, sorprenderla, conmoverla y arrastrarla a las sombrías profundidades del pinar...

Tras de los pinos y matorrales se emboscaban en noches así los cazadores. Tendidos boca abajo, cubierto con un papel el cañón de la carabina a fin de que el olor de la pólvora no llegue a los finos órganos olfativos de la liebre, aplican el oído al suelo, y así se pasan a veces horas enteras. Sobre el piso endurecido por el hielo resuena claramente el trotecillo irregular de la caza; entonces el cazador se estremece, se endereza, afianza en tierra la rodilla, apoya la escopeta en el hombro derecho, inclina el rostro y palpa nerviosamente el gatillo antes de apretarlo. A la claridad lunar divisa por fin un monstruo de fantástico aspecto, pegando brincos prodigiosos, apareciendo y desapareciendo como una visión: la alternativa de la oscuridad de los árboles y de los rayos espectrales y oblicuos de la Luna hace parecer enorme a la inofensiva liebre, agiganta sus orejas, presta a sus saltos algo de funambulesco y temeroso, a sus rápidos movimientos una velocidad que deslumbra. Pero el cazador, con el dedo ya en el gatillo, se contiene y no dispara. Sabe que el fantasma que acaba de cruzar al alcance de sus perdigones es la hembra, la Dulcinea perseguida y recuestada por innumerables galanes en la época del celo, a quien el pudor obliga a ocultarse de día en su gazapera, que sale de noche, hambrienta y cansada, a descabezar cogollos de pino, y tras de la cual, desalados y hechos almíbar, corren por lo menos tres o cuatro machos, deseosos de románticas aventuras. Y si se deja pasar delante a la dama, ninguno de los nocturnos rondadores se detendrá en su carrera loca, aunque oiga el tiro que corta la vida de su rival, aunque tropiece en el camino su ensangrentado cadáver, aunque el tufo de la pólvora le diga: «¡Al final de tu idilio está la muerte!».

No, no se pararán. Acaso el instinto de cobardía propio de su raza les moverá a agazaparse breves minutos detrás de un arbusto o de una peña; pero al primer imperceptible efluvio amoroso que les traiga la cortante brisa; al primer hálito de la hembra que se destaque del olor de la resina exhalado por los pinares, los fogosos perseguidores se lanzarán de nuevo y con más brío, ciegos de amor, convulsos de deseo, y el cazador que los acecha los irá tendiendo uno por uno a sus pies, sobre la hierba en que soñaron tener lecho nupcial.

XXIII

En el corazón de la tierna heredera de los Ulloas tenía el capellán, desde hacía algún tiempo, un rival completamente feliz y victorioso: Perucho.

Le bastó presentarse para triunfar. Entró un día en la punta de los pies, y sin ser sentido fue arrimándose a la cuna. Nucha le ofrecía de vez en cuando golosinas y calderilla, y el rapaz, como suele suceder a las fieras domesticadas, contrajo excesiva familiaridad y apego, y costaba trabajo echarle de allí, encontrándosele por todas partes, donde menos se pensaba, a manera de gatito pequeño viciado en el mimo y la compañía.

Muchísimo le llamó la atención la chiquitina al pronto. Ni los pollos nuevos cuando rompían el cascarón, ni los cachorros de la Linda, ni los recentales de la vaca, consiguieron nunca fijar así las miradas atónitas de Perucho. No podía él darse cuenta de cómo ni por dónde había venido tan gran novedad; sobre este tema, se perdía en reflexiones. Rondaba la cuna incesantemente, poniéndose en riesgo notorio de recibir algún pescozón del ama, y, como no le expulsasen, se estaba buena pieza con el dedito en la boca, absorto y embelesado, más parecido que nunca a los amorcillos de los jardines que dicen con su actitud: «Silencio». Jamás se le había visto quieto tantas horas seguidas. Así que la niña empezó a tener asomos de conciencia de la vida exterior, dio claras muestras de que si ella le interesaba a Perucho, no le importaba menos Perucho a ella. Ambos personajes reconocieron enseguida su mutua importancia, y a este reconocimiento siguieron evidentes señales de concordia y regocijo. Apenas veía la chiquilla a Perucho, brillaban sus ojuelos, y de su boca entreabierta salía, unido a la cristalina y caliente baba de la dentición, un amorosísimo gorjeo. Tendía ansiosamente las manos, y Perucho, comprendiendo la orden, acercaba la cabeza cerrando los párpados; entonces la pequeña saciaba su anhelo, tirando a su sabor del pelo ensortijado, metiendo los dedos de punta por boca, orejas y nariz, todo acompañado del mismo gorjeo, y entreverado con chillidos de alegría cuando, por ejemplo, acertaba con el agujero de la oreja.

Pasados los dos o tres primeros meses de lactancia, el genio de los niños se agria, y sus llantos y rabietas son frecuentes, porque empiezan los fenómenos precursores de la dentición a molestarles. Cuando tal sucedía a su niña, Nucha solía emplear con buen resultado el talismán de la presencia de Perucho. Un día que el berrenchín no cesaba, fue preciso acudir a expedientes más heroicos: sentar a Perucho en una silleta baja y ponerle en brazos a la chiquitina. Él se estaba quieto, inmóvil, con los ojos muy abiertos y fijos, sin osar respirar, tan hermoso, que daban ganas de comérselo. La chiquita, sin transición, había pasado de la furia a la bonanza, y reía abriendo un palmo de desdentada boca; reía con los labios, con el mirar, con los pies bailarines, que descargaban pataditas menudas en el muslo de Perucho. No se atrevía el rapaz ni a volver la cabeza, de puro encantado.

A medida que la chiquilla atendía más, Perucho se ingeniaba en traerle juguetes inventados por él, que la divertían infinito. No se sabe lo que aquel galopín discurría para encontrar a cada paso cosas nuevas, ya fuesen flores, ya pajaritos vivos, ya ballestas de caña, ya todo género de porquerías, que era lo que más entusiasmaba a la pequeña. Presentábase a lo mejor con una rana atada por una pata, perneando en grotescas contorsiones, o llegaba ufanísimo con un ratón acabadito de nacer, tan chico y asustado, que daba lástima. Tenía aquel cachidiablo la especialidad de los juguetes animados. En su pucho roto y agujereado almacenaba lagartijas, mariposas y mariquitas de Dios; en sus bolsillos y seno, nidos, frutos y gusanos. La señorita le tiraba bondadosamente de las orejas.

—Como vuelvas a traer aquí tales ascos..., verás, verás. Te he de colgar de la chimenea como a los chorizos, para que te ahúmes.

Julián transigía con estas intimidades, mientras no sorprendió el secreto de otras harto menos inocentes. Desde que madrugando había visto a Sabel salir del cuarto de don Pedro, dábale un vuelco la sangre cada vez que tropezaba al chiquillo y notaba el afecto con que lo trataba Nucha a veces.

Cierto día entró el capellán en la habitación de la señorita y encontró un inesperado espectáculo. En el centro de la cámara humeaba un colosal barreñón de loza, lleno de agua templada, y estrechamente abrazados y en cueros, el chiquillo sosteniendo en brazos a la niña, estaban Perucho y la heredera de Ulloa en el baño. Nucha, en cuclillas, vigilaba el grupo.

—No hubo otro medio de reducirla a bañarse —exclamó al advertir la admiración de Julián—; y como don Máximo dice que el baño le conviene...

—No me pasmo yo de ella —respondió el capellán—, sino de él, que le teme más al agua que al fuego.

—A trueque de estar con la nena —replicó Nucha—, se deja él bañar aunque sea en pez hirviendo. Ahí los tiene usted en sus glorias. ¿No parecen un par de hermanitos?

Al pronunciar sin intención la frase, Nucha, desde el suelo, alzaba la mirada hacia Julián. La descomposición de la cara de éste fue tan instantánea, tan reveladora, tan elocuente, tan profunda, que la señora de Moscoso, apoyándose en una mano, se irguió de pronto, quedándose en pie frente a él. En aquel rostro consumido por la larga enfermedad, y bajo cuya piel fina se traslucía la ramificación venosa; en aquellos ojos vagos, de ancha pupila y córnea húmeda, cercados de azulada ojera, vio Julián encenderse y fulgurar tras las negras pestañas una luz horrible, donde ardían la certeza, el asombro y el espanto. Calló. No tuvo ánimos para pronunciar una sola frase, ni disimulo para componer sus facciones alteradas.

La niña, en el tibio bienestar del baño, sonreía, y Perucho, sosteniéndola por los sobacos, hablándola con tierna algarabía de diminutivos cariñosos, la columpiaba en el líquido transparente, le abría los muslos para que recibiese en todas partes la frescura del agua, imitando con religioso esmero lo que había visto practicar a Nucha. Ocurría la escena en un salón de los más chicos de la casa, dividido en dos por descomunal y maltratadísimo biombo del siglo pasado, pintado harto fantásticamente con paisajes inverosímiles: árboles picudos en fila que parecían lechugas, montañas semejantes a quesos de San Simón, nubarrones de hechura de panecillos, y casas con techo colorado, dos ventanas y una puerta, siempre de frente al espectador. Ocultaba el biombo la cama de Nucha, de copete dorado y columnas salomónicas, y la cunita de la niña. Inmóvil por espacio de algunos segundos, la señorita recobró de improviso la acción. Se inclinó hacia el barreño y arrancó de golpe a su hija de brazos de Perucho.

La criatura, sorprendida y asustada por el brusco movimiento, interrumpida en su diversión, rompió en llanto desconsolado y repentino; y su madre, sin hacerle caso, entró corriendo tras el biombo, la echó en la cuna, y medio la arropó, volviendo a salir inmediatamente. Aún permanecía Perucho en el agua, asaz asombrado; la señorita le asió de los hombros, del pelo, de todas partes, y empujándole cruelmente, desnudo como estaba, le persiguió por el salón hasta expulsarle a empellones.

—¡Largo de aquí! —decía más pálida que nunca y con los ojos llameantes—. ¡Que no te vea yo entrar!... Como vuelvas te azoto, ¿entiendes?, ¡te azoto!

Pasó tras el biombo otra vez, y Julián la siguió aturdido, sin saber lo que le sucedía. Con la cabeza baja, los labios temblones, la señora de Moscoso arreglaba, sin disimular el desatiento de las manos, los pañales de su hija, cuyo llorar tenía ya inflexiones de pena como de persona mayor.

—Llame usted al ama —ordenó secamente Nucha.

Corrió Julián a obedecer. A la puerta del salón le cerraba el paso una cosa tendida en el suelo; alzó el pie; era Perucho, en cueros, acurrucado. No se le oía el llanto: veíase únicamente el brillo de los gruesos lagrimones, y el vaivén del acongojado pecho. Compadecido el capellán, levantó a la criatura. Sus carnes, mojadas aún, estaban amoratadas y yertas.

—Ven por tu ropa —le dijo—. Llévala a tu madre para que te vista. Calla.

Insensible como un espartano al mal físico, Perucho solo pensaba en la injusticia cometida con él.

—No hacía mal... —balbució, ahogándose—. No-ha-cí-a-mal... ningu... no...

Volvió Julián con el ama, pero la criatura tardó bastante en consolarse al pecho. Ponía la boquita en el pezón, y de repente torcía la cara, hacía pucheros, iniciaba un llanto quejumbroso. Nucha, con andar automático, salió del retrete formado por el biombo y se acercó a la ventana, haciendo seña a Julián de que la siguiese. Y, demudados ambos, se contemplaron algunos minutos silenciosamente, ella preguntando con imperiosa ojeada, él resuelto ya a engañar, a mentir. Hay problemas que solo lo son planteados a sangre fría; en momentos de apuro, los resuelve el instinto con seguridad maravillosa. Julián estaba determinado a faltar a la verdad sin escrúpulos.

Al cabo Nucha pronunció con sordo acento:

—No crea que es la primera vez que se me ocurre que ese... chiquillo es... hijo de mi marido. Lo he pensado ya; solo que fue como un relámpago, de esas cosas que desecha uno apenas las concibe. Ahora ya... ya estamos en otro caso. Solo con ver su cara de usted...

—¡Jesús!, ¡señorita Marcelina! ¿Qué tiene que ver mi cara?... No se acalore, le ruego que no se acalore... ¡Por fuerza esto es cosa del demonio! ¡Jesús mil veces!

—No, no me acaloro —exclamó ella, respirando fuerte y pasándose por la frente la palma extendida.

—¡Válgame Dios! Señorita, a usted le va mal. Se le ha vuelto un color... Estoy viendo que le da el ataque. ¿Quiere la cucharadita?

—No, no y no; esto no es nada: un poco de ahogo en la garganta. Esto lo... noto muchas veces; es como una bola que se me forma allí... Al mismo tiempo parece que me barrenan la sien... Al caso, al caso. Decláreme usted lo que sabe. No calle nada.

—Señorita... —Julián resolvió entonces, en su interior, apelar a eso que llaman subterfugio jesuítico, y no es sino natural recurso de cuantos, detestando la mentira, se ven compelidos a temer la verdad—. Señorita... Reniego de mi cara. ¡Lo que se le ha ido a ocurrir! Yo no pensaba en semejante cosa. No, señora, no.

La esposa hincó más sus ojos en los del capellán e hizo dos o tres interrogaciones concretas, terminantes. Aquí del jesuitismo, mejor dicho, de la verdad cogida por donde no pincha ni corta.

—Me puede creer; ya ve que no había de tener gusto en decir una cosa por otra: no sé de quién es el chiquillo. Nadie lo sabe de cierto. Parece natural que sea del querido de la muchacha.

—¿Usted está seguro de que tiene... querido?

—Como de que ahora es de día.

—¿Y de que el querido es un mozo aldeano?

—Sí señora: un rapaz guapo por cierto; el que toca la gaita en las fiestas de Naya y en todas partes. Le he visto venir aquí mil veces, el año pasado, y... andaban juntos. Es más: me consta que trataban de sacar los papeles para casarse. Sí señora: me consta. Ya ve usted que...

Nucha respiró de nuevo, llevándose la diestra a la garganta, que sin duda le oprimía el consabido ahogo. Sus facciones se serenaron un tanto, sin recobrar su habitual compostura y apacibilidad encantadora: persistía la arruga en el entrecejo, el extravío en el mirar.

—¡Mi niña... —articuló en voz baja—, mi niña abrazada con él! Aunque usted diga y jure y perjure... Julián, esto hay que remediarlo. ¿Cómo voy a vivir de esta manera? ¡Ya me debía usted avisar antes! Si el chiquillo y la mujer no salen de aquí, yo me volveré loca. Estoy enferma; estas cosas me hacen daño..., daño.

Sonrió con amargura y añadió:

—Tengo poca suerte... No he hecho mal a nadie, me he casado a gusto de papá, y mire usted ¡cómo se me arreglan las cosas!

—Señorita...

—No me engañe usted también recalcó el también. Usted se ha criado en mi casa, Julián, y para mí es usted como de la familia. Aquí no cuento con otro amigo. Aconséjeme.

—Señorita —exclamó el capellán con fuego—, quisiera librarla de todos los disgustos que pueda tener en el mundo, aunque me costase sangre de las venas.

—O esa mujer se casa y se va —pronunció Nucha—, o...

Interrumpió aquí la frase. Hay momentos críticos en que la mente acaricia dos o tres soluciones violentísimas, extremas, y la lengua, más cobarde, no se atreve a formularlas.

—Pero, señorita Marcelina, no se mate así —porfió Julián—. Son figuraciones, señorita, figuraciones.

Ella le tomó las manos entre las suyas, que ardían.

—Dígale usted a mi marido que la eche, Julián. ¡Por amor de Dios y su madre santísima!

El contacto de aquellas palmas febriles, la súplica, turbaron al capellán de un modo inexplicable, y sin reflexionar exclamó:

—¡Tantas veces se lo he dicho!

—¡Ve usted! —repuso ella, sacudiendo la cabeza y cruzando las manos.

Enmudecieron. En la campiña se oía el ronco graznido de los cuervos; tras el biombo, la niña lloriqueaba, inconsolable. Nucha se estremeció dos o tres veces. Por último articuló dando con los nudillos en los vidrios de la ventana:

—Entonces seré yo...

El capellán murmuró como si rezase:

—Señorita... Por Dios... No se revuelva la cabeza... Déjese de eso...

La señora de Moscoso cerró los ojos y apoyó la faz en los vidrios de la ventana. Procuraba contenerse: la energía y serenidad de su carácter querían salir a flote en tan deshecha tempestad. Pero agitaba sus hombros un temblor, que delataba la tiranía del sistema nervioso sobre su debilitado organismo. El temblor, por fin, fue disminuyendo y cesando... Nucha se volvió, con los ojos secos y los nervios domados ya.

XXIV

Poco después sufrió una metamorfosis el vivir entumecido y soñoliento de los Pazos. Entró allí cierta hechicera más poderosa que la señora María la Sabia: la política, si tal nombre merece el enredijo de intrigas y miserias que en las aldeas lo recibe. Por todas partes cubre el manto de la política intereses egoístas y bastardos, apostasías y vilezas; pero, al menos, en las capitales populosas, la superficie, el aspecto, y a veces los empeños de la lid, presentan carácter de grandiosidad. Ennoblece la lucha la magnitud del palenque; asciende a ambición la codicia, y el fin material se sacrifica, en ocasiones, al fin ideal de la victoria por la victoria. En el campo, ni aun por hipocresía o histrionismo se aparenta el menor propósito elevado y general. Las ideas no entran en juego, sino solamente las personas, y en el terreno más mezquino: rencores, odios, rencillas, lucro miserable, vanidad microbiológica. Un combate naval en una charca.

Forzoso es reconocer, no obstante, que en la época de la revolución, la exaltación política, la fe en las teorías llevada al fanatismo, lograba infiltrarse doquiera, saneando con ráfagas de huracán el mefítico ambiente de las intrigas cuotidianas en las aldeas. Vivía entonces España pendiente de una discusión de Cortes, de un grito que se daba aquí o acullá, en los talleres de un arsenal o en los vericuetos de una montaña; y cada quince días o cada mes, se agitaban, se debatían, se querían resolver definitivamente cuestiones hondas, problemas que el legislador, el estadista y el sociólogo necesitan madurar lentamente, meditar quizás años enteros antes de descifrarlos, y que una multitud en revolución decide en pocas horas, mediante una acalorada discusión parlamentaria, o una manifestación clamorosa y callejera. Entre el almuerzo y la comida se reformaba, se innovaba una sociedad; fumando un cigarro se descubrían nuevos principios, y en el fondo de la vorágine batallaban las dos grandes soluciones de raza, ambas fuertes porque se apoyaban en algo secular, lentamente sazonado al calor de la historia: la monarquía absoluta y la constitucional, por entonces disfrazada de monarquía democrática.

La conmoción del choque llegaba a todos lados, sin exceptuar las fieras montañas que cercaban a los Pazos de Ulloa. También allí se politiqueaba. En las tabernas de Cebre, el día de la feria, se oía hablar de libertad de cultos, de derechos individuales, de abolición de quintas, de federación, de plebiscito —pronunciación no garantizada, por supuesto—. Los curas, al terminar las funciones, entierros y misas solemnes, se demoraban en el atrio, discutiendo con calor algunos síntomas recientes y elocuentísimos, la primer salida de aquellos famosos cuatro sacristanes, y otras menudencias. El señorito de Limioso, tradicionalista inveterado, como su padre y abuelo, había hecho dos o tres misteriosas excursiones hacia la parte del Miño, cruzando la frontera de Portugal, y susurrábase que celebraba entrevistas en Tuy con ciertos pájaros; afirmábase también que las señoritas de Molende estaban ocupadísimas construyendo cartucheras y no sé qué más arreos bélicos, y a cada paso recibían secretos avisos de que se iba a practicar un registro en su casa.

Sin embargo, los entendidos y prácticos en la materia comprendían que cualquier intentona a mano armada en territorio gallego se quedaría en agua de cerrajas, y que por más rumores que corriesen acerca de armamentos y organización en Portugal, venidas de tropa, nombramientos de oficialidad, etc., la verdadera batalla que allí se librase no sería en los campos, sino en las urnas; no por eso más incruenta. Gobernaban a la sazón el país los dos formidables caciques, abogado el uno y secretario el otro del ayuntamiento de

Cebre; esta villita y su región comarcana temblaban bajo el poder de entrambos. Antagonistas perpetuos, su lucha, como la de los dictadores romanos, no debía terminarse sino con la pérdida y muerte del uno. Escribir la crónica de sus hazañas, de sus venganzas, de sus manejos, fuera cuento de nunca acabar. Para que nadie piense que sus proezas eran cosa de risa, importa advertir que algunas de las cruces que encontraba el viajante por los senderos, algún techo carbonizado, algún hombre sepultado en presidio para toda su vida, podían dar razón de tan encarnizado antagonismo.

Conviene saber que ninguno de los dos adversarios tenía ideas políticas, dándoseles un bledo de cuanto entonces se debatía en España; mas, por necesidad estratégica, representaba y encarnaba cada cual una tendencia y un partido: Barbacana, moderado antes de la Revolución, se declaraba ahora carlista; Trampeta, unionista bajo O'Donnell, avanzaba hacia el último confín del liberalismo vencedor.

Barbacana era más grave, más autoritario, más obstinado e implacable en la venganza personal, más certero en asestar el golpe, más ávido e hipócrita, encubriendo mejor sus alevosas trazas para desmantecar al desventurado colono; era además hombre que prefería servirse de medios legales y manejar el código, diciendo que no hay tan seguro modo de acabar con un enemigo como empapelarlo: si no guarnecían tantas cruces los caminos por culpa de Barbacana, las cárceles hediondas del distrito antaño, y hogaño las murallas de Ceuta y Melilla, podían revelar hasta dónde se extendía su influencia. En cambio Trampeta, si justificando su apodo no desdeñaba los enredos jurídicos, solía proceder con más precipitación y violencia que Barbacana, asegurando la retirada menos hábilmente; así es que su adversario le tuvo varias veces cogido entre puertas, y por punto no le aniquiló. Trampeta poseía en desquite gran fertilidad de ingenio, suma audacia, expedientes impensados con que salir de los más graves compromisos. Barbacana servía mejor para preparar desde su habitación una emboscada, hurtando el cuerpo después; Trampeta, para ejecutarla en persona y con fortuna. La comarca aborrecía a entrambos, pero Barbacana inspiraba más terror por su genio sombrío. En aquella ocasión Trampeta, encargado de representar las ideas dominantes y oficiales, se creía seguro de la impunidad, aunque quemase a medio Cebre y apalease, encausase y embargase al otro medio. Barbacana, con la superioridad de su inteligencia, y aun de su instrucción, comprendía dos cosas: primera, que se había arrimado a pared más sólida, a gente que no desampara a sus amigos; segunda, que cuando se le antojase pasarse con armas y bagajes al campo opuesto, conseguiría siempre hundir a Trampeta. Ya había tirado sus líneas para el caso próximo de la elección de diputados.

Trampeta, con actividad vertiginosa, hacía la cama al candidato del gobierno. Muy a menudo iba a la capital de provincia, a conferenciar con el gobernador. En tales ocasiones, el secretario, calculando que hombre prevenido vale por dos, ni olvidaba las pistolas, ni omitía hacerse escoltar por sus seides más resueltos, pues no ignoraba que Barbacana tenía a sus órdenes mozos de pelo en pecho, verbigracia el temible Tuerto de Castrodorna. Cada viaje era una viña para el bueno del secretario, y muy beneficioso para los suyos: poco a poco las hechuras de Barbacana iban cayendo, y estancos, alguacilatos, guardianía de la cárcel, peones camineros, toda la plantilla oficial de Cebre, quedando a gusto de Trampeta. Solo no pudo meterle el diente al juez, protegido en altas regiones por un pariente de la señora jueza, persona de viso. Obtuvo también que se hiciese la vista gorda en muchas cosas, que se cerrasen los ojos en otras, y que respecto a algunas sobreviniese ceguera total; y con esto y con las facultades latas de que se hallaba investido, declaró, puesta la mano en el pecho, que respondía de la elección de Cebre.

Durante este periodo, Barbacana se hacía el muerto, limitándose a apoyar débilmente, como por compromiso, al candidato propuesto por la Junta carlista orensana, y recomendado por el Arcipreste de Loiro y los curas más activos, como el de Boán, el de Naya, el de Ulloa. Bien se dejaba comprender que Barbacana no tenía fe en el éxito. El candidato era una excelente persona de Orense, instruido, consecuentísimo tradicionalista, pero sin arraigo en el país y con fama de poca malicia política. Sus mismos correligionarios no estaban a bien con él, por conceptuarle más hombre de bufete que de acción e intriga.

Así las cosas, empezó a notarse que Primitivo, el montero mayor de los Pazos, venía a Cebre muy a menudo; y como allí se repara todo, se observó también que, además de las acostumbradas estaciones en las tabernas, Primitivo se pasaba largas horas en casa de Barbacana. Éste vivía casi bloqueado en su domicilio, porque Trampeta, envalentonado con la embriaguez del poder, profería amenazas, asegurando que Barbacana recibiría su pago en una corredoira (camino hondo). No obstante, el abogado se arriesgó a salir en compañía de Primitivo, y viéronse ir y venir curas influyentes y caciques subalternos, muchos de los cuales fueron también a los Pazos: unos a comer, otros por la tarde. Y como no hay secreto bien guardado entre tres, y menos entre tres docenas, el país y el gobierno supieron pronto la gran noticia: el candidato de la Junta se retiraba de buen grado, y en su lugar Barbacana apoyaba, con el nombre de independiente, a don Pedro Moscoso, conocido por marqués de Ulloa.

Desde que se enteró del complot, Trampeta pareció atacado del baile de San Vito. Menudeó viajes a la capital: eran de oír sus explicaciones y comentarios en el despacho del gobernador.

—Todo lo arma —decía él— ese cerdo cebado del Arcipreste, unido al faccioso del cura de Boán e instigando al usurero del mayordomo de los Pazos, el cual a su vez mete en danza al malcriado del señorito, que está enredado con su hija. ¡Vaya un candidato! —exclamaba frenético—, ¡vaya un candidato que los neos escogen! ¡Siquiera el otro era persona honrada! Y alzaba mucho la voz al llegar a esto de la honradez.

Viendo el gobernador que el cacique perdía absolutamente la sangre fría, comprendió que el negocio andaba mal parado, y le preguntó severamente:

—¿No ha respondido usted de la elección, con cualquier candidato que se presentase?

—Sí señor, sí señor... —repuso apresuradamente Trampeta—. Sino que considérese: ¿quién contaba con semejante cosa del otro mundo?

Atropellándose al hablar, de pura rabia y despecho, insistió en que nadie imaginaría que el marqués de Ulloa, un señorito que solo pensaba en cazar, se echase a político; que, a pesar de la gran influencia de la casa y de ejercer su nombre bastante prestigio entre los paisanos, la aristocracia montañesa y los curas, la tentativa importaría un comino si no la hubiese tomado de su cuenta Barbacana y no le ayudase un poderoso cacique subalterno, que antes fluctuaba entre el partido de Barbacana y el de Trampeta, pero en esta ocasión se había decidido, y era el mismo mayordomo de los Pazos, hombre resuelto y sutil como un zorro, que disponía de numerosos votos seguros, pues muchísima gente le debía cuartos que tenía esquilmada la casa de Ulloa a cuyas expensas se enriquecía con disimulo y que este solemne bribón, al arrimo del gran encausador Barbacana, se alzaría con el distrito, si no se llevaba el asunto a rajatabla y sin contemplaciones.

Quien conozca poco o mucho el mecanismo electoral no dudará que el gobernador hizo jugar el telégrafo para que sin pérdida de tiempo, y por más influencias que se atravesasen, fuese removido el juez de Cebre y las pocas hechuras de Barbacana que en el distrito restaban ya. Deseaba el gobernador triunfar en Cebre sin apelar a recursos extraordinarios y arbitrariedades de monta, pues sabía que, si no era probable que jamás se levantasen allí partidas, en cambio la sangre humana manchaba a menudo mesas y urnas electorales; pero la nueva combinación le obligaba a no reparar en medios y conferir al insigne Trampeta poderes ilimitados...

Mientras el secretario se prevenía, el abogado no se dormía en las pajas. La aceptación del señorito, al pronto, le había vuelto loco de contento. No tenía don Pedro ideas políticas, aun cuando se inclinaba al absolutismo, creyendo inocentemente que con él vendría el restablecimiento de cosas que lisonjeaban su orgullo de raza, como por ejemplo, los vínculos y mayorazgos; fuera de esto, inclinábase al escepticismo indiferente de los labriegos, y era incapaz de soñar, como el caballeresco hidalgo de Limioso, en la quijotada de entrar por la frontera del Miño a la cabeza de doscientos hombres. Mas a falta de pasión política, le impulsó a aceptar la diputación su vanidad. Él era la primera persona del país, la más importante, la de origen más ilustre: su familia, desde tiempo inmemorial, figuraba al frente de la nobleza comarcana; en esto hizo hincapié el Arcipreste de Loiro para convencerle de que le correspondía la representación del distrito. Primitivo no desarrolló mucha elocuencia para apoyar la demostración del Arcipreste: limitóse a decir, empleando un expresivo plural y cerrando el puño:

—Tenemos al país así.

Desde que corrió la noticia comenzó el señorito a sentirse halagado por la especie de pleito-homenaje que se presentaron a rendirle infinidad de personas, todo el señorío de los contornos, el clero casi unánime, y los muchos adictos y partidarios de Barbacana, capitaneados por este mismo. A don Pedro se le ensanchaba el pulmón. Bien entendía que Primitivo estaba entre bastidores; pero al fin y al cabo, el incensado era él. Mostró aquellos días gran cordialidad y humor excelente y campechano. Hizo caricias a su hija y ordenó se le pusiese un traje nuevo, con bordados, para que la viesen así las señoritas de Molende, que se proponían no contribuir con menos de cien votos al triunfo del representante de la aristocracia montañesa. Él también —porque los candidatos noveles tienen su época de cortejos en que rondan la diputación como se ronda a las muchachas, y se afeitan con esmero y tratan de lucir sus prendas físicas— cuidó algo más de su persona, lamentablemente desatendida desde el regreso a los Pazos, y como estaba entonces en el apogeo de su belleza, más bien masculina que varonil, las muñidoras electorales se ufanaban de enviar tan guapo mozo al Congreso. Por entonces, la pasión política sacaba partido hasta de la estatura, del color del pelo, de la edad.

Desde que empezó a hervir la olla, hubo en los Pazos mesa franca: se veía correr a Filomena y a Sabel por los salones adelante, llevando y trayendo bandejas con tostado jerez y bizcochos; oíase el retintín de las cucharillas en las tazas de café y el choque de los vasos. Abajo, en la cocina, Primitivo obsequiaba a sus gentes con vino del Borde y tarterones de bacalao, grandes fuentes de berzas y cerdo. A menudo se juntaban ambas mesas, la de abajo y la de arriba, y se discutía, y se reía y se contaban cuentos subidos de color, y se despellejaba a azadonazos —porque no cabe nombrar el escalpelo— a Trampeta y a los de su bando, removiendo entre risotadas, cigarros e interjecciones, el inmenso detritus de trampas mayores y menores en que descansaba la fortuna del secretario de Cebre.

—De esta vez —decía el cura de Boán, viejo terne y firme, que echaba fuego por los ojos y gozaba fama del mejor cazador del distrito después de Primitivo—, de esta vez los fastidiamos, ¡quoniam!

Nucha no asistía a las sesiones del comité. Se presentaba únicamente cuando las visitas eran tales que lo requerían; atendía a suministrar las cosas indispensables para el perenne festín, pero huía de él. Tampoco Julián bajaba sino rara vez a las asambleas, y en ellas apenas descosía los labios, mereciendo por esto que el cura de Ulloa se ratificase en su opinión de que los capellanes atildados no sirven para nada de provecho. No obstante, apenas averiguó el comité que Julián tenía bonita letra cursiva, y ortografía asaz correcta, se echó mano de él para misivas de compromiso. Además, le cayó otra ocupación.

Sucedió que el Arcipreste de Loiro, que había conocido y tratado mucho a la señora doña Micaela, madre de don Pedro, quiso ver otra vez toda la casa, y también la capilla, donde algunas veces había dicho misa en vida de la difunta, que esté en gloria. Don Pedro se la mostró de mala gana, y el Arcipreste se escandalizó al entrar. Estaba la capilla casi a tejavana: la lluvia corría por el retablo abajo; las vestiduras de las imágenes parecían harapos; todo respiraba el mayor abandono, el frío y tristeza especial de las iglesias descuidadas. Julián ya se encontraba cansado de soltar indirectas al marqués sobre el estado lastimoso de la capilla, sin obtener resultado alguno; mas el asombro y las lamentaciones del Arcipreste arañaron en la vanidad del señor de Ulloa, y consideró que sería de buen efecto, en momentos tales, lavarle la cara, repararla un poco. Se retejó con bastante celeridad, y con la misma un pintor, pedido a Orense, pintó y doró el retablo y los altares laterales, de suerte que la capilla parecía otra, y don Pedro la enseñaba con orgullo a los curas, a los señoritos, a la caciquería barbacanesca. Solo faltaba ya trajear decentemente a los santos y recoser ornatos y mantelillos. De esta faena se encargó Nucha, bajo la dirección de Julián. Con tal motivo, refugiados en la capilla solitaria, no llegaba hasta ellos el barullo del club electoral. Entre el capellán y la señorita desnudaban a San Pedro, peinaban los rizos de la Purísima, ribeteaban el sayal de San Antón, fregoteaban la aureola del Niño Jesús. Hasta la boeta de las ánimas del Purgatorio fue cuidadosamente lavada y barnizada de nuevo, y las ánimas en pelota, larguiruchas, acongojadas, rodeadas de llamas de almazarrón, salieron a luz en toda su edificante fealdad. Era semejante ocupación dulcísima para Julián: corrían las horas sin sentir en el callado recinto, que olía a pintura fresca y a espadaña traída por Nucha para adornar los altares; mientras armaba en un tallo de alambre una hoja de papel plateado o pasaba un paño húmedo por el vidrio de una urna, no necesitaba hablar: satisfacción interior y apacible le llenaba el alma. A veces Nucha no hacía más que mandar la maniobra, sentada en una silleta baja con su niña en brazos (no quería apartarla de sí un instante). Julián trabajaba por dos: tenía una escala y se encaramaba a lo más alto del retablo. No se atrevía a preguntar nada acerca de asuntos íntimos, ni a averiguar si la señorita había tenido con su esposo conversación decisiva respecto a Sabel; pero notaba el aire abatido, las denegridas ojeras, el frecuente suspirar de la esposa, y sacaba de estos indicios la natural consecuencia. Otros síntomas percibió que le acaloraron la fantasía, dándole no poco en qué cavilar. Nucha mostraba vehemente exaltación del cariño maternal de algún tiempo a esta parte. Apenas se separaba de la chiquita cuando, desasosegada e inquieta, salía a buscarla a ver qué le sucedía. En una ocasión, no encontrándola donde presumía, comenzó a exhalar gritos desgarradores, exclamando: «¡Me la roban!, ¡me la roban!». Por fortuna, el ama se acercaba ya trayendo a la pequeña en brazos. A veces la besaba con tal frenesí, que la criatura rompía en llanto. Otras se quedaba embelesada mirándola con dulce e inefable sonrisa, y entonces Julián recordaba siempre las imágenes de la Virgen Madre, atónita de su milagrosa maternidad. Mas los instantes de amor tranquilo eran breves, y continuos los de sobresalto y dolorosa ternura. No consentía a Perucho acercarse por allí. Su fisonomía se alteraba al divisar el niño; y éste, arrastrándose por el suelo, olvidando sus travesuras diabólicas, sus latrocinios, su afición al establo, se emboscaba a la entrada de la capilla para ver salir a la nena y hacerle mil garatusas, que ella pagaba con risas de querubín, con júbilo desatinado, con el impulso de todo su cuerpecillo proyectado hacia adelante, impaciente por lanzarse de brazos del ama a los de Perucho.

Un día notó Julián en Nucha algo más serio aún: no ya expresión de melancolía, sino hondo decaimiento físico y moral. Sus ojos se hallaban encendidos y abultados, como de haber llorado mucho tiempo seguido; su voz era desmayada y fatigosa; sus labios estaban resecos, tostados por la calentura y el insomnio. Allí no se veía ya la espina del dolor que lentamente va hincándose, pero el puñal clavado de golpe hasta el pomo. Semejante espectáculo dio al traste con la prudencia del capellán.

—Usted está mala, señorita. A usted le pasa algo hoy.

Nucha meneó la cabeza intentando sonreír.

—No tengo nada.

Lo doliente y debilitado del acento la desmentía.

—Por Dios, señorita, no me responda que no... ¡Si lo estoy viendo! Señorita Marcelina... ¡Válgame mi patrono San Julián! ¡Que no he de poder yo servirle de algo, prestarle ayuda o consuelo! Soy una persona humilde, inútil; pero con la intención, señorita, soy grande como una montaña. ¡Quisiera, se lo digo con el corazón, que me mandase, que me mandase!

Hacía estas protestas esgrimiendo un paño untado de tiza contra las sacras, cuyo cerco de metal limpiaba con denuedo, sin mirarlo.

Alzó Nucha los ojos, y en ellos lució un rayo instantáneo, un impulso de gritar, de quejarse, de pedir auxilio... Al punto se apagó la llamarada, y encogiéndose de hombros levemente, la señorita repitió:

—No tengo nada, Julián.

En el suelo había una cesta llena de hortensias y rama verde, destinada al adorno de los floreros; Nucha empezó a colocarla con la destreza y delicadeza graciosa que demostraba en el desempeño de todos sus domésticos quehaceres. Julián, entre embelesado y afligido, seguía con la vista el arreglo de las azules flores en los tarros de loza, el movimiento de las manos enflaquecidas al través de las hojas verdes. Notó que caía sobre ellas una gota de agua, gruesa, límpida, no procedente de la humedad del rocío que aún bañaba las hortensias. Y casi al tiempo mismo advirtió otra cosa, que le cuajó la sangre de horror: en las muñecas de la señora de Moscoso se percibía una señal circular, amoratada, oscura... Con lucidez repentina, el capellán retrocedió dos años, escuchó de nuevo los quejidos de una mujer maltratada a culatazos, recordó la cocina, el hombre furioso... Completamente fuera de sí, dejó caer las sacras y tomó las manos de Nucha para convencerse de que, en efecto, existía la siniestra señal...

Entraban a la sazón por la puerta de la capilla muchas personas: las señoritas de Molende, el juez de Cebre, el cura de Ulloa, conducidos por don Pedro, que los traía allí con objeto de que admirasen los trabajos de restauración. Nucha se volvió precipitadamente; Julián, trastornado, contestó balbuciendo al saludo de las señoritas. Primitivo, que venía a retaguardia, clavaba en él su mirada directa y escrutadora.

XXV

Si unas elecciones durasen mucho, acabarían con quien las maneja, a puro cansancio, molimiento y tensión del cuerpo y del espíritu, pues los odios enconados, la perpetua sospecha de traición, las ardientes promesas, las amenazas, las murmuraciones, las correrías y cartas incesantes, los mensajes, las intrigas, la falta de sueño, las comidas sin orden, componen una existencia vertiginosa e inaguantable. Acerca de los inconvenientes prácticos del sistema parlamentario estaban muy de acuerdo la yegua y la borrica que, con un caballo recio y joven nuevamente adquirido por el mayordomo para su uso privado, completaban las caballerizas de los Pazos de Ulloa. ¡Buenas cosas pensaban ellos de las elecciones allá en su mente asnal y rocinesca, mientras jadeaban exánimes de tanto trotar, y humeaba todo su pobre cuerpo bañado en sudor!

¡Pues qué diré de la mula en que Trampeta solía hacer sus excursiones a la capital! Ya las costillas le agujereaban la piel, de tan flaca como se había puesto. Día y noche estaba el insigne cacique atravesado en la carretera, y a cada viaje la elección de Cebre se presentaba más dudosa, más peliaguda, y Trampeta, desesperado, vociferaba en el despacho del Gobernador que importaba desplegar fuerza, destituir, colocar, asustar, prometer, y, sobre todo, que el candidato cunero del gobierno aflojase la bolsa, pues de otro modo el distrito se largaba, se largaba, se largaba de entre las manos.

—¿Pues no decía usted —gritó un día el Gobernador con vehementes impulsos de mandar al infierno al gran secretario— que la elección no sería muy costosa; que los adversarios no podían gastar nada; que la Junta carlista de Orense no soltaba un céntimo; que la casa de los Pazos no soltaba un céntimo tampoco, porque a pesar de sus buenas rentas está siempre a la quinta pregunta?

—Ahí verá usted, señor —contestó Trampeta—. Todo eso es mucha verdad; pero hay momentos en que el hombre..., pues... cambia sus auciones, como usted me enseña (Trampeta tenía esta muletilla.) El marqués de Ulloa...

—¡Qué marqués ni qué calabazas! —interrumpió con impaciencia el Gobernador.

—Bueno, es una costumbre que hay de llamarle así... Y mire usted que llevo un mes de porclamar en todos lados que no hay semejante marqués, que el gobierno le ha sacado el título para dárselo a otro más liberal, y que ese título de marqués quien se lo ha ofrecido es Carlos siete, para cuando venga la Inquisición y el diezmo, como usted me enseña...

—Adelante, adelante —exclamó el Gobernador, que aquel día debía estar nervioso—. Decía usted que el marqués o lo que sea... en vista de las circunstancias...

—No reparará en un par de miles de duros más o menos, no señor.

—¿Si no los tenía, los habrá pedido?

—¡Catá! Los ha pedido a su suegro de Santiago; y como el suegro de Santiago no tiene tampoco una peseta disponible, como usted me enseña... héteme aquí que se los ha dado el suegro de los Pazos.

—¿Se le cuentan dos suegros a ese candidato carlista? —preguntó el gobernador, que a su pesar se divertía con los chismes del secretario.

—No será el primero, como usted me enseña —dijo Trampeta riéndose de la chuscada—. Ya entiende por quién hablo... ¿eh?

—¡Ah!, sí, la muchacha ésa que vivía en la casa antes de que Moscoso se casase, y de la cual tiene un hijo... Ya ve usted cómo me acuerdo.

—El hijo... el hijo será de quien Dios disponga, señor gobernador... Su madre lo sabrá..., si es que lo sabe.

—Bien, eso para la elección importa un rábano... Al grano: los recursos de que Moscoso dispone...

—Pues se los ha facilitado el mayordomo, el Primitivo, el suegro de cultis... Y usted me preguntará: ¿cómo un infeliz mayordomo tiene miles de duros? Y yo respondo: prestando a réditos del ocho por ciento al mes, y más los años de hambre, y metiendo miedo a todo el mundo para que le paguen bien y no le nieguen una miserable deuda de un duro... —Y usted dirá: ¿de dónde saca ese Primitivo o ese ladrón el dinero para prestar? —Y yo replico: del bolsillo de su mismo amo, robándole en la venta del fruto, dándolo a un precio y abonándoselo a otro, engañándole en la administración y en los arriendos, pegándosela, como usted me enseña, por activa y por pasiva... —Y usted dirá...

Este modo dialogado era un recurso de la oratoria trampetil, del cual echaba mano cuando quería persuadir al auditorio. El gobernador le interrumpió:

—Con permiso de usted lo diré yo mismo. ¿Qué cuenta le tiene a ese galopín prestarle a su amo los miles de duros que tan trabajosamente le ha cogido?

—¡Me caso!... —votó el secretario—. Los miles de duros, como usted me enseña, no se prestan sin hipoteca, sin garantías de una clás o de otra, y el Primitivo no ha nacido en el año de los tontos. Así queda seguro el capital y el amo sujeto.

—Comprendo, comprendo —articuló con viveza el Gobernador. Queriendo dar una muestra de su penetración, añadió—: Y le conviene sacar diputado al señorito, para disponer de más influencia en el país y poder hacer todo cuanto le acomode...

Trampeta miró al funcionario con la mezcla de asombro y de gozosa ironía que las personas de educación inferior muestran cuando oyen a las más elevadas decir una simpleza gorda.

—Como usted me enseña, señor gobernador —pronunció—, no hay nada de eso... Don Pedro, diputado de oposición o independiente o conforme les dé la gana de llamarle, servirá de tanto a los suyos como la carabina de Ambrosio... Primitivo, arrimándose a un servidor de usted o al judío, con perdón, de Barbacana, conseguiría lo que quisiese ¿eh?, sin necesidad de sacar diputado al amo... Y Primitivo, hasta que le dio la ventolera, siempre fue de los míos... Zorro como él no lo hay en toda la provincia... Ése ha de acabar por envolvernos a Barbacana y a mí.

—Y entonces Barbacana ¿por qué se ha declarado a favor del señorito?

—Porque Barbacana va con los curas a donde lo lleven. Ya sabe lo que hace... Usted, un suponer, está ahí hoy y se larga mañana; pero los curas están siempre, y lo mismo el señorío... los Limiosos, los Méndez...

Y dando suelta al torrente de su rencor, el cacique añadió apretando los puños:

—¡Me caso con Dios! Mientras no hundamos a Barbacana, no se hará nada en Cebre.

—¡Corriente! Pues facilítenos usted la manera de hundirlo. Ganas no faltan.

Trampeta se quedó un rato pensativo, y con la cuadrada uña del pulgar, quemada del cigarro, se rascó la perilla.

—Lo que yo cavilo es ¿qué cuenta le tendrá al raposo de Primitivo esta diputación del amo?... Ahora se aprovecha de dos cosas: lo que le pilla como hipoteca y lo que le mama corriendo con los gastos electorales y presentándole luego, como usted me enseña, las cuentas del Gran Capitán... Pero si vencen y me hacen diputado a mi señor don Pedro, y éste vuela para Madrí, y allí pide cuartos por otro lado, que sí pedirá, y abre el ojo para ver las picardías de su mayordomo, y no se vuelve a acordar de la moza ni del chiquillo..., entonces...

Tornó a rascarse la perilla, suspenso y meditabundo, como el que persigue la solución de un problema muy intrincado. Sus agudísimas facultades intelectuales estaban todas en ejercicio. Pero no daba con el cabo de la madeja.

—Al caso —insistió el gobernador—. De lo que se trata es de que no nos derroten vergonzosamente. El candidato es primo del ministro; hemos respondido de la elección.

—Contra el candidato de la Junta de Orense.

—¿Piensa usted que allá admiten esas distinciones? Estamos a triunfar contra cualquiera. No andemos con circunloquios; ¿cree usted que vamos a salir rabo entre piernas? ¿Sí o no?

Trampeta permanecía indeciso. Al cabo levantó la faz, con el orgullo de un gran estratégico, seguro siempre de inventar algún ardid para burlar al enemigo.

—Mire usted —dijo—, hasta la fecha Barbacana no ha podido acabar con este cura, aunque me ha jugado dos o tres buenas... Pero a jugarlas no me gana él ni Dios... Solo que a mí no se me ocurren las mejores tretas hasta que tocan a romper el fuego... Entonces ni el diablo discurre lo que yo discurro. Tengo aquí —y se dio una puñada en la negruzca frente— una cosa que rebulle, pero que aún no sale por más que hago... Saldrá, como usted me enseña, cuando llegue el mismísimo punto resfinado de la ocasión...

Y blandiendo el brazo derecho repetidas veces de arriba abajo, como un sable, añadió en voz hueca:

—Fuera miedo. ¡Se gana!

Mientras el secretario cabildeaba con la primera autoridad civil de la provincia, Barbacana daba audiencia al Arcipreste de Loiro, que había querido ir en persona a tomar noticias de cómo andaban los negocios por Cebre, y se arrellanaba en el despacho del abogado, sorbiendo, por fusique de plata, polvos de un rapé Macuba, que acaso nadie gastaba ya sino él en toda Galicia, y que le traían de contrabando, con gran misterio y cobrándole un dineral.

El Arcipreste, a quien en Santiago conocían por el apodo de Sobres de Envelopes, a causa de una candorosa pregunta en mal hora formulada en una tienda, había sido en otro tiempo, cuando simple abad de Anles, el mejor instrumento electoral conocido. Dijéronle una vez que iba perdida la elección que él manejaba; gritó él furioso: «¿Perder el cura de Anles una elección?», y, al gritar, dio el más soberano puntapié a la urna, que era un puchero, haciéndola volar en miles de pedazos, desparramando las cédulas y logrando, con tan sencillo expediente, que su candidato triunfase. La hazaña le valió la gran cruz de Isabel la Católica. En el día, obesidad, años y sordera le impedían tomar parte activa; pero quedábale la afición y el compás, no habiendo para él cosa tan gustosa como un electoral cotarro.

Siempre que el arcipreste venía a Cebre, pasaba un ratito en el estanco y cartería, donde se charlaba de política por los codos, se leían papeles de Madrid, y se enmendaba la plana a todos los gobernantes y estadistas habidos y por haber, oyéndose a menudo frases del corte siguiente: «Yo, Presidente del Consejo de ministros, arreglo eso de una plumada». «Yo que Prim, no me arredro por tan poco». Y aún solía levantarse la voz de algún tonsurado exclamando: «Pónganme a mí donde está el Papa, y verán cómo lo resuelvo mucho mejor en un periquete».

Al salir de casa de Barbacana, encontró el arcipreste en la cartería al juez y al escribano, y a la puerta a don Eugenio, desatando su yegua de una argolla y dispuesto a montar.

—Aguárdate un poco, Naya —le dijo familiarmente, dándole, según costumbre entre curas, el nombre de su parroquia—. Voy a ver los partes de los periódicos, y después nos largamos juntos.

—Yo tomo hacia los Pazos.

—Yo también. Di allá en la posada que me traigan aquí la mula.

Cumplió don Eugenio el encargo diligentemente, y a poco ambos eclesiásticos, envueltos en cumplidos montecristos, atados los sombreros por debajo de la barba con un pañuelo para que no se los llevase el viento fuerte que corría, bajaban el repecho de la carretera al sosegado paso de sus monturas. Naturalmente hablaban de la batalla próxima, del candidato y de otras particularidades referentes a la elección. El arcipreste lo veía todo muy de color de rosa, y estaba tan cierto de vencer, que ya pensaba en llevar la música de Cebre a los Pazos para dar serenata al diputado electo. Don Eugenio, aunque animado, no se las prometía tan felices. El gobierno dispone de mucha fuerza, ¡qué diantre!, y cuando ve la cosa mal parada recurre a la coacción, haciendo las elecciones por medio de la Guardia Civil. Todo eso de Cortes era, según dicho del abad de Boán, una solemnísima farsa.

—Pues por esta vez —contestaba el arcipreste, manoteando y bufando para desenredarse de la esclavina del montecristo, que el viento le envolvía alrededor de la cara—, por esta vez, les hemos de hacer tragar saliva. Al menos el distrito de Cebre enviará al congreso una persona decente, hijo del país, jefe de una casa respetable y antigua, que nos conoce mejor que esos pillastres venidos de fuera.

—Eso es muy cierto —respondió don Eugenio, que rara vez contradecía de frente a sus interlocutores—; a mí me gusta, como al que más, que la casa de los Pazos de Ulloa represente a Cebre; y si no fuese por cosas que todos sabemos...

El arcipreste, muy grave, sorbió el fusique o cañuto. Amaba entrañablemente a don Pedro, a quien, como suele decirse, había visto nacer, y además profesaba el principio de respetar la alcurnia.

—Bien, hombre, bien —gruñó—, dejémonos de murmuraciones... Cada uno tiene sus defectos y sus pecados, y a Dios dará cuenta de ellos. No hay que meterse en vidas ajenas.

Don Eugenio, como si no entendiese, insistió, repitiendo cuanto acaba de oír en la cartería de Cebre, donde se bordaban con escandalosos comentarios las noticias dadas por Trampeta al gobernador de la provincia. Todo lo refería gritando bastante, a fin de que el punto de sordera del arcipreste, agravado por el viento, no le impidiese percibir lo más sustancial del discurso. El travieso y maleante clérigo gozaba lo indecible viendo al arcipreste sofocado, abotargado, con la mano en la oreja a guisa de embudo, o introduciendo rabiosamente el fusique en las narices. Cebre, según don Eugenio, hervía en indignación contra don Pedro Moscoso; los aldeanos lo querían bien; pero en la villa, dominada por gentes que protegía Trampeta, se contaban horrores de los Pazos. De algunos días acá, justamente desde la candidatura del marqués, se había despertado en la población de Cebre un santo odio al pecado, una reprobación del concubinato y la bastardía, un sentimiento tan exquisito de rectitud y moralidad, que asombraba; siendo de advertir que este acceso de virtud se notaba únicamente en los satélites del secretario, gente en su mayoría de la cáscara amarga y nada edificante en su conducta. Al enterarse de tales cosas, el arcipreste se amorataba de furor.

—¡Fariseos, escribas! —rebufaba—. ¡Y luego nos llamarán a nosotros hipócritas! ¡Miren ustedes qué recato, qué decoro y qué vergüenza les ha entrado a los incircuncisos de Cebre! (en boca del arcipreste, incircunciso era tremenda injuria). Como si el que más y el que menos de ese atajo de tunantes no tuviese hechos méritos para ir a presidio... y al palo, sí señor, ¡al palo!

Don Eugenio no podía contener la risa.

—Hace siete años, la friolera de siete años —tartamudeó el arcipreste calmándose un poco, pero respirando trabajosamente a causa del mucho viento—, siete añitos que en los Pazos sucede... eso que tanto les asusta ahora... Y maldito si se han acordado de decir esta boca es mía. Pero con las elecciones... ¡Qué condenado de aire! Vamos a volar, muchacho.

—Pues aún murmuran cosas peores —gritó el de Naya.

—¿Eh? Si no se oye nada con este vendaval.

—Que aún dicen cosas más serias —voceó don Eugenio, pegando su inquieta yegüecilla a la reverenda mula del arcipreste.

—Dirán que nos van a fusilar a todos... Lo que es a mí, ya me amenazó el secretario con formarme siete causas y meterme en chirona.

—Qué causas ni qué... Baje usted la cabeza... Así... Aunque estamos solos no quiero gritar mucho...

Agarrado don Eugenio al montecristo de su compañero, le explicó desde cerca algo que las alas del nordeste se llevaron aprisa, con estridente y burlón silbido.

—¡Caramelos! —rugió el arcipreste, sin que se le ocurriese una sola palabra más. Tardó aún cosa de dos minutos en recobrar la expedición de la lengua y en poder escupir al ventarrón, cada vez más desencadenado y furioso, una retahíla de injurias contra los infames calumniadores del partido de Trampeta. El granuja de don Eugenio le dejó desahogar, y luego añadió:

—Aún hay más, más.

—¿Y qué más puede haber? ¿Dicen también que el señorito don Pedro sale a robar a los caminos? ¡Canalla de incircuncisos ésos, sin más Dios ni más ley que su panza!

—Aseguran que la noticia viene por persona de la misma casa.

—¿Eeeeh? Cargue el diablo con el viento.

—Que la noticia viene por persona de la misma casa de los Pazos... ¿Ya me entiende usted? —Y don Eugenio guiñó el ojo.

—Ya entiendo, ya... ¡Corazones de perro, lenguas de escorpión! Una señorita que es la honradez en persona, de una familia tan buena, no despreciando a nadie..., ¡y calumniarla, y para más con un ordenado de misa! ¡Liberaluchos indecentes, de éstos de por aquí, que se venden tres al cuarto! ¡Pero cómo está el mundo, Naya, cómo está el mundo!

—Pues también añaden...

—¡Caramelos! ¿Acabarás hoy? ¡Qué tormenta se prepara, María Santísima! ¡Qué viento... qué viento!

—Atiéndame, que esto no lo dicen ellos, sino Barbacana. Que esa persona de la casa —Primitivo, vamos— nos va a hacer una perrería gorda en la elección.

—¿Eeeeh? ¿Tú seque chocheas? Para, mula, a ver si oigo mejor. ¿Que Primitivo...?

—No es seguro, no es seguro, no es seguro —vociferó el abad de Naya, que se divertía más que en un sainete.

—¡Por vida de lo que malgasto, que esto ya pasa de raya! Hazme el favor de no volverme loco, ¿eh?, que para eso bastante tengo con el viento maldito. ¡No quiero oír, no quiero oír más! —declaró esto en ocasión que su montecristo se alzaba rápidamente a impulsos de una ráfaga mayor, y se volvía todo hacia arriba, dejando al arcipreste como suelen pintar a Venus en la concha. Así que logró remediar el percance, hizo trotar a su mula, y no se oyó en el camino más voz que la del nordeste, que allá a lo lejos, sacudiendo castañares y robledales, remedaba majestuosa sinfonía.

XXVI

Amortiguada la primera impresión, no se atrevía Julián a interrogar a Nucha sobre lo que había visto. Hasta recelaba ir al cuarto de la señorita. Algún fundamento tenía este recelo. Aunque de suyo confiado, creía notar el capellán que le espiaban. ¿Quién? Todo el mundo: Primitivo, Sabel, la vieja bruja, los criados. Como sentimos de noche, sin verla, la niebla húmeda que nos penetra y envuelve, así sentía Julián la desconfianza, la malevolencia, la sospecha, la odiosidad que iba espesándose en torno suyo. Era cosa indefinible, pero patente. En dos o tres funciones a que asistió, figurósele que los curas le hablaban con acento hostil, que el arcipreste le examinaba frunciendo el entrecejo, y que únicamente don Eugenio le manifestaba la acostumbrada cordialidad. Pero acaso fuesen éstas vanas cavilaciones, y quizás soñaba también al imaginarse que, a la mesa, don Pedro seguía continuamente la dirección de sus ojos y acechaba sus movimientos. Esto le fatigaba tanto más cuanto que un irresistible anhelo le obligaba a mirar a Nucha muy a menudo, reparando a hurtadillas si estaba más delgada, si comía con buen apetito, si se notaba algo nuevo en sus muñecas. La señal, oscura el primer día, fue verdeando y desapareciendo.

La necesidad de ver a la niña acabó por poder más que las vacilaciones de Julián. Arreglada ya la capilla, solo en la habitación de su madre podía verla, y allí fue, no bastándole el beso robado en el corredor, cuando el ama lo cruzaba con la nena en brazos. Iba la criatura saliendo de esa edad en que los niños parecen un lío de trapos, y sin perder la gracia y atractivo del ser indefenso y débil, tenía el encanto de la personalidad, de la soltura cada vez mayor de sus movimientos y conciencia de sus actos. Ya adoptaba posturas de ángel de Murillo; ya cogía un objeto y acertaba a llevarlo a la cálida boca, en la impaciencia de la dentición retrasada; ya ejecutaba con indecible monería ese movimiento cautivador entre todos los de los niños pequeños, de tender no solo los brazos, sino el cuerpo entero, con abandono absoluto, hacia la persona que les es simpática; actitud que las nodrizas llaman irse con la gente. Hacía tiempo que la pequeña redoblaba la risa, y su carcajada melodiosa, repentina y breve, era solo comparable a gorjeo de pájaro. Ningún sonido articulado salía aún de su boca, pero sabía expresar divinamente, con las onomatopeyas que según ciertos filólogos fueron base del lenguaje primitivo, todos sus afectos y antojos; en su cráneo, que empezaba a solidificarse, por más que en el centro latiese aún la abierta mollera, se espesaba el pelo, de día en día más oscuro, suave aún como piel de topo; sus piececitos se desencorvaban, y los dedos, antes retorcidos, el pulgar vuelto hacia arriba, los otros botoncillos de rosa hacia abajo, se habituaban a la estación horizontal que exige el andar humano. Cada uno de estos grandes progresos en el camino de la vida era sorpresa y placer inefable para Julián, confirmando su dedicación paternal al ser que le dispensaba el favor insigne de tirarle de la cadena del reloj, manosearle los botones del chaleco, ponerle como nuevo de baba y leche. ¡Qué no haría él por servir de algo a la nenita idolatrada! A veces el cariño le inspiraba ideas feroces, como agarrar un palo y moler las costillas a Primitivo; coger un látigo y dar el mismo trato a Sabel. Pero, ¡ay! Nadie puede usurpar el puesto del amo de casa, del jefe de la familia; y el jefe... Al capellán le pesaba en el alma la fundación de aquel hogar cristiano. Recta había sido la intención, y amargo el fruto. ¡Sangre del corazón daría él por ver a Nucha en un convento!

¿Qué arbitrio adoptar ya? Julián presentía los inmensos inconvenientes de su intervención directa. Seguro de la teoría, firme en el terreno del derecho, capaz de resistir pasivamente hasta morir, faltábale la vigorosa palanca de los actos humanos, la iniciativa. En aquella casa es indudable que andaban muchas cosas desquiciadas, otras torcidas y fuera de camino; el capellán asistía al drama, temía un desenlace trágico, sobre todo desde la famosa señal en las muñecas, que no le salía de la acalorada imaginación; mostrábase taciturno; su color sonrosado se trocaba en amarillez de cera; rezaba más aún que de costumbre; ayunaba; decía la misa con el alma elevada, como la diría en tiempos de martirio; deseaba ofrecer la existencia por el bienestar de la señorita; pero, a no ser en uno de sus momentos de arrechucho puramente nervioso, no podía, no sabía, no acertaba a dar un paso, a adoptar una medida —aunque ésta fuese tan fácil y hacedera como escribir cuatro renglones a don Manuel Pardo de la Lage, informándole de lo que ocurría a su hija—. Siempre encontraba pretextos para aplazar toda acción, tan socorridos como éste, verbigracia:

—Dejemos que pasen las elecciones.

Las elecciones le infundían esperanzas de que, si el señorito, elegido diputado, salía de la huronera, de entre la gente inicua que lo prendía en sus redes, era posible que Dios le tocase en el corazón y mudase de conducta.

Una cosa preocupaba mucho al buen capellán: ¿el señorito se iría solo a Madrid, o llevaría a su mujer y a la pequeña? Julián ponía a Dios por testigo de que deseaba esto último, si bien al pensar qué podía suceder le entraba una hipocondría mortal. La idea de no ver más a nené durante meses o años, de no tenerla en las rodillas montada a caballito, de quedarse allí, frente a frente con Sabel, como en oscuro pozo habitado por una sabandija, le era intolerable. Duro le parecía que se marchase la señorita, pero lo de la niña..., lo de la niña...

«Si me la dejasen —pensaba— la cuidaría yo perfectamente».

Acercábase la batalla decisiva. Los Pazos eran un jubileo, un ir y venir de adictos y correveidiles, un entrar y salir de mensajes, de órdenes y contraórdenes, que le daban semejanza con un cuartel general. Siempre había en las cuadras caballos o mulas forasteras, masticando abundante pienso, y en los anchos salones se oía crujir incesante de botas altas, pisadas de fuertes zapatos, cuando no pateo de zuecos. Julián se tropezaba con curas sofocados, respirando bélico ardor, que le hablaban de los trabajos, pasmándose de ver que no tomaba parte en nada... ¡En tan solemne y crítica ocasión, el capellán de los Pazos no tenía derecho a dormir ni a comer!

Seguía reparando que algunos abades se mostraban con él así como airados o resentidos, en especial el arcipreste, el más encariñado con la casa de Ulloa; pues mientras el cura de Boán y aun el de Naya atendían sobre todo al triunfo político, el arcipreste miraba principalmente al esplendor del hidalgo solar, al buen nombre de los Moscosos.

Todo anunciaba que el señor de los Pazos se llevaría el gato al agua, a pesar del enorme aparato de fuerza desplegado por el gobierno. Se contaban los votos, se hacía un censo, se sabía que la superioridad numérica era tal, que las mayores diabluras de Trampeta no la echarían abajo. No disponía el gobierno en el distrito sino de lo que, pomposamente hablando, puede llamarse el elemento oficial. Si es verdad que éste influye mucho en Galicia, merced al carácter sumiso de los labriegos, allí en Cebre no podía contrapesar la acción de curas y señoritos reunidos en torno del formidable cacique Barbacana. El arcipreste resoplaba de gozo. ¡Cosa rara! Barbacana mismo era el único que no se las contaba felices. Preocupado y de peor humor a cada instante, torcía el gesto cuando algún cura entraba en su despacho frotándose las manos de gusto, a noticiarle adhesiones, caza de votos.

¡Qué elecciones aquéllas, Dios eterno! ¡Qué lid reñidísima, qué disputar el terreno pulgada a pulgada, empleando todo género de zancadillas y ardides! Trampeta parecía haberse convertido en media docena de hombres para trampetear a la vez en media docena de sitios. Trueques de papeletas, retrasos y adelantos de hora, falsificaciones, amenazas, palos, no fueron arbitrios peculiares de esta elección, por haberse ensayado en otras muchas; pero uniéronse a las estratagemas usuales algunos rasgos de ingenio sutil, enteramente inéditos. En un colegio, las capas de los electores del marqués se rociaron de aguarrás y se les prendió fuego disimuladamente por medio de un fósforo, con que los infelices salieron dando alaridos, y no aparecieron más. En otro se colocó la mesa electoral en un descanso de escalera; los votantes no podían subir sino de uno en uno, y doce paniaguados de Trampeta, haciendo fila, tuvieron interceptado el sitio durante toda la mañana, moliendo muy a su sabor a puñadas y coces a quien intentaba el asalto. Picardía discreta y mañosa fue la practicada en Cebre mismo.

Acudían allí los curas acompañando y animando al rebaño de electores, a fin de que no se dejasen dominar por el pánico en el momento de depositar el voto. Para evitar que «se la jugasen», don Eugenio, valiéndose del derecho de intervención, sentó en la mesa a un labriego de los más adictos suyos, con orden terminante de no separar la vista un minuto de la urna. «¿Tú entendiste, Roque? No me apartas los ojos de ella, así se hunda el mundo». Instalóse el payo, apoyando los codos en la mesa y las manos en los carrillos, contemplando de hito en hito la misteriosa olla, tan fijamente como si intentase alguna experiencia de hipnotismo. Apenas alentaba, ni se movía más que si fuese hecho de piedra.

Trampeta en persona, que daba sus vueltas por allí, llegó a impacientarse viendo al inmóvil testigo, pues ya otra olla rellena de papeletas, cubiertas a gusto del alcalde y del secretario de la mesa, se escondía debajo de ésta, aguardando ocasión propicia de sustituir a la verdadera urna. Destacó, pues, un seide encargado de seducir al vigilante, convidándole a comer, a echar un trago, recurriendo a todo género de insinuaciones halagüeñas. Tiempo perdido: el centinela ni siquiera miraba de reojo para ver a su interlocutor: su cabeza redonda, peluda, sus salientes mandíbulas, sus ojos que no pestañeaban, parecían imagen de la misma obstinación. Y era preciso sacarle de allí, porque se acercaba la hora sacramental, las cuatro, y había que ejecutar el escamoteo de la olla. Trampeta se agitó, hizo a sus adláteres preguntas referentes a la biografía del vigilante, y averiguó que tenía un pleito de tercería en la Audiencia, por el cual le habían embargado los bueyes y los frutos. Acercóse a la mesa disimuladamente, púsole una mano en el hombro, y gritó: «¡Fulano... ganaste el pleito!». Saltó el labriego, electrizado. «¡Qué me dices, hombre!». «Se falló en la Audiencia ayer». «Tú loqueas». «Lo que oyes». En este intervalo el secretario de la mesa verificaba el trueque de pucheros: ni visto ni oído. El alcalde se levantó con solemnidad. «¡Señores... se va a proceder al discutinio!». Entra la gente en tropel: comienza la lectura de papeletas; míranse los curas atónitos, al ver que el nombre de su candidato no aparece «¿Tú te moviste de ahí?», pregunta el abad de Naya al centinela. «No, señor», responde éste con tal acento de sinceridad, que no consentía sospecha. «Aquí alguien nos vende», articula el abad de Ulloa en voz bronca, mirando desconfiadamente a don Eugenio. Trampeta, con las manos en los bolsillos, ríe a socapa.

Tales amaños mermaron de un modo notable la votación del marqués de Ulloa, dejando cincunscrita la lucha, en el último momento, a disputarse un corto número de votos, del cual dependía la victoria. Y llegado el instante crítico, cuando los ulloístas se juzgaban ya dueños del campo, inclinaron la balanza del lado del gobierno defecciones completamente impensadas, por no decir abominables traiciones, de personas con quienes se contaba en absoluto, habiendo respondido de ellas la misma casa de los Pazos, por boca de su mayordomo. Golpe tan repentino y alevoso no pudo prevenirse ni evitarse. Primitivo, desmintiendo su acostumbrada impasibilidad, dio rienda a una cólera furiosa, desatándose en amenazas absurdas contra los tránsfugas.

Quien se mostró estoico fue Barbacana. La tarde que se supo la pérdida definitiva de la elección, el abogado estaba en su despacho, rodeado de tres o cuatro personas. Ahogándose como ballena encallada en una playa y a quien el mar deja en seco, entró el arcipreste, morado de despecho y furor. Desplomóse en un sillón de cuero; echó ambas manos a la garganta, arrancó el alzacuello, los botones de camisa y almilla; y trémulo, con los espejuelos torcidos y el fusique oprimido en el crispado puño izquierdo, se enjugó el sudor con un pañuelo de hierbas. La serenidad del cacique le sacó de tino.

—¡Me pasmo, caramelos! Me pasmo de verle con esa flema! ¿O no sabe lo que pasa?

—Yo no me apuro por cosas que están previstas. En materia de elecciones no se me coge a mí de susto.

—¿Usted se esperaba lo que ocurre?

—Como si lo viera. Aquí está el abad de Naya, que puede responder de que se lo profeticé. No atestiguo con muertos.

—Verdad es —corroboró don Eugenio, harto compungido.

—¿Y entonces, santo de Dios, a qué tenernos embromados?

—No les íbamos a dejar el distrito por suyo sin disputárselo siquiera. ¿Les gustaría a ustedes? Legalmente, el triunfo es nuestro.

—Legalmente... ¡Toma, caramelos! ¡Legalmente sí, pero vénganos con legalidades! ¡Y esos Judas condenados que nos faltaron cuando precisamente pendía de ellos la cosa! ¡El herrero de Gondás, los dos Ponlles, el albéitar...!

—Ésos no son Judas, no sea inocente, señor arcipreste: ésa es gente mandada, que acata una consigna. El Judas es otro.

—¿Eeeeh? Ya entiendo, ya... ¡Hombre, si es cierta esa maldad —que no puedo convencerme, que se me atraganta—, aún sería poco para el traidor el castigo de Judas! Pero usted, santo, ¿por qué no le atajó? ¿Por qué no avisó? ¿Por qué no le arrancó la careta a ese pillo? Si el señor marqués de Ulloa supiese que tenía en casa al traidor, con atarlo al pie de la cama y cruzarlo a latigazos... ¡Su propio mayordomo! No sé cómo pudo usted estarse así con esa flema.

—Se dice luego; pero mire usted: cuando la elección estriba en una persona, y no cabe cerciorarse de si está de buena o mala fe, de poco sirve revelar sospechas... Hay que aguardar el golpe atado de pies y manos..., son cosas que se ven a la prueba, y si salen mal, se debe callar y guardarlas...

Al pronunciar la palabra guardarlas, el cacique se daba una puñada en el pecho, cuya concavidad retumbó sordamente, lo mismo que debía retumbar la de san Jerónimo cuando el santo la hería con el famoso pedrusco.

Y algo se asemejaba Barbacana al tipo de los san Jerónimos de escuela española, amojamados y huesudos, caracterizados por la luenga y enmarañada barba y el sombrío fuego de las pupilas negras.

—De aquí no salen —añadió con torvo acento—, y aquí no pierden el tiempo, que todavía nadie se la hizo a Barbacana sin que algún día se la pagase. Y respecto del Judas, ¿cómo quería usted que lo pudiésemos desenmascarar, si ahora, lo mismo que en tiempo de la pasión de Nuestro Señor Jesucristo, tenía la bolsa en la mano? A ver, señor arcipreste, ¿quién nos ha facilitado las municiones para esta batalla?

—¿Que quién las ha facilitado? En realidad de verdad, la casa de Ulloa.

—¿Las tenía disponibles? ¿Sí o no? Ahí está el toque. Como esas casas no son más que vanidad y vanidad, por no confesar que le faltaban los cuartos y no pedirlos a una persona de conocida honradez, pongo por ejemplo, un servidor, va y los recibe de un pillastre, de una sanguijuela que le está chupando cuanto posee.

—Buenas cosas van a decir de nosotros los badulaques de la Junta de Orense. Que somos unos estafermos y que no servimos para nada. ¡Perder una elección! Es la primera vez de mi vida.

—No. Que escogimos un candidato muy simple. Hablando en plata, eso es lo que dirá la Junta de Orense.

—Poco a poco —exclamó el arcipreste dispuesto a romper lanzas por su caro señorito—. No estamos conformes...

Aquí llegaban de su plática, y el auditorio, que se componía, además del abad de Naya, del de Boán y del señorito de Limioso, guardaba el silencio de la humillación y la derrota. De repente un espantoso estruendo, formado por los más discordantes y fieros ruidos que pueden desgarrar el tímpano humano, asordó la estancia. Sartenes rascadas con tenedores y cucharas de hierro; tiestos de cocina tocados como címbalos; cacerolas, dentro de las cuales se agitaba en vertiginoso remolino un molinillo de batir chocolate; peroles de cobre en que tañían broncas campanadas fuertes manos de almirez; latas atadas a un cordel y arrastradas por el suelo; trébedes repicados con varillas de hierro, y, por cima de todo, la lúgubre y ronca voz del cuerno, y la horrenda vociferación de muchas gargantas humanas, con esa cavernosidad que comunica a la laringe el exceso de vino en el estómago. Realmente acababan los bienaventurados músicos de agotar una redonda corambre, que en la Casa Consistorial les había brindado la munificencia del secretario. Por entonces aún ignoraban los electores campesinos ciertos refinamientos, y no sabían pedir del vino que hierve y hace espuma, como algunos años después, contentándose con buen tinto empecinado del Borde. Al través de las vidrieras de Barbacana penetraba, junto con el sonido de los hórridos instrumentos y descompasada gritería, vaho vinoso, el olor tabernario de aquella patulea, ebria de algo más que del triunfo. El arcipreste se enderezaba los espejuelos; su rostro congestionado revelaba inquietud. El cura de Boán fruncía el cano entrecejo. Don Eugenio se inclinaba a echarlo todo a broma. El señorito de Limioso, resuelto y tranquilo, se aproximó a la ventana, alzó un visillo y miró.

La cencerrada proseguía, implacable, frenética, azotando y arañando el aire como una multitud de gatos en celo el tejado donde pelean; súbitamente, de entre el alboroto grotesco se destacó un clamor que en España siempre tiene mucho de trágico: un muera.

—¡Muera el Terso!

Un enjambre de mueras y vivas salió tras el primero.

—¡Mueran los curas!

—¡Muera la tiranía!

—¡Viva Cebre y nuestro diputado!

—¡Viva la Soberanía Nacional!

—¡Muera el marqués de Ulloa!

Más enérgico, más intencionado, más claro que los restantes, brotó este grito:

—¡Muera el ladrón faucioso Barbacana!

Y el vocerío, unánime, repitió:

—¡Mueraaaa!

Instantáneamente apareció junto a la mesa del abogado un hombre de siniestra catadura, hasta entonces oculto en un rincón. No vestía como los labriegos, sino como persona de baja condición en la ciudad: chaqueta de paño negro, faja roja y hongo gris; patillas cortas, de boca de hacha, redoblaban la dureza de su fisonomía, abultada de pómulos y ancha de sienes. Uno de sus hundidos ojuelos verdes relucía felinamente; el otro, inmóvil y cubierto con gruesa nube blanca, semejaba hecho de cristal cuajado.

Abriendo Barbacana el cajón de su pupitre, sacaba de él dos enormes pistolas de arzón, prehistóricas sin duda, y las reconocía para cerciorarse de que estaban cargadas. Mirando al aparecido fijamente, pareció ofrecérselas con leve enarcamiento de cejas. Por toda respuesta, el Tuerto de Castrodorna hizo asomar al borde de su faja el extremo de una navaja de cachas amarillas, que volvió a ocultar al punto. El arcipreste, que había perdido los bríos con la obesidad y los años, sobresaltóse mucho.

—Déjese de calaveradas, mi amigo. Por si acaso, me parece oportuno salir por la puerta de atrás. ¿Eh? No es cosa de aguardar a que esos incircuncisos vengan aquí a darle a uno tósigo.

Mas ya el cura de Boán y el señorito de Limioso, unidos al Tuerto, formaban un grupo lleno de decisión. El señorito de Limioso, no desmintiendo su vieja sangre hidalga, aguardaba sosegadamente, sin fanfarronería alguna, pero con impávido corazón; el abad de Boán, nacido con más vocación de guerrillero que de misacantano, apretaba con júbilo la pistola, olfateaba el peligro, y, a ser caballo, hubiera relinchado de gozo; el Tuerto, encogido y crispado como un tigre, se situaba detrás de la puerta a fin de destripar a mansalva al primero que entrase.

—No tenga miedo, señor arcipreste... —murmuró gravemente Barbacana—. Perro que ladra no muerde. Ni a romperme un vidrio se atreverán esos bocalanes. Pero conviene estar dispuesto, por si acaso, a enseñarles los dientes.

Resonaban nutridos y feroces los mueras; mas en efecto, ni una piedra sola venía a herir los cristales. El señorito de Limioso se acercó otra vez, levantó el visillo y llamó a don Eugenio.

—Mire, Naya, mire para aquí... Buena gana tienen de subir ni de tirar piedras... Están bailando.

Don Eugenio se llegó a la vidriera y soltó la carcajada. Entre la patulea de beodos, dos seides de Trampeta, carcelero el uno, el otro alguacil, trataban de calentar a algunos de los que chillaban más fuerte, para que atacasen la morada del abogado; señalaban a la puerta, indicaban con ademanes elocuentes lo fácil que sería echarla abajo y entrar. Pero los borrachos, que no por estarlo perdían la cautelosa prudencia, el saludable temor que inspira el cacique al labriego, se hacían los desentendidos, limitándose a berrear, a herir cazos y sartenes con más furia. Y en el centro del corro, al compás de los almireces y cacerolas, brincaban como locos los más tomados de la bebida, los verdaderos pellejos.

—Señores —dijo en grave y enronquecida voz Ramón Limioso—: Es siquiera una mala vergüenza que esos pillos nos tengan aquí sitiados... Me dan ganas de salir y pegarles una corrida, que no paren hasta el Ayuntamiento.

—Hombre —gruñó el abad de Boán—, usted poco habla, pero bueno. Vamos a meterles miedo, ¡quoniam! Estornudando solamente, espanto yo media docena de esos pellejones.

No pronunció el Tuerto palabra; únicamente su ojo verdoso se encendió con fosfórica luz, y miró a Barbacana, como pidiéndole permiso de tomar parte en la empresa. Barbacana hizo con la cabeza señal afirmativa, pero le indicó al mismo tiempo que guardase la navaja.

—Tiene razón —exclamó el hidalgo de Limioso, enderezando la cabeza y dilatando las ventanillas de la nariz con altanera expresión, muy desusada en su lánguida y triste faz—. A esa gente, a palos y latigazos se les sacude el polvo. No ensuciar un arma que uno usa para el monte, para las perdices y las liebres, que valen más que ellos (fuera el alma).

Y al decir fuera el alma, persignóse el señorito.

—Tengan miramiento, hombre, tengan miramiento... —murmuraba el arcipreste difícilmente, extendiendo las manos como para calmar los ánimos irritados. (¡Cuán lejos estaban los tiempos belicosos en que aseguraba una elección a puntapiés!)

Barbacana no se opuso a la hazaña; al contrario, pasó a otra estancia y volvió con un haz de junquillos, palos y bastones. El cura de Boán no quiso más garrote que el suyo, que era formidable; Ramón Limioso, fiel a su desdén de la grey villana, asió el látigo más delgado, un latiguillo de montar. El Tuerto empuñó una especie de tralla, que, manejada por diestra vigorosa, debía ser de terrible efecto.

Bajaron cautelosamente la escalera, cuidando de no zapatear, previsión que el endiablado estrépito de la cencerrada hacía de todo punto ociosa. Tenía la puerta su tranca y los cerrojos corridos, medida de precaución adoptada por la cocinera del abogado así que oyó estruendo de motín. El abad de Boán los descorrió impetuosamente, el Tuerto sacó la tranca, giró la llave en la cerradura, y clérigos y seglares se lanzaron contra la canalla sin avisar ni dar voces, con los dientes apretados, chispeantes los ojos, blandiendo látigos y esgrimiendo garrotes.

No habrían transcurrido cinco minutos cuando Barbacana, que por detrás de los visillos registraba el teatro del combate, sonrió silenciosamente, o más bien regañó los labios, descubriendo la amarilla dentadura, y apretó con nerviosa violencia la barandilla de la ventana. En todas direcciones huían los despavoridos borrachos, chillando como si los cargase un regimiento de caballería a galope: algunos tropezaban y caían de bruces, y la tralla del Tuerto se les enroscaba alrededor de los lomos, arrancándoles alaridos de dolor. Fustigaba el hidalgo de Limioso con menos crueldad, pero con soberano desprecio, como se fustigaría a una piara de marranos. El cura de Boán sacudía estacazo limpio, con regularidad y energía infatigables. El de Naya, incapaz de mantenerse dentro de los límites de su papel justiciero, insultaba, reía y vapuleaba a un mismo tiempo a los beodos.

—¡Anda, tinaja, cuba, mosquito! ¡Toma, toma, para que vuelvas otra vez, pellejo, odre! ¡Ve a dormir la mona, cuero! ¡A la taberna con tus huesos, larpán, tonel de mosto! ¡A la cárcel, borrachos, a vomitar lo que tenéis en esas tripas!

Limpia estaba la calle; más limpia ya que una patena: silencio profundo había sustituido al vocerío, a los mueras y a la cencerrada feroz. Por el suelo quedaban esparcidos despojos de la batalla: cazos, almireces, cuernos de buey. En la escalera se oía el ruido de los vencedores, que subían celebrando el fácil triunfo. Delante de todos entró don Eugenio, que se echó en una butaca partiéndose a carcajadas y palmoteando. El cura de Boán le seguía limpiándose el sudor. Ramón Limioso, serio y aún melancólico, se limitó a entregar a Barbacana el latiguillo, sin despegar los labios.

—¡Van... buenos! —tartamudeó el abad de Naya reventando de risa.

—Yo mallé en ellos... como quien malla en centeno! —exclamó respirando con placer el de Boán.

—Pues yo —explicó el hidalgo—, si supiese que habían de ser tan cobardes y echar a correr sin volvérsenos siquiera, a fe que no me tomo el trabajo de salir.

—No se fíen —observó el arcipreste—. Ahora en el Ayuntamiento los avergüenza Trampeta, y capaz es de venir acá en persona con los incircuncisos a darle un susto al señor Licenciado (así llamaban a Barbacana familiarmente sus amigos). Por si acaso, es prudente que estos señores pasen aquí la noche. Yo tengo que misar mañana en Loiro, y mi hermana estará muerta de miedo..., que si no...

—Nada de eso —replicó perentoriamente Barbacana—. Estos señores se vuelven cada uno a su casa. No hay cuidado ninguno. A mí... me basta con este mozo —añadió señalando al Tuerto, agazapado otra vez en su rincón.

No fue posible reducir al cacique a que aceptase la guardia de honor que le ofrecían. Por otra parte, no se notaba síntoma alguno de que hubiese de alterarse el orden nuevamente. Ni se oían a lo lejos vociferaciones de electores victoriosos. El soñoliento silencio de los pueblecillos pequeños y sin vida pesaba sobre la villa de Cebre. Tres héroes de la gran batida, y el arcipreste con ellos, salieron a caballo hacia la montaña. No iban cabizbajos, a fuer de muñidores electorales derrotados, sino llenos de regocijo, con gran cháchara y broma, celebrando a más y mejor la somanta administrada a los borrachines cencerreadores. Don Eugenio estaba inspirado, oportuno, bullanguero, ocurrentísimo en una palabra; había que oírle remedar los aullidos y la caída de los ebrios en el lodo de la calle, y el gesto que ponía el cura de Boán al majar en ellos.

Barbacana se quedó solo con el Tuerto. Si alguno de los molidos músicos de la cencerrada se atreviese a asomar la cabeza y mirar hacia las ventanas del cacique, vería que, por fanfarronada o por descuido, no estaban cerradas las maderas, y podría distinguir, al través de los visillos y destacándose sobre el fondo de la habitación alumbrada por el quinqué, las cabezas del abogado y de su feroz defensor y seide. Sin duda hablaban de algo importante, porque la plática fue larga. Una hora o algo más corrió desde que encendieron la luz hasta que las maderas se cerraron, quedando la casa silenciosa, torva y sombría como quien oculta algún negro secreto.

XXVII

La persona en quien se notó mayor sentimiento por la pérdida de las elecciones fue Nucha. Desde la derrota, se desmejoró más de lo que estaba, y creció su abatimiento físico y moral. Apenas salía de su habitación donde vivía esclava de su niña, cosida a ella día y noche. En la mesa, mientras comía poco y sin gana, guardaba silencio, y a veces Julián, que no apartaba los ojos de la señorita, la veía mover los labios, cosa frecuente en las personas poseídas de una idea fija, que hablan para sí, sin emitir la voz. Don Pedro, como nunca huraño, no se tomaba el trabajo de intentar un asomo de conversación. Mascaba firme, bebía seco, y tenía los ojos fijos en el plato, cuando no en las vigas del techo; jamás en sus comensales.

Tan deshecha y acabada le parecía al capellán la señorita, que un día se atrevió, venciendo recelos inexplicables, a llamar aparte a don Pedro, preguntándole en voz entrecortada si no sería bueno avisar al señor de Juncal, para que viese...

—¿Está usted loco? —respondió don Pedro, fulminándole una mirada despreciativa—. ¿Llamar a Juncal..., después de lo que trabajó contra mí en las elecciones? Máximo Juncal no atravesará más las puertas de esta casa.

No replicó el capellán, pero pocos días después, volviendo de Naya, se tropezó con el médico. Éste detuvo su caballejo, y, sin apearse, contestó a las preguntas de Julián.

—«Puede ser grave...». Quedó muy débil del parto, y necesitaba cuidados exquisitos... Las mujeres nerviosas sanan del cuerpo cuando se les tranquiliza y se les distrae el espíritu... Mire, Julián, tendríamos que hablar para seis horas si yo le dijese todo lo que pienso de esa infeliz señorita, y de esos Pazos... Punto en boca... Bonito diputado querían ustedes enviar a las Cortes... Más valdría que sus padres lo hubiesen mandado a la escuela...

Puede ser grave... Esto principalmente se estampó en el pensamiento de Julián. Sí que podía ser grave: ¿Y de qué medios disponía él para conjurar la enfermedad y la muerte? De ninguno. Envidió a los médicos. Él solo tenía facultades para curar el espíritu: ni aun ésas le servían, pues Nucha no se confesaba con él; y hasta la idea de que se confesase, de ver desnuda un alma tan hermosa, le turbaba y confundía.

Muchas veces había pensado en semejante probabilidad: cualquier día era fácil que Nucha, por necesidad de desahogo y de consuelo, viniese a echársele a los pies en el tribunal de la penitencia y a demandarle consejos, fuerza, resignación. «¿Y quién soy yo —se decía Julián— para guiar a una persona como la señorita Marcelina? Ni tengo edad, ni experiencia, ni sabiduría suficiente; y lo peor es que también me falta virtud, porque yo debía aceptar gustoso todos los padecimientos de la señorita, creer que Dios se los envía para probarla, para acrecentar sus méritos, para darle mayor cantidad de gloria en el otro mundo... y soy tan malo, tan carnal, tan ciego, tan inepto, que me paso la vida dudando de la bondad divina porque veo a esta pobre señora entre adversidades y tribulaciones pasajeras... Pues no ha de ser así —resolvía el capellán con esfuerzo—. He de abrir los ojos, que para eso tengo la luz de la fe, negada a los incrédulos, a los impíos, a los que están en pecado mortal. Si la señorita me viene a pedir que le ayude a llevar la cruz, enseñémosle a que la abrace amorosamente. Es necesario que comprenda ella, y yo también, lo que significa esa cruz. Con ella se va a la felicidad única y verdadera. Por muy dichosa que fuese la señorita aquí en el mundo, vamos a ver, ¿cuánto tiempo y de qué manera podría serlo? Aunque su marido la... estimase como merece, y la pusiese sobre las niñas de sus ojos,

¿se libraría por eso de contrariedades, enfermedades, vejez y muerte? Y cuando llega la hora de la muerte, ¿qué importa ni de qué sirve haber pasado un poco más alegre y tranquila esta vidilla perecedera y despreciable?».

Tenía Julián a la mano siempre un ejemplar de la Imitación de Cristo; era la modesta edición de la Librería religiosa, y castiza y admirable traducción del P. Nieremberg. Al frente de la portada había un grabado, bien ínfimo como obra de arte, que proporcionaba al capellán mucho alivio cada vez que fijaba sus ojos en él. Representaba una colina, el Calvario; y por el estrecho sendero que conducía al lugar del suplicio, iba subiendo lentamente Jesús, con la cruz a cuestas, y el rostro vuelto hacia un fraile que allá en lontananza se echaba otra cruz al hombro. Aunque malo el dibujo y peor el desempeño, respiraba aquel grabado una especie de resignación melancólica, adecuada a la situación moral del presbítero. Y después de haberlo contemplado despacio, parecíale sentir en los hombros una pesadumbre abrumadora y dulcísima a la vez, y una calma honda, como si se encontrase —calculaba él para sí— sepultado en el fondo del mar, y el agua le rodease por todas partes, sin ahogarle. Entonces leía párrafos del libro de oro, que se le entraban en el alma a manera de hierro enrojecido en la carne:

«¿Por qué temes, pues, tomar la cruz, por la cual se va al reino? En la cruz está la salud, en la cruz está la vida, en la cruz está la defensa de los enemigos, en la cruz está la infusión de la suavidad soberana, en la cruz está la fortaleza del corazón, en la cruz está el gozo del espíritu, en la cruz está la suma virtud, en la cruz está la perfección de la santidad... Toma pues tu cruz, y sigue a Jesús... Mira que todo consiste en la cruz, y todo está en morir; y no hay otro camino para la vida y para la verdadera paz que el de la santa cruz y continua mortificación... Dispón y ordena todas las cosas según tu querer, y no hallarás sino que has de padecer algo, o de grado o por fuerza; y así siempre hallarás la cruz, porque o sentirás dolor en el cuerpo, o padecerás tribulación en el espíritu... Cuando llegares al punto de que la aflicción te sea dulce y gustosa por amor de Cristo, piensa entonces que te va bien, porque hallaste el paraíso en la tierra...».

—¡Cuándo llegaré yo a este estado de bienaventuranza, Señor! —murmuraba Julián poniendo una señal en el libro—. Había oído algunas veces que Dios concede lo que se le pide mentalmente en el acto de consagrar la hostia, y con muchas veras le pedía llegar al punto de que su cruz... No, la de la pobre señorita, le fuese dulce y gustosa, como decía Kempis...

A la misa en la capilla remozada asistía siempre Nucha, oyéndola toda de rodillas, y retirándose cuando Julián daba gracias. Sin volverse ni distraerse en la oración, Julián conocía el instante en que se levantaba la señorita y el ruido imperceptible de sus pisadas sobre el entarimado nuevo. Cierta mañana no lo oyó. Este hecho tan sencillo le privó de rezar con sosiego. Al alzarse, vio a Nucha también en pie, el índice sobre los labios. Perucho, que ayudaba a misa con desembarazo notable, se dedicaba a apagar los cirios, valiéndose de una luenga caña. La mirada de la señorita decía elocuentemente:

«Que se vaya ese niño».

El capellán ordenó al acólito que despejase.

Tardó éste algo en obedecer, deteniéndose en doblar la toalla del lavatorio. Al fin se fue, no muy de su grado. Llenaba la capilla olor de flores y barniz fresco; por las ventanas entraba una luz caliente, que cernían visillos de tafetán carmesí; y las carnes de los santos del altar adquirían apariencia de vida, y la palidez de Nucha se sonroseaba artificialmente.

—¿Julián? —preguntó con imperioso acento, extraño en ella.

—Señorita... —respondió él en voz baja, por respeto al lugar sagrado. Tembláronle los labios y las manos se le enfriaron, pues creyó llegado el terrible momento de la confesión.

—Tenemos que hablar. Y ha de ser aquí, por fuerza. En otras partes no falta quien aceche.

—Es verdad que no falta.

—¿Hará usted lo que le pida?

—Ya sabe que...

—¿Sea lo que sea?

—Yo...

Su turbación crecía: el corazón le latía con sordo ruido. Se recostó en el altar.

—Es preciso —declaró Nucha sin apartar de él sus ojos, más que vagos, extraviados ya— que me ayude usted a salir de aquí. De esta casa.

—A... A... salir... —tartamudeó Julián, aturdido.

—Quiero marcharme. Llevarme a mi niña. Volverme junto a mi padre. Para conseguirlo hay que guardar secreto. Si lo saben aquí, me encerrarán con llave. Me apartarán de la pequeña. La matarán. Sé de fijo que la matarán.

El tono, la expresión, la actitud, eran de quien no posee la plenitud de sus facultades mentales; de mujer impulsada por excitación nerviosa que raya en desvarío.

—Señorita... —articuló el capellán, no menos alterado—, no esté de pie, no esté de pie... Siéntese en este banquito... Hablemos con tranquilidad... Ya conozco que tiene disgustos, señorita... Se necesita paciencia, prudencia... Cálmese...

Nucha se dejó caer en el banco. Respiraba fatigosamente, como persona en quien se cumplen mal las funciones pulmonares. Sus orejas, blanquecinas y despegadas del cráneo, transparentaban la luz. Habiendo tomado aliento, habló con cierto reposo.

—¡Paciencia y prudencia! Tengo cuanta cabe en una mujer. Aquí no viene al caso disimular: ya sabe usted cuándo empezó a clavárseme la espina; desde aquel día me propuse averiguar la verdad, y no me costó... gran trabajo. Digo, sí; me costó un... un combate... En fin, eso es lo que menos importa. Por mí no pensaría en irme, pues no estoy buena y se me figura que... duraré poco..., pero..., ¿y la niña?

—La niña...

—La van a matar, Julián, esas... gentes. ¿No ve usted que les estorba? ¿Pero no lo ve usted?

—Por Dios le pido que se sosiegue... Hablemos con calma, con juicio...

—¡Estoy harta de tener calma! —exclamó con enfado Nucha, como el que oye una gran simpleza—. He rogado, he rogado... He agotado todos los medios... No aguardo, no puedo aguardar más. Esperé a que se acabasen las elecciones dichosas, porque creía que saldríamos de aquí y entonces se me pasaría el miedo... Yo tengo miedo en esta casa, ya lo sabe usted, Julián; miedo horrible... Sobre todo de noche.

A la luz del Sol, que tamizaban los visillos carmesíes, Julián vio las pupilas dilatadas de la señorita, sus entreabiertos labios, sus enarcadas cejas, la expresión de mortal terror pintada en su rostro.

—Tengo mucho miedo —repitió estremeciéndose.

Renegaba Julián de su sosera. ¡Cuánto daría por ser elocuente! Y no se le ocurría nada, nada. Los consuelos místicos que tenía preparados y atesorados, la teoría de abrazarse a la cruz..., todo se le había borrado ante aquel dolor voluntarioso, palpitante y desbordado.

—Ya desde que llegué... esta casa tan grande y tan antigua... —prosiguió Nucha— me dio frío en la espalda... Solo que ahora... no son tonterías de chiquilla mimada, no... Me van a matar a la pequeña... ¡Usted lo verá! Así que la dejo con el ama, estoy en brasas... Acabemos pronto... Esto se va a resolver ahora mismo. Acudo a usted, porque no puedo confiarme a nadie más... Usted quiere a mi niña.

—Lo que es quererla... —balbució Julián, casi afónico de puro enternecido.

—Estoy sola, sola... —repitió Nucha pasándose la mano por las mejillas. Su voz sonaba como entrecortada por lágrimas que contenía—. Pensé en confesarme con usted, pero... buena confesión te dé Dios... No obedecería si usted me mandase quedarme aquí... Ya sé que es mi obligación: la mujer no debe apartarse del marido. Mi resolución, cuando me casé, era...

Detúvose de pronto, y careándose con Julián, le preguntó:

—¿No le parece a usted como a mí que este casamiento tenía que salir mal? Mi hermana Rita ya era casi novia del primo cuando él me pidió... Sin culpa mía, quedamos reñidas Rita y yo desde entonces... No sé cómo fue aquello; bien sabe Dios que no puse nada de mi parte para que Pedro se fijase en mí. Papá me aconsejó que, de todos modos, me casase con el primo... Yo seguí el consejo... Me propuse ser buena, quererle mucho, obedecerle, cuidar de mis hijos... Dígame usted, Julián, ¿he faltado en algo?

Julián cruzó las manos. Sus rodillas se doblaban, y a punto estuvo de hincarlas en tierra. Pronunció con entusiasmo:

—Usted es un ángel, señorita Marcelina.

—No... —replicó ella—, ángel no, pero no me acuerdo de haber hecho daño a nadie. He cuidado mucho a mi hermanito Gabriel, que era delicado de salud y no tenía madre...

Al pronunciar esta frase, la ola rebosó, las lágrimas corrieron por fin; Nucha respiró mejor, como si aquellos recuerdos de la infancia templasen sus nervios y el llanto le diese alivio.

—Y por cierto que le tomé tal cariño, que pensaba para mí: «Si tengo hijos algún día, no es posible quererlos más que a mi hermano». Después he visto que esto era un disparate; a los hijos se les quiere muchísimo más aún.

El cielo se nublaba lentamente, y se oscurecía la capilla. La señorita hablaba con sosiego melancólico.

—Cuando mi hermano se fue al colegio de artillería, yo no pensé más que en dar gusto a papá, y en que se notase poco la falta de la pobre mamá... Mis hermanas preferían ir a paseo, porque, como son bonitas, les gustaban las diversiones. A mí me llamaban feúcha y bizca, y me aseguraban que no encontraría marido.

—¡Ojalá! —exclamó Julián sin poder reprimirse.

—Yo me reía. ¿Para qué necesitaba casarme? Tenía a papá y a Gabriel con quien vivir siempre. Si ellos se me morían, podía entrar en un convento: el de las Carmelitas, en que está la tía Dolores, me gustaba mucho. En fin, no he tenido culpa ninguna del disgusto de Rita. Cuando papá me enteró de las intenciones del primo, le dije que no quería sacarle el novio a mi hermana, y entonces papá... me besuqueó mucho en los carrillos, como cuando era pequeña, y... me parece que le estoy oyendo... me respondió así: «Rita es una tonta..., cállate». Pero por mucho que diga papá... ¡al primo le seguía gustando más Rita!...

Continuó después de algunos segundos de silencio:

—Ya ve usted que no tenía mucho por qué envidiarme mi hermana... ¡Cuánta hiel he tragado, Julián! Cuando lo pienso se me pone un nudo aquí...

El capellán pudo al fin expresar parte de sus sentimientos.

—No me extraña que se le ponga ese nudo... Soy yo y lo tengo también... Día y noche estoy cavilando en sus males, señorita... Cuando vi aquella señal... La lastimadura en la muñeca...

Por primera vez durante la conversación se encendió el descolorido rostro de Nucha, y sus ojos se velaron, cubriéndolos la caída de las pestañas. No respondió directamente.

—Mire usted —murmuró con asomos de amarga sonrisa— que siempre me suceden a mí desgracias por cosas de que no tengo la culpa... Pedro se empeñaba en que yo le reclamase a papá la legítima de mamá, porque papá le negó un dinero que le hacía falta para las elecciones. También se disgustó mucho porque la tía Marcelina, que pensaba instituirme heredera, creo que va a dejarle a Rita los bienes... Yo no tengo que ver con nada de eso... ¿Por qué me matan? Ya sé que soy pobre: no hay necesidad de repetírmelo... En fin, esto es lo de menos... Me dolió bastante más el que mi marido me dijese que por mí se ve sin sucesión la casa de Moscoso... ¡Sin sucesión! ¿Y mi niña? ¡Angelito de mis entrañas!

Lloraba la infeliz señora, lentamente, sin sollozar. Sus párpados tenían ya el matiz rojizo que dan los pintores a los de las Dolorosas.

—Lo mío —añadió— no me importa. Lo mío lo aguantaría hasta el último instante. Que me... traten de un modo... o de otro, que... que la criada... sea... ocupe mi sitio... bien..., bien, paciencia, sería cuestión de tener paciencia, de sufrir, de dejarse morir... Pero está de por medio la niña..., hay otro niño, otro hijo, un bastardo... La niña estorba... ¡La matarán!...

Repitió solemnemente y muy despacio:

—La matarán. No me mire usted así. No estoy loca, solo estoy excitada. He determinado marcharme e irme a vivir con mi padre. Me parece que esto no es ningún pecado, ni tampoco el llevarme a la pequeña. ¡Y si peco, no me lo diga, Julianciño!... Es resolución irrevocable. Usted vendrá conmigo, porque sola no conseguiría realizar mi plan. ¿Me acompañará?

Julián quiso objetar algo; ¿qué? No lo sabía él mismo. El diminutivo cariñoso usado por la señorita, la febril resolución con que hablaba, le vencieron. ¿Negarse a ayudar a la desdichada? Imposible. ¿Pensar en lo que el proyecto tenía de extraño, de inconveniente? Ni se le ocurrió un minuto. A fuer de criatura candorosa, una fuga tan absurda le pareció hasta fácil. ¿Oponerse a la marcha? También él había tenido y tenía a cada instante miedo, miedo cerval, no solo por la niña, sino por la madre: ¿acaso no se le había ocurrido mil veces que la existencia de las dos corría inminente peligro? Además, ¿qué cosa en el mundo dejaría él de intentar por secar aquellos ojos puros, por sosegar aquel anheloso pecho, por ver de nuevo a la señorita segura, honrada, respetada, cercada de miramientos en la casa paterna?

Se representaba la escena de la escapatoria. Sería al amanecer. Nucha iría envuelta en muchos abrigos. Él cargaría con la niña, dormidita y arropadísima también. Por si acaso llevaría en el bolsillo un tarro con leche caliente. Andando bien llegarían a Cebre en tres horas escasas. Allí se podían hacer sopas. La nena no pasaría hambre. Tomarían en el coche la berlina, el sitio más cómodo. Cada vuelta de la rueda les alejaría de los tétricos Pazos...

Muy quedito, como quien se confiesa, empezaron a debatir y resolver estos pormenores. Otro rayo de Sol entreabría las nubes, y los santos, en sus hornacinas, parecían sonreír benévolamente al grupo del banquillo. Ni la Purísima de sueltos tirabuzones y traje blanco y azul, ni el san Antonio que hacía fiestas a un niño Jesús regordete, ni el san Pedro con la tiara y las llaves, ni siquiera el arcángel san Miguel, el caballero de la ardiente espada, siempre dispuesto a rajar y hendir a Satanás, revelaban en sus rostros pintados de fresco el más leve enojo contra el capellán, ocupado en combinar los preliminares de un rapto en toda regla, arrebatando una hija a su padre y una mujer a su legítimo dueño.

XXVIII

Al llegar aquí de la narración, es preciso acudir, para completarla, a las reminiscencias que grabaron para siempre en la imaginación del lindo rapazuelo, hijo de Sabel, los sucesos de la memorable mañana en que por última vez ayudó a misa al bonachón de don Julián (el cual, por más señas, solía darle dos cuartos una vez terminado el oficio divino).

El primer recuerdo que Perucho conserva es que, al salir de la capilla, quedóse muy triste arrimado a la puerta, porque aquel día el capellán no le había dado cosa alguna. Chupándose el dedo y en actitud meditabunda permaneció allí unos instantes, hasta que la misma falta de los dos cuartos acostumbrados le descubrió un rayo de luz: ¡su abuelo le había prometido otros dos si le avisaba cuando la señora se quedase en la capilla después de oída la misa! Raciocinando con sorprendente rigor matemático, calculó que pues perdía dos cuartos por un lado, era urgente ganarlos por otro; apenas concibió tan luminosa idea, sintió que las piernas le bailaban, y echó a correr con toda la velocidad posible en busca de su abuelo.

Atravesando la cocina, colóse en la habitación baja donde despachaba Primitivo, y empujando la puerta, le vio sentado ante una gran mesa antigua, sobre la cual se encrespaba un maremágnum de papelotes cubiertos de cifras engarrapatadas, de apuntes escritos con letra jorobada y escabrosa, por mano que no debía ser diestra ni aun en palotes. La mesa y el cuarto en general atraían a Perucho con el encanto que posee para la niñez lo desordenado y revuelto, los sitios en que se acumulan muchas cosas variadas, pues imaginan ellos que cada montón de objetos es un mundo desconocido, un depósito de tesoros inestimables. Rara vez entraba allí Perucho; su abuelo acostumbraba echarle para que no sorprendiese ciertas operaciones financieras que el mayordomo gustaba de realizar sin testigos. Cuando el nieto entró, la cara pulimentada y oscura de Primitivo podía confundirse con el tono bronceado de un acervo de calderilla o montaña de cobre, de la cual iban saliendo columnitas, columnitas que el mayordomo alineaba en correcta formación... Perucho se quedó deslumbrado ante tan fabulosa riqueza. ¡Allí estaban sus dos cuartos! ¡Menuda pepita de aquel gran criadero de metal! Lleno de esperanza, alzó la voz cuanto pudo, y dio su recado. Que la señora estaba en la capilla, con el señor capellán... Que le habían despedido de allí.

Iba a añadir: «Y que se me deben dos cuartos por la noticia» o cosa análoga, pero no le dio lugar a ello su abuelo, alzándose del sillón con la agilidad de bicho montés que caracterizaba sus movimientos todos, no sin que al hacerlo produjese un tempestuoso remolino en el mar de calderilla, y la caída de algunas torres que, con sonoro estrépito, se rindieron a la gran pesadumbre. Primitivo salió corriendo hacia el interior de la casa. El chiquillo se quedó allí, solicitado por las dos tentaciones más fuertes que en su vida había sufrido. Era una la de comerse las obleas, que con su provocativa blancura y encendido rojo le estaban convidando desde un bote de hojalata, y aun cuando sería más glorioso para nuestro héroe vencer el goloso capricho, la sinceridad obliga a declarar que alargó el dedo humedecido en saliva, y fue pescando una, dos, tres, hasta zamparse cuantas encerraba el bote. Satisfecha esta concupiscencia, le apremió la otra, incitándole nada menos que a cobrarse por su mano de los dos cuartos prometidos, tomándolos del montón que tenía allí delante, a su disposición y albedrío. No solo apetecía cobrarse del debido salario, sino que le seducían principalmente unos ochavos roñosos llamados de la fortuna en el país, y que, merced a consideraciones muy lógicas en su mente infantil, le parecían preferibles a las piezas gordas. Las adquisiciones y placeres de Perucho los representaba generalmente un ochavo. Por un ochavo le daba la rosquillera, en ferias y romerías, caramelos de alfeñique o rosquillas bastantes; por un ochavo le vendían bramante suficiente para el trompo, y le surtía el cohetero de pólvora en cantidad con que hacer regueritos; por un ochavo se procuraba tiras de mistos de cartón, groseras aleluyas impresas en papel amarillo, gallos de barro con un pito en parte no muy decorosa. Y todo esto lo tenía al alcance de su mano, como las obleas; ¡y nadie le veía ni podía delatarle! El angelote se empinó en la punta de los pies para alcanzar mejor el dinero, alargó a la vez ambas palmas, y las sumergió en el mar de cobre... Las paseó mucho rato por la superficie sin osar cerrarlas... Por fin hizo presa en un puñado de ochavos, y entonces apretó el puño fortísimamente, con la intensidad propia de los niños, que temen siempre se les escape la dicha por la mano abierta. Y así se mantuvo inmóvil, sin atreverse a retraer aquella diestra pecadora y cargada de botín al seguro rincón del seno, donde almacenaba siempre sus latrocinios. Porque es de advertir que Perucho tenía bastante de caco, y con la mayor frescura se apropiaba huevos, fruta, y, en general, cuantos objetos codiciaba; pero, con respeto supersticioso de aldeano, que solo juzga propiedad ajena el dinero, jamás había tocado a una moneda. En el alma de Perucho se verificaba una de esas encarnizadas luchas entre el deber y la pasión, cantadas por la musa dramática: el ángel malo y el bueno le tiraban cada uno de una oreja, y no sabía a cuál atender. ¡Tremendo conflicto! Pero regocíjense el cielo y los hombres, pues venció el espíritu de luz. ¿Fue el primer despertar de ese sentimiento de honor que dicta al hombre heroicos sacrificios? ¿Fue una gota de la sangre de Moscoso, que realmente corría por sus venas y que, con la misteriosa energía de la transmisión hereditaria, le guió la voluntad como por medio de una rienda? ¿Fue temprano fruto de las lecciones de Julián y Nucha? Lo cierto es que el rapaz abrió la mano, separando mucho los dedos, y los ochavos apresados cayeron entre los restantes, con metálico retintín.

No por eso hay que figurarse que Perucho renunciaba a sus dos cuartos, los ganados honradamente con la agilidad de sus piernas. ¡Renunciar! ¡A buena parte! Aquel mismo embrión de conciencia que en el fondo de su ser, donde todos tenemos escrita desde ab initio gran parte del Decálogo, le gritaba: «no hurtarás», le dijo con no menor energía: «tienes derecho a reclamar lo que te ofrecieron». Y, obedeciendo a la impulsión, la criatura echó a correr en la misma dirección que su abuelo.

Casualmente tropezó con él en la cocina, donde preguntaba algo a Sabel en queda voz. Acercósele Perucho, y asiéndole de la chaqueta exclamó:

—¿Mis dos cuartos?

No hizo caso Primitivo. Dialogaba con su hija, y, a lo que Perucho pudo comprender, ésta explicaba que el señorito había salido de madrugada a tirar a los pollos de perdiz, y suponía que anduviese hacia la parte del camino de Cebre. El abuelo soltó un juramento que usaba a menudo y que Perucho solía repetir por fanfarronada, y, sin más conversación, se alejó.

Aseguró Perucho después que le había llamado la atención ver al abuelo salir sin tomar la escopeta y el sombrerón de alas anchas, prendas que no soltaba nunca. Semejante idea debió ocurrírsele al chiquillo más tarde, en vista de los sucesos. Al pronto solo pensó en alcanzar a Primitivo, y lo logró en lo alto del camino que baja a los Pazos. Aunque el cazador iba como el pensamiento, el rapaz corría en regla también.

—¡Anda al demonio! ¿Qué se te ofrece? —gruñó Primitivo al conocer a su nieto.

—¡Mis dos cuartos!

—Te doy cuatro en casa si me ayudas a buscar por el monte al señorito y le dices, en cuanto lo veas, lo que me dijiste a mí, ¿entiendes? Que el capellán está con la señora encerrado en la capilla y que te echaron de allí para quedar solos.

El angelón fijó sus pupilas límpidas en los fascinadores ojuelos de víbora de su abuelo; y, sin esperar más instrucciones, abriendo mucho la boca, salió a galope hacia donde por instinto juzgaba él que el señorito debía encontrarse. Volaba, con los puños apretados, haciendo saltar guijarros y tierra al golpe de sus piececillos encallecidos por la planta. Cruzaba por cima de los tojos sin sentir las espinas, hollando las flores del rosado brezo, salvando matorrales casi tan altos como su persona, espantando la liebre oculta detrás de un madroñero o la pega posada en las ramas bajas del pino. De repente oyó el andar de una persona y vio al señorito salir de entre el robledal... Loco de júbilo se acercó a darle su recado, del cual esperaba albricias. Éstas fueron la misma palabrota inmunda y atroz que había expectorado su abuelo en la cocina; y el señorito salió disparado en dirección de los Pazos, como si un torbellino lo arrebatase.

Perucho se quedó algunos instantes suspenso y confuso; él afirma que al poco rato volvió a embargar su ánimo el deseo de los cuartos ofrecidos, que ya ascendían a la respetable suma de cuatro. Para obtenerlos era menester buscar a su abuelo, y avisarle del encuentro con el señorito; no lo tuvo por difícil, pues recordaba aproximadamente el punto del bosque donde Primitivo quedaba; y por atajos y vericuetos solo practicables para los conejos y para él, Perucho se lanzó tras la pista de su abuelo. Trepaba por un murallón medio deshecho ya, amparo de un viñedo colgado, por decirlo así, en la falda abrupta del monte, cuando del otro lado del baluarte que escalaba creyó sentir rumor de pisadas, que la finura de su oído no confundió con las del cazador; y con el instinto cauteloso de los niños hijos de la naturaleza y entregados a sí mismos, se agachó, quedando encubierto por el murallón de modo que solo rebasase la frente. No podía dudarlo; eran pisadas humanas, bien distintas de la corrida de la liebre por entre las hojas, o de los golpecitos secos y reiterados que sacuden las patas unguladas del zorro o del perro. Pisadas humanas eran, aunque sí muy recelosas, apagadas y lentísimas. Parecían de alguien que procuraba emboscarse. Y, en efecto, poco tardó el niño en ver asomar, gateando entre los matorrales, a un hombre cuya descripción acaso había oído mil veces en las veladas, en las deshojas, acompañada de exclamaciones de terror. El hongo gris, la faja roja, las recortadas patillas destacándose sobre el rostro color de sebo, y sobre todo el ojo blanco, sin vista, frío como un pedazo de cuarzo de la carretera, en suma, la desapacible catadura del Tuerto de Castrodorna dejaron absorto al chiquillo. Apretaba el Tuerto contra su pecho corto y ancho trabuco, y, después de girar hacia todas partes el único lucero de su fea cara, de aguzar el oído, de olfatear, por decirlo así, el aire, arrimóse al murallón, medio arrodillándose tras de un seto de zarzas y brezo que lo guarnecía. Perucho, cuyos pies descansaban en las anfractuosidades del muro, se quedó como incrustado en él, sin osar respirar, ni bajarse, ni moverse, porque aquel hombre desconocido, mal encarado y en acecho, le infundía el pavor irracional de los niños, que adivinan peligros cuya extensión ignoran. Por mucho que le aguijonease el deseo de sus cuatro cuartos, no se atrevía a descolgarse del murallón, temiendo hacer ruido y que le apuntasen con el cañón de aquel arma, cuya ancha boca debía, de seguro, vomitar fuego y muerte... Así transcurrieron diez segundos de angustia para el angelote. Antes que pudiera entrar a cuentas con el miedo, ocurrió un nuevo incidente. Sintió otra vez pasos, no recelosos, como de quien se oculta, sino precipitados, como de quien va a donde le importa llegar presto; y por el camino hondo que limitaba el murallón divisó a su abuelo que avanzaba en dirección de los Pazos; sin duda, con su vista de águila había distinguido al señorito, y le seguía intentando darle alcance. Iba Primitivo distraído, con el propósito de reunirse a don Pedro, y no miraba a parte alguna. Llegó a atravesar por delante del muro. El niño entonces vio una cosa terrible, una cosa que recordó años después y aun toda su vida: el hombre emboscado se incorporaba, con su único ojo centelleante y fiero; se echaba a la cara la formidable tercerola; se oía un espantoso trueno, voz de la bocaza negra; flotaba un borrón de humo, que el aire disipó instantáneamente, y al través de sus últimos tules grises el abuelo giraba sobre sí mismo como una peonza, y caía boca abajo, mordiendo sin duda, en suprema convulsión, la hierba y el lodo del camino.

Asegura Perucho que no ha sabido jamás si fue el miedo o su propia voluntad lo que le obligó a descolgarse del murallón y descender, más bien que a saltos, rodando, los atajos conocidos, magullándose el cuerpo, poniéndose en trizas la ropa, sin hacer caso de lo uno ni de lo otro. Rebotó como un pelota por entre las nudosas cepas; brincó por cima de los muros de piedra que las sostenían; salvó como una flecha sembrados de maíz; metióse de patas en los regatos, mojándose hasta la cintura, por no detenerse a seguir las pasaderas de piedra; salvó vallados tres veces más altos que su cuerpo; cruzó setos, saltó hondonadas y zanjas, no comprendió por dónde ni cómo, pero el caso es que, arañado, ensangrentado, sudoroso, jadeante, se encontró en los Pazos, y maquinalmente volvió al punto de partida, la capilla, donde entró, enteramente olvidado de los cuatro cuartos, primer móvil de sus aventuras todas.

Estaba escrito que aquella mañana había de ser fecunda en extraordinarias sorpresas. En la capilla acostumbraba Perucho notar que se hablaba bajito, se andaba despacio, se contenía hasta la respiración: el menor desliz en tal materia solía costarle un severo regaño de don Julián; de modo que, sobreponiéndose el instinto y el hábito al azoramiento y trastorno, penetró en el sagrado lugar con actitud respetuosa. En él sucedía algo que le causó un asombro casi mayor que el de la catástrofe de su abuelo. Recostada en el altar se encontraba la señora de Moscoso, con un color como una muerta, los ojos cerrados, las cejas fruncidas, temblando con todo su cuerpo; frente a ella, el señorito vociferaba, muy deprisa y en ademán amenazador, cosas que no entendió el niño; mientras el capellán, con las manos Cruzadas y la fisonomía revelando un espanto y dolor tales que nunca había visto Perucho en rostro humano expresión parecida, imploraba, imploraba al señorito, a la señorita, al altar, a los santos..., y de repente, renunciando a la súplica, se colocaba, encendido y con los ojos chispeantes, dando cara al marqués, como desafiándole... Y Perucho comprendía a medias frases indignadas, frases injuriosas, frases donde se desbordaba la cólera, el furor, la indignación, la ira, el insulto; y, sin saber la causa de alboroto semejante, deducía que el señorito estaba atrozmente enfadado, que iba a pegar a la señorita, a matarla quizás, a deshacer a don Julián, a echar abajo los altares, a quemar tal vez la capilla...

El niño recordó entonces escenas análogas, pero cuyo teatro era la cocina de los Pazos, y las víctimas su madre y él: el señorito tenía entonces la misma cara, idéntico tono de voz. Y en medio de la confusión de su tierno cerebro, de los terrores que se reunían para apocarlo, una idea, superior a todas, se levantó triunfante. No cabía duda que el señorito se disponía a acogotar a su esposa y al capellán; también acababan de matar a su abuelo en el monte; aquel día, según indicios, debía ser el de la general matanza. ¿Quién sabe si, luego que acabase con su mujer y con don Julián, se le ocurriría al señorito quitar la vida a la nené? Semejante pensamiento devolvió a Perucho toda la actividad y energía que acostumbraba desplegar para el logro de sus azarosas empresas en corrales, gallineros y establos.

Escurrióse bonitamente de la capilla, resuelto a salvar a toda costa la vida de la heredera de Moscoso. ¿Cómo haría? Faltábale tiempo de madurar el plan: lo que importaba era obrar con celeridad y no arredrarse ante obstáculo alguno. Se deslizó sin ser visto por la cocina, y subió la escalera a escape. Llegado que hubo a las habitaciones altas, residencia de los señores, de tal manera supo amortiguar el ruido de sus pisadas, que el oído más fino lo confundiría con el susurro del aire al agitar una cortina. Lo que él temía era encontrar cerrada la puerta del dormitorio de Nucha. El corazón le dio un brinco de alegría al verla entornada.

La empujó con suavidad de gato que esconde las uñas... Tenía la maldita puerta el vicio de rechinar; pero tan sutil fue el empuje, que apenas gimió sordamente. Perucho se coló en la habitación, ocultándose tras del biombo. Por uno de los muchos agujeros que éste lucía, miró al otro lado, hacia donde estaba la cuna. Vio a la niña dormida, y al ama, de bruces sobre el lecho de Nucha, roncando sordamente. No era de temer que se despabilase la marmota: el rapaz podía a mansalva realizar sus propósitos.

Sin embargo, convenía que no despertase la chiquilla, no fuese a alborotar la casa lloriqueando. Perucho la tomó como quien toma un muñeco de cristal, muy rompedizo y precioso: sus palmas llenas de callos y sus brazos hechos a disparar certeras pedradas y a descargar puñetazos en el testuz de los bueyes adquirieron de golpe delicadeza exquisita, y la nené, envuelta en el pañolón de calceta, no gruñó siguiera al trocar la cama por los brazos de su precoz raptor. Éste, conteniendo hasta el respirar, andando con paso furtivo, rápido y cauteloso —el andar de la gata que lleva a sus cachorros entre los dientes, colgados de la piel del pescuezo—, se dirigió a buscar la salida por el claustro, pues de cruzar la cocina era probable una sorpresa.

En el claustro se paró obra de diez segundos, para meditar. ¿Dónde escondería su tesoro? ¿En el pajar, en el herbeiro, en el hórreo, en el establo? Optó por el hórreo —el lugar menos frecuentado y más oscuro—. Bajaría la escalera, se enhebraría por el claustro, se colaría por las cuadras, salvaría la era, y después nada más sencillo que ocultarse en el escondrijo. Dicho y hecho.

Arrimada al hórreo estaba la escala. Perucho comenzó a subir, operación bastante difícil atendido el estorbo que le hacía la chiquilla. Lo estrecho y vertical de los travesaños imponía la necesidad de agarrarse con manos y pies al ir ascendiendo: Perucho no disponía de las manos; la energía de la voluntad se le comunicó al dedo gordo del pie, que semejaba casi prensil a fuerza de adaptarse y adherirse a las barras de palo, bruñidas ya con el uso. En mitad de la ascensión pensó que rodaba al pie del hórreo, y apretó contra el pecho a la niña, que, despertándose, rompió en llanto... ¡Que llorase! Allí no la oía alma viviente; por la era solo vagaba media docena de gallinas, disputando a dos gorrinos las hojas de una col. Perucho entró triunfante por la puerta del hórreo...

Las espigas de maíz no lo llenaban hasta el techo, dejando algún espacio suficiente para que dos personas minúsculas, como Perucho y su protegida, pudiesen acomodarse y revolverse. El rapaz se sentó sin soltar a la nena, diciéndole mil chuscadas y zalamerías a fin de acallarla, abusando del diminutivo que tan cariñosa gracia adquiere en labios del aldeano.

—Reiniña, mona, ruliña, calla, calla, que te he de dar cosas bunitas, bunitas, bunitiñas... ¡Si no callas, viene un cocón y te come! ¡Velo ahí viene! ¡Calla, soliño, paloma blanca, rosita!

No por virtud de las exhortaciones, pero sí por haber conocido a su amigo predilecto, la niña callaba ya. Mirábale, y, sonriendo regocijadamente, le pasaba las manos por la cara, gorjeaba, se babada, y miraba con curiosidad alrededor. Extrañaba el sitio. Enfrente, alrededor, debajo, por todos lados, la rodeaba un mar de espigas de oro, que al menor movimiento de Perucho se derrumbaban en suaves cascadas, y donde el Sol, penetrando por los intersticios del enrejado del hórreo, tendía galones más claros, movibles listas de luz. Perucho comprendió que poseía en las espigas un recurso inestimable para divertir a la pequeña. Tan pronto le daba una en la mano, como alzaba con muchas una especie de pirámide; la nené se entretenía en derribarla o forjarse la ilusión de que la derribaba, pues realmente una patada de Perucho hacía el milagro. Reía ella lo mismo que una loca, y pedía impaciente, por señas, que le renovasen el juego.

Pronto se cansó de él. Con todo, estaba de buen humor, gracias a la compañía de Perucho. Su mirada risueña y dulce, fija en la de su compañero, parecía decirle: «¿Qué mejor juego que estar juntos? Disfrutemos de este bien que siempre nos han dado con tasa». En vista de tan cariñosas disposiciones, Perucho se entregó al placer de halagarla a su sabor. Ya le apoyaba un dedo en el carrillo, para provocarla a risa; ya remedaba a un lagarto, arrastrando la mano por el cuerpo de la nené arriba, e imitando los culebreos del rabo; ya se fingía encolerizado, espantaba los ojos, hinchaba los carrillos, cerraba los puños y resoplaba fieramente; ya, tomando a la nena en peso, la subía en alto y figuraba dejarla caer de golpe sobre las espigas. Por último, recelando cansarla, la cogió en brazos, se sentó a la turca, y comenzó a mecerla y arrullarla blandamente, con tanta suavidad, precaución y ternura como pudiera su propia madre.

¡Qué ganas, qué violentos antojos se le pasaban!... ¿De qué? En las veces que fue admitido a la intimidad de la habitación de Nucha y se le consintió aproximarse a la nené y vivir su vida, jamás osara hacerlo... Miedo de que le riñesen o echasen; vago respeto religioso que se imponía a su alma de pilluelo diabólico; vergüenza; falta de costumbre de sus labios, que a nadie besaban; todo se unía para impedirle satisfacer una aspiración que él juzgaba ambiciosa y punto menos que sacrílega... Pero ahora era dueño del tesoro; ahora la nené le pertenecía; la había ganado en buena lid, la poseía por derecho de conquista, ¡ese derecho que comprenden los mismos salvajes! Adelantó mucho el hocico, igual que si fuese a catar alguna golosina, y tocó la frente y los ojos de la pequeña... Después desenvolvió lentamente los pliegues del mantón, y descubrió las piernas, calentitas como chicharrones, que apenas se vieron libres del envoltorio comenzaron a bailar, sacudiendo sus favoritas patadas de júbilo. Perucho alzó hasta la boca un pie, luego otro, y así alternando se pasó un rato regular; sus besos hacían cosquillas a la niña, que soltaba repentinas carcajadas y se quedaba luego muy seria; pero que en breve empezó a sentir el frío, y con la rapidez que revisten en los niños muy chicos los cambios de temperatura, los piececillos se le quedaron casi helados. Al punto lo advirtió Perucho, y echándoles repetidas veces el aliento, como había visto hacer a la vaca con sus recentales, los envolvió en mantillas y pañolón, y nuevamente llegó a sí a la criatura, meciéndola.

El más glorioso conquistador no aventajaba en orgullo y satisfacción a Perucho en tales momentos, cuando juzgaba evidente que había salvado a la nené de la degollación segura y puéstola a buen recaudo, donde nadie daría con ella. Ni un minuto recordó al duro y bronceado abuelo tendido allá junto al paredón... A menudo se ve al niño, deshecho en lágrimas al pie del cadáver de su madre, consolarse con un juguete o un cartucho de dulces; quizás vuelvan más adelante la tristeza y el recuerdo, pero la impresión capital del dolor ya se ha borrado para siempre. Así Perucho. La ventura de poseer a su nené adorada, la prez de defender su vida, le distraían de los trágicos acontecimientos recientes. No se acordaba del abuelo, no, ni del trabucazo que lo había tumbado como él tumbaba las perdices.

Con todo, algo medroso y tétrico debía pesar sobre su imaginación, según el cuento que empezó a referir en voz hueca a la nené, lo mismo que si ella pudiese comprender lo que le hablaban. ¿De dónde procedía este cuento, variante de la leyenda del ogro? ¿Lo oiría Perucho en alguna velada junto al lar, mientras hilaban las viejas y pelaban castañas las mozas? ¿Sería creación de su mente excitada por los terrores de un día tan excepcional? «Una ves —empezaba el cuento— era un rey muy malo, muy galopín, que se comía la gente y las presonas vivas... Este rey tenía una nené bunita bunita, como la frol de mayo... y pequeñita pequeñita como un grano de millo (maíz quería decir Perucho). Y el malo bribón del rey quería comerla, porque era el coco, y tenía una cara más fea, más fea que la del diaño... (Perucho hacía horribles muecas a fin de expresar la fealdad extraordinaria del rey.) Y una noche dijo él, dice: 'Heme de comer mañana por la mañanita trempano a la nené... así, así. (Abría y cerraba la boca haciendo chocar las mandíbulas, como los papamoscas de las catedrales.) Y había un pagarito sobre un árbole, y oyó al rey, y dijo, dice: 'Comer no la has de comer, coco feo.' ¿Y va y qué hace el pagarito? Entra por la ventanita... y el rey estaba durmiendo. (Recostaba la cabeza en las espigas de maíz y roncaba estrepitosamente para representar el sueño del rey.) Y va el pagarito y con el bico le saca un ojo, y el rey queda chosco. (Guiñaba el ojo izquierdo, mostrando cómo el rey se halló tuerto.) Y el rey a despertar y a llorar, llorar, llorar (imitación de llanto) por su ojo, y el pagarito a se reír muy puesto en el árbole... Y va y salta y dijo, dice: 'Si no comes a la nené y me la regalas, te doy el ojo...' Y va el rey y dice: 'Bueno...' Y va el pagarito y se casó con la nené, y estaba siempre cantando unas cosas muy preciosas, y tocando la gaita... (solo de este instrumento), y entré por una porta y salí por otra, ¡y manda el rey que te lo cuente otra vez!».

La nené no oyó el final del cuento... La música de las palabras, que no le despertaban idea alguna, el haber vuelto a entrar en calor, la misma satisfacción de estar con su favorito, le trajeron insensiblemente el sueño anterior, y Perucho, al armar la algazara acostumbrada cuando terminan los cuentos de cocos, la vio con los ojos cerrados... Acomodó lo mejor que pudo el lecho de espigas; llególe el mantón al rostro, como hacía Nucha, para que no se le enfriase el hociquito, y muy denodado y resuelto a hacer centinela, se arrimó a la puerta del hórreo, en una esquina, reclinándose en un montón de maíz. Pero fuese la inmovilidad, o el cansancio, o la reacción de tantas emociones consecutivas, también a él la cabeza le pesaba y se le entornaban los párpados. Se los frotó con los dedos, bostezó, luchó algunos minutos con el sueño invasor... Éste venció al cabo. Los dos ángeles refugiados en el hórreo dormían en paz.

Entre las representaciones de una especie de pesadilla angustiosa que agitaba a Perucho, veía el muchacho un animalazo de desmesurado grandor, bestión fiero que se acercaba a él rugiendo, bramando y dispuesto a zampárselo de un bocado o a deshacerlo de una uñada... Se le erizó el cabello, le temblaron las carnes, y un sudor frío le empapó la sien... ¡Qué monstruo tan espantoso! Ya se acerca..., ya cae sobre Perucho..., sus garras se hincan en las carnes del rapaz, su cuerpo descomunal le cae encima lo mismo que una roca inmensa... El chiquillo abre los ojos...

Sofocada y furiosa, vociferando, moliéndolo a su sabor a pescozones y cachetes, arrancándole el rizado pelo y pateándolo, estaba el ama, más enorme, más brutal que nunca. No hay que omitir que Perucho se condujo como un héroe. Bajando la cabeza, se atravesó en la entrada del hórreo, y por espacio de algunos minutos defendió su presa haciéndole muralla con el cuerpo... Pero el enorme volumen del ama pesó sobre él y lo redujo a la inacción, comprimiéndolo y paralizándolo. Cuando el mísero chiquillo, medio ahogado, se sintió libre de aquella estatua de plomo que a poco más le convierte en oblea, miró hacia atrás... La niña había desaparecido. Perucho no olvidará nunca el desesperado llanto que derramó por más de media hora revolcándose entre las espigas.

XXIX

Tampoco Julián olvidará el día en que ocurrieron acontecimientos tan extraordinarios; día dramático entre todos los
de su existencia, en que le sucedió lo que no pudo imaginar
jamás: verse acusado, por un marido, de inteligencias culpa-
bles con su mujer, por un marido que se quejaba de ultrajes
mortales, que le amenazaba, que le expulsaba de su casa ig-
nominiosamente y para siempre; y ver a la infeliz señorita, a
la verdaderamente ofendida esposa, impotente para desmentir la ridícula y horrenda calumnia. ¿Y qué sería si hubiesen
realizado su plan de fuga al día siguiente? ¡Entonces sí que
tendrían que bajar la cabeza, darse por convictos!... ¡Y decir
que cinco minutos antes no se les prevenía siquiera la posi-
bilidad de que don Pedro y el mundo lo interpretasen así!

No, no lo olvidará Julián. No olvidará aquellas inespe-
radas tribulaciones, el valor repentino y ni aun de él mismo sospechado que desplegó en momentos tan críticos para
arrojar a la faz del marido cuanto le hervía en el alma, la
reprobación, la indignación contenida por su habitual timidez; el reto provocado por el bárbaro insulto; los cali-
ficativos terribles que acudían por vez primera a su boca,
avezada únicamente a palabras de paz; el emplazamiento
de hombre a hombre que lanzó al salir de la capilla... No
olvidará, no, la escena terrible, por muchos años que pesen
sobre sus hombros y por muchas canas que le enfríen las
sienes. Ni olvidará tampoco su partida precipitada, sin dar
tiempo a recoger el equipaje; cómo ensilló con sus propias
inexpertas manos la yegua; cómo, desplegando una maestría debida a la urgencia, había montado, espoleado, salido
a galope, ejecutando todos estos actos mecánicamente, cual
entre sueños, sin aguardar a que se disipase el corto hervor
de la sangre, sin querer ver a la niña ni darle un beso, porque

comprendía, estaba seguro de que, si lo hiciera, sería capaz de postrarse a los pies del señorito, rogándole humildemente que le permitiese quedarse allí en los Pazos, aunque fuese de pastor de ganado o jornalero...

No olvidará tampoco la salida de la casa solariega, la ascensión por el camino que el día de su llegada le pareció tan triste y lúgubre... El cielo está nublado; ciernen la claridad del Sol pardos crespones cada vez más densos; los pinos, juntando sus copas, susurran de un modo penetrante, prolongado y cariñoso; las ráfagas del aire traen el olor sano de la resina y el aroma de miel de los retamares. El crucero, a poca distancia, levanta sus brazos de piedra manchados por el oro viejo del liquen... La yegua, de improviso, respinga, tiembla, se encabrita... Julián se agarra instintivamente a las crines, soltando la rienda... En el suelo hay un bulto, un hombre, un cadáver; la hierba, en derredor suyo, se baña en sangre que empieza ya a cuajarse y ennegrecerse. Julián permanece allí, clavado, sin fuerzas, anonadado por una mezcla de asombro y gratitud a la Providencia, que no puede razonar, pero le subyuga... El cadáver tiene la faz contra tierra; no importa: Julián ha reconocido a Primitivo; es él mismo. El capellán no vacila, no discurre quién le habrá matado. ¡Cualquiera que sea el instrumento, lo dirige la mano de Dios! Desvía la yegua, se persigna, se aparta, se aleja definitivamente, volviendo de cuando en cuando la cabeza para ver el negro bulto, sobre el fondo verde de la hierba y la blancura gris del paredón...

¡Ah! No, no olvida nada Julián. No olvida en Santiago, donde su llegada se glosa, donde su historia en los Pazos adquiere proporciones leyendarias, donde el éxito de las elecciones, la partida del capellán, el asesinato del mayordomo, se comentan, se adornan, entretienen al pueblo casi todo un mes, y donde las gentes le paran en la calle preguntándole qué ocurre por allá, qué sucede con Nucha Pardo, si es cierto que su marido la maltrata y que está muy enferma, y que las elecciones de Cebre han sido un escándalo gordo. No olvida cuando el arzobispo le llama a su cámara, a fin de inquirir qué hay de verdad en todo lo ocurrido, y él, después de arrodillarse, lo cuenta sin poner ni quitar una sílaba, encontrando en la sincera confesión inexplicable alivio, y besando, con el corazón desahogado ya, la amatista que brilla sobre el anular del prelado. No olvida cuando éste dispone enviarle a una parroquia apartadísima, especie de destierro, donde vivirá completamente alejado del mundo.

Es una parroquia de montaña, más montaña que los Pazos, al pie de una sierra fragosa, en el corazón de Galicia. No hay en toda ella, ni en cuatro leguas a la redonda, una sola casa señorial; en otro tiempo, en épocas feudales, se alzó, fundado en peñasco vivo, un castillo roquero, hoy ruina comida por la hiedra y habitada por murciélagos y lagartos. Los feligreses de Julián son pobres pastores: en vísperas de fiesta y tiempo de oblata le obsequian con leche de cabra, queso de oveja, manteca en orzas de barro. Hablan dialecto cerradísimo, arduo de comprender; visten de somonte y usan greñas largas, cortadas sobre la frente a la manera de los antiguos siervos. En invierno cae la nieve y aúllan los lobos en las inmediaciones de la rectoral; cuando Julián tiene que salir a las altas horas de la noche para llevar los sacramentos a algún moribundo, se ve obligado a cubrirse con coroza de paja y a calzar zuecos de palo; el sacristán va delante, alumbrando con un farol, y entre la oscuridad nocturna, las encinas parecen fantasmas...

Pasadas dos estaciones recibe una esquela, una papeleta orlada de negro; la lee sin entenderla al pronto; después se entera bien del contenido, y sin embargo no llora, no da señal alguna de pena... Al contrario, aquel día y los siguientes experimenta como un sentirmento de consuelo, de bienestar y de alegría, porque la señorita Nucha, en el cielo, estará desquitándose de lo sufrido en esta tierra miserable, donde solo martirios aguardan a un alma como la suya... La doctrina resignada de la Imitación ha vuelto a reinar en su espíritu. Hasta el efecto de la noticia se borra pronto, y una especie de insensibilidad apacible va cauterizando el espíritu de Julián: piensa más en lo que le rodea, se interesa por la iglesia desmantelada, trata de enseñar a leer a los salvajes chiquillos de la parroquia, funda una congregación de hijas de María para que las mozas no bailen los domingos... Y así pasa el tiempo, uniformemente, sin dichas ni amarguras, y la placidez de la naturaleza penetra en el alma de Julián, y se acostumbra a vivir como los paisanos, pendiente de la cosecha, deseando la lluvia o el buen tiempo como el mayor beneficio que Dios puede otorgar al hombre, calentándose en el lar, diciendo misa muy temprano y acostándose antes de encender luz, conociendo por las estrellas si se prepara agua o Sol, recogiendo castaña y patata, entrando en el ritmo acompasado, narcótico y perenne de la vida agrícola, tan inflexible como la vuelta de las golondrinas en primavera y el girar eterno de nuestro globo, describiendo la misma elipse, al través del espacio...

Y, sin embargo, no olvida. Y en aquel rincón viene a sorprenderle el ascenso, la traslación a la parroquia de Ulloa, especie de desagravio del arzobispo. La mitra alternaba con los señores de Ulloa en la presentación del curato, y el arzobispo había querido manifestar así al humilde párroco, enterrado diez años hacía en la montaña más fiera de la diócesis, que la calumnia puede empañar el cristal de la honra, no mancharlo.

XXX

Diez años son una etapa, no solo en la vida del individuo, sino en la de las naciones. Diez años comprenden un periodo de renovación: diez años rara vez corren en balde, y el que mira hacia atrás suele sorprenderse del camino que se anda en una década. Mas así como hay personas, hay lugares para los cuales es insensible el paso de una décima parte de siglo. Ahí están los Pazos de Ulloa, que no me dejarán mentir. La gran huronera, desafiando al tiempo, permanece tan pesada, tan sombría, tan adusta como siempre. Ninguna innovación útil o bella se nota en su mueblaje, en su huerto, en sus tierras de cultivo. Los lobos del escudo de armas no se han amansado; el pino no echa renuevos; las mismas ondas simétricas de agua petrificada bañan los estribos de la puente señorial.

En cambio la villita de Cebre, rindiendo culto al progreso, ha atendido a las mejoras morales y materiales, según frase de un cebreño ilustrado, que envía correspondencias a los diarios de Pontevedra y Orense. No se charla ya de política solamente en el estanco: para eso se ha fundado un Círculo de Instrucción y Recreo, Artes y Ciencias (lo reza su reglamento) y se han establecido algunas tiendecillas que el cebreño susodicho denomina bazares. Verdad es que los dos caciques aún continúan disputándose el mero y mixto imperio; mas ya parece seguro que Barbacana, representante de la reacción y la tradición, cede ante Trampeta, encarnación viviente de las ideas avanzadas y de la nueva edad.

Dicen algunos maliciosos que el secreto del triunfo del cacique liberal está en que su adversario, hoy canovista, se encuentra ya extremadamente viejo y achacoso, habiendo perdido mucha parte de sus bríos e indómito al par que traicionero carácter. Sea como quiera, el caso es que la influencia barbacanesca anda maltrecha y mermada.

Quien ha envejecido bastante, de un modo prematuro, es el antiguo capellán de los Pazos. Su pelo está estriado de rayitas argentadas; su boca se sume; sus ojos se empañan; se encorvan sus lomos. Avanza despaciosamente por el carrero angosto que serpea entre viñedos y matorrales conduciendo a la iglesia de Ulloa.

¡Qué iglesia tan pobre! Más bien parece la casuca de un aldeano, conociéndose únicamente su sagrado destino en la cruz que corona el tejadillo del pórtico. La impresión es de melancolía y humedad, el atrio herboso está a todas horas, aun a las meridianas, muy salpicado y como empapado de rocío. La tierra del atrio sube más alto que el peristilo de la iglesia, y ésta se hunde, se sepulta entre el terruño que lentamente va desprendiéndose del collado próximo. En una esquina del atrio, un pequeño campanario aislado sostiene el rajado esquilón; en el centro, una cruz baja, sobre tres gradas de piedra, da al cuadro un toque poético, pensativo. Allí, en aquel rincón del universo, vive Jesucristo... ¡pero cuán solo!, ¡cuán olvidado!

Julián se detuvo ante la cruz. Estaba viejo realmente, y también más varonil: algunos rasgos de su fisonomía delicada se marcaban, se delineaban con mayor firmeza; sus labios, contraídos y palidecidos, revelaban la severidad del hombre acostumbrado a dominar todo arranque pasional, todo impulso esencialmente terrestre. La edad viril le había enseñado y dado a conocer cuánto es el mérito y debe ser la corona del sacerdote puro. Habíase vuelto muy indulgente con los demás, al par que severo consigo mismo.

Al pisar el atrio de Ulloa notaba una impresión singularísima. Parecíale que alguna persona muy querida, muy querida para él, andaba por allí, resucitada, viviente, envolviéndole en su presencia, calentándole con su aliento. ¿Y quién podía ser esa persona? ¡Válgame Dios! ¡Pues no daba ahora en el dislate de creer que la señora de Moscoso vivía, a pesar de haber leído su esquela de defunción! Tan rara alucinación era, sin duda, causada por la vuelta a Ulloa, después de un paréntesis de dos lustros. ¡La muerte de la señora de Moscoso! Nada más fácil que cerciorarse de ella... Allí estaba el cementerio. Acercarse a un muro coronado de hiedra, empujar una puerta de madera, y penetrar en su recinto.

Era un lugar sombrío, aunque le faltasen los lánguidos sauces y cipreses que tan bien acompañan con sus actitudes teatrales y majestuosas la solemnidad de los camposantos. Limitábanlo, de una parte, las tapias de la iglesia; de otra, tres murallones revestidos de hiedra y plantas parásitas; y la puerta, fronteriza a la de entrada por el atrio, la formaba un enverjado de madera, al través del cual se veía diáfano y remoto horizonte de montañas, a la sazón color de violeta, por la hora, que era aquella en que el Sol, sin calentar mucho todavía, empieza a subir hacia su zenit, y en que la naturaleza se despierta como saliendo de un baño, estremecida de frescura y frío matinal. Sobre la verja se inclinaba añoso olivo, donde nidaban mil gorriones alborotadores, que a veces azotaban y sacudían el ramaje con su voleteo apresurado; y hacíale frente una enorme mata de hortensia, mustia y doblegada por las lluvias de la estación, graciosamente enfermiza, con sus mazorcas de desmayadas flores azules y amarillentas. A esto se reducía todo el ornato del cementerio, mas no su vegetación, que por lo exuberante y viciosa ponía en el alma repugnancia y supersticioso pavor, induciendo a fantasear si en aquellas robustas ortigas, altas como la mitad de una persona, en aquella hierba crasa, en aquellos cardos vigorosos, cuyos pétalos ostentaban matices flavos de cirio, se habrían encarnado, por misteriosa transmigración, las almas, vegetativas también en cierto modo, de los que allí dormían para siempre, sin haber vivido, sin haber amado, sin haber palpitado jamás por ninguna idea elevada, generosa, puramente espiritual y abstracta, de las que agitan la conciencia del pensador y del artista. Parecía que era sustancia humana —pero de una humanidad ruda, primitiva, inferior, hundida hasta el cuello en la ignorancia y en la materia— la que nutría y hacía brotar con tan enérgica pujanza y savia tan copiosa aquella flora lúgubre por su misma lozanía. Y en efecto, en el terreno, repujado de pequeñas eminencias que contrastaban con la lisa planicie del atrio, advertía a veces el pie durezas de ataúdes mal cubiertos y blanduras y molicies que infundían grima y espanto, como si se pisaran miembros flácidos de cadáver. Un soplo helado, un olor peculiar de moho y podredumbre, un verdadero ambiente sepulcral se alzaba del suelo lleno de altibajos, rehenchido de difuntos amontonados unos encima de otros; y entre la verdura húmeda, surcada del surco brillante que dejan tras sí el caracol y la babosa, torcíanse las cruces de madera negra fileteadas de blanco, con rótulos curiosos, cuajados de faltas de ortografía y peregrinos disparates. Julián, que sufría la inquietud, el hormigueo en la planta de los pies que nos causa la sensación de hollar algo blando, algo viviente, o que por lo menos estuvo dotado de sensibilidad y vida, experimentó de pronto gran turbación: una de las cruces, más alta que las demás, tenía escrito en letras blancas un nombre. Acercóse y descifró la inscripción, sin pararse en deslices ortográficos: «Aquí hacen las cenizas de Primitibo Suarez, sus parientes y amijos ruegen a Dios por su alma»... El terreno, en aquel sitio, estaba turgente, formando una eminencia. Julián murmuró una oración, desvióse aprisa, creyendo sentir bajo sus plantas el cuerpo de bronce de su formidable enemigo. Al punto mismo se alzó de la cruz una mariposilla blanca, de esas últimas mariposas del año que vuelan despacio, como encogidas por la frialdad de la atmósfera, y se paran enseguida en el primer sitio favorable que encuentran. La siguió el nuevo cura de Ulloa y la vio posarse en un mezquino mausoleo, arrinconado entre la esquina de la tapia y el ángulo entrante que formaba la pared de la iglesia.

Allí se detuvo el insecto, y allí también Julián, con el corazón palpitante, con la vista nublada, y el espíritu, por vez primera después de largos años, trastornado y enteramente fuera de quicio, al choque de una conmoción tan honda y extraordinaria, que él mismo no hubiera podido explicarse cómo le invadía, avasallándole y sacándole de su natural ser y estado, rompiendo diques, saltando vallas, venciendo obstáculos, atropellando por todo, imponiéndose con la sobrehumana potencia de los sentimientos largo tiempo comprimidos y al fin dueños absolutos del alma porque rebosan de ella, porque la inundan y sumergen. No echó de ver siquiera la ridiculez del mausoleo, construido con piedras y cal, decorado con calaveras, huesos y otros emblemas fúnebres por la inexperta mano de algún embadurnador de aldea; no necesitó deletrear la inscripción, porque sabía de seguro que donde se había detenido la mariposa, allí descansaba Nucha, la señorita Marcelina, la santa, la víctima, la virgencita siempre cándida y celeste. Allí estaba, sola, abandonada, vendida, ultrajada, calumniada, con las muñecas heridas por mano brutal y el rostro marchito por la enfermedad, el terror y el dolor... Pensando en esto, la oración se interrumpió en labios de Julián, la corriente del existir retrocedió diez años, y en un transporte de los que en él eran poco frecuentes, pero súbitos e irresistibles, cayó de hinojos, abrió los brazos, besó ardientemente la pared del nicho, sollozando como niño o mujer, frotando las mejillas contra la fría superficie, clavando las uñas en la cal, hasta arrancarla...

Oyó risas, cuchicheos, jarana alegre, impropia del lugar y la ocasión. Se volvió y se incorporó confuso. Tenía delante una pareja hechicera, iluminada por el Sol que ya ascendía aproximándose a la mitad del cielo. Era el muchacho el más guapo adolescente que puede soñar la fantasía; y si de chiquitín se parecía al Amor antiguo, la prolongación de líneas que distingue a la pubertad de la infancia le daba ahora semejanza notable con los arcángeles y ángeles viajeros de los grabados bíblicos, que unen a la lindeza femenina y a los rizados bucles asomos de graciosa severidad varonil. En cuanto a la niña, espigadita para sus once años, hería el corazón de Julián por el sorprendente parecido con su pobre madre a la misma edad: idénticas largas trenzas negras, idéntico rostro pálido, pero más mate, más moreno, de óvalo más puro, de ojos más luminosos y mirada más firme. ¡Vaya si conocía Julián a la pareja! ¡Cuántas veces la había tenido en su regazo!

Solo una circunstancia le hizo dudar de si aquellos dos muchachos encantadores eran en realidad el bastardo y la heredera legítima de Moscoso. Mientras el hijo de Sabel vestía ropa de buen paño, de hechura como entre aldeano acomodado y señorito, la hija de Nucha, cubierta con un traje de percal, asaz viejo, llevaba los zapatos tan rotos, que puede decirse que iba descalza.

París, marzo de 1886.

Libros a la carta

A la carta es un servicio especializado para
empresas,
librerías,
bibliotecas,
editoriales
y centros de enseñanza;
y permite confeccionar libros que, por su formato y concepción, sirven a los propósitos más específicos de estas instituciones.

Las empresas nos encargan ediciones personalizadas para marketing editorial o para regalos institucionales. Y los interesados solicitan, a título personal, ediciones antiguas, o no disponibles en el mercado; y las acompañan con notas y comentarios críticos.

Las ediciones tienen como apoyo un libro de estilo con todo tipo de referencias sobre los criterios de tratamiento tipográfico aplicados a nuestros libros que puede ser consultado en Linkgua-ediciones.com.

Linkgua edita por encargo diferentes versiones de una misma obra con distintos tratamientos ortotipográficos (actualizaciones de carácter divulgativo de un clásico, o versiones estrictamente fieles a la edición original de referencia).

Este servicio de ediciones a la carta le permitirá, si usted se dedica a la enseñanza, tener una forma de hacer pública su interpretación de un texto y, sobre una versión digitalizada «base», usted podrá introducir interpretaciones del texto fuente. Es un tópico que los profesores denuncien en clase los desmanes de una edición, o vayan comentando errores de interpretación de un texto y esta es una solución útil a esa necesidad del mundo académico.

Asimismo publicamos de manera sistemática, en un mismo catálogo, tesis doctorales y actas de congresos académicos, que son distribuidas a través de nuestra Web.

El servicio de «Libros a la carta» funciona de dos formas.

1. Tenemos un fondo de libros digitalizados que usted puede personalizar en tiradas de al menos cinco ejemplares. Estas personalizaciones pueden ser de todo tipo: añadir notas de clase para uso de un grupo de estudiantes, introducir logos corporativos para uso con fines de marketing empresarial, etc. etc.

2. Buscamos libros descatalogados de otras editoriales y los reeditamos en tiradas cortas a petición de un cliente.

www.ingramcontent.com/pod-product-compliance
Lightning Source LLC
Chambersburg PA
CBHW021027130626
46552CB00005B/1716
9788499531441